中央高校基本科研业务费专项资金资助

（Supported by the Fundamental Research Funds for the Central Universities）

（编号：2072021004）

王传龙 ◎ 著

明代福建
阳明学对朱子学的
批评与融摄

厦门大学出版社 国家一级出版社
XIAMEN UNIVERSITY PRESS 全国百佳图书出版单位

图书在版编目（CIP）数据

明代福建阳明学对朱子学的批评与融摄 / 王传龙著
. -- 厦门：厦门大学出版社，2022.12
　　ISBN 978-7-5615-8684-6

　　Ⅰ．①明… Ⅱ．①王… Ⅲ．①王守仁(1472－1528)
－哲学思想－研究②朱熹(1130－1200)－哲学思想－研究
Ⅳ．①B248.25②B244.75

中国版本图书馆CIP数据核字(2022)第141162号

出 版 人	郑文礼
责任编辑	章木良
封面设计	张雨秋
技术编辑	朱　楷

出版发行　厦门大学出版社

社　　　址	厦门市软件园二期望海路 39 号
邮政编码	361008
总　　　机	0592-2181111　0592-2181406(传真)
营销中心	0592-2184458　0592-2181365
网　　　址	http://www.xmupress.com
邮　　　箱	xmup@xmupress.com
印　　　刷	厦门市竞成印刷有限公司

开本	720 mm×1 000 mm　1/16
印张	16.75
插页	2
字数	266 千字
版次	2022 年 12 月第 1 版
印次	2022 年 12 月第 1 次印刷
定价	72.00 元

本书如有印装质量问题请直接寄承印厂调换

厦门大学出版社
微信二维码

厦门大学出版社
微博二维码

序
FORWORD

 胡旭

　　宋明理学中最具标志性的学派,当为程朱理学与陆王心学。朱熹和王阳明在理学和心学方面的巨大贡献和深远影响,使得他们成为理学与心学的杰出代表,故朱子学与阳明学先后成为不同时代的显学。

　　朱熹十九岁进士及第,并由此走上仕途,但实际上却与官场相当游离,他的大部分时间、精力主要用于研究、著述与讲学了。朱熹的一生,主要生活在福建,师承闽地先贤,弟子也多为闽人,由此形成的学派,世称"闽学"。南宋后期,朱熹思想的影响日趋广大。有元以降,不仅国内,域外亦甚重之,朱熹本人的重要性越发得以凸显,故近人又称其学为"朱子学"。明初朱元璋一度想认朱熹为自己的先祖,故朱子学于有明一朝之张大,实乃题中应有之义。但明代前期朱子学在各地发展得如火如荼之时,福建的朱子学却不温不火,个中原因复杂,学界多有争议。王传龙博士的新著《明代福建阳明学对朱子学的批评与融摄》对此提出了新说,他认为这不仅与此时闽地经济不振有关,也不能忽略闽地学者固守师法、缺少创新这一重要因素。而让福建朱子学走出这一困境的,却是明代中后期以反朱子学面目出现在闽地的阳明学。

　　阳明学是心学的一支。心学与理学同源,亦启自北宋二程,至南宋陆九渊大其门径,遂与理学分庭抗礼。明人陈献章、湛若水继之,并将其发扬光大。王阳明博采精研,乃集其大成,且门徒众多,传播广泛,影响深巨,故谓之"阳明学"。王阳明早年被贬龙场驿,途中遭遇追杀,因缘际会,偶入闽地。后来巡抚南赣,理南、赣、汀、漳四州,又实际管理过闽西南地区。但在王阳明与福建的有限交集中,却很难看出阳明学在福建地区的显性传播。毫无疑问,在王阳明生前,就影响而言,福建的阳明学与朱子学是完全不能同日而语的。但随着阳明学的开枝散叶,其影响在整个中华文化圈不断渗透,即使在朱子学一统天下的福建,变化也在悄悄地发生,并产生越来越深刻的影响。然而,这一点常常被学界忽略,以致阳明学在闽地极不发达的说法,成为清初学者的普遍共识,且流布甚远,迄至于今。

王传龙博士对此提出了质疑。他经过统计,发现明中后期的福建学者中,亲自问学于王阳明者有马明衡、郑善夫等十八人,问学于阳明亲传弟子者则有马森、王慎中等十人,尚不包括与王阳明本人有交往之谊者及再传之下的隔代弟子。由此可见,明代中期以后,福建儒林实际上存在着一个规模可观的阳明学者群体。这些学者中不乏深受朱子学影响者,有的甚至是闽地朱子学的中坚人物,故阳明学初入福建受到排抵与阻挠,也是情理之中的事。阳明学进入福建,是在与朱子学不断交锋与争论的过程中进行的,从相互排斥,到接触融渗,再到彼此共存,经历了一个较长的过程。在程朱理学高居庙堂的明代,在朱子学根深蒂固的福建,阳明学要对其进行颠覆性的修正,难度是可想而知的。王传龙博士对此所作的严谨论证和精妙分析,令人不惟耳目一新,思想上也受到很多启发。

朱子学和阳明学都是博大精深的学问,要想深刻阐述彼此之间最本质的关系,必须对二者都有深入细致的研究,否则很难置喙。王传龙博士的论述,独得之见甚多,每有发人深省处。如元代将程朱理学作为官方的学术正统,并得到明、清两朝沿袭,前辈学者都从便于维护帝王统治的角度进行分析,王传龙博士却认为元代从未指望用程朱理学加强统治基础,只是将其作为一种笼络手段,而明初君臣文化素质偏低,几乎全盘沿袭了元代的选举制度,舍此别无他途。再如他对现存《论语集注》残稿的涂抹文字进行了耐心识别,并将其分门别类,分析朱熹的修改意图,其用力之深,揭示之细,问题解决之彻底,皆是前所未有的。又如对王阳明"到底是空"一语,王传龙博士也进行了十分深入的分析,指出王阳明即使到去世之前依然坚持这一理念,而这也是阳明心学与朱子学注定无法相融的关键。"到底是空"之语不见于《传习录》《阳明先生文录》等著作,乃因其门人在汇编阳明书稿时有意弱化了王阳明的佞佛倾向并故意辑录了大量的排佛文字。诸如此类深入挖掘、正本清源的研究,所在甚多,皆能发人之所未发,见人之所未见,最能体现出王传龙博士在朱子学和阳明学研究方面浸润已久与钻研之深。即如本书中对文化思想及其传承递嬗的研究,对其中复杂现象与混乱关系的梳理,无不思路清晰,逻辑严密。

王传龙博士本科就读于清华大学物理系,后因兴趣转移,矢志于中国古典文献研究,并在北京大学获得文学博士学位。良好的理科背景,让他具备极强的抽象思维和分析概括的能力;著名学者左鹏军、孙钦善等先生的先后栽培,则为他打下了非常扎实的学术基本功,使其不仅在古籍整理方面得心应手,而且在文献运用和学理辨识方面出类拔萃。2014年博士毕业后,王传龙博士负笈南下,到厦门大学中国语言文学博士后流动站从事学术研究,我忝为其联系导师。2016年,他以优异的成绩出站并留校任教,成为我的同事。王传龙博士日常生活中宁静淡泊,恂恂似不能言,然于课堂则妙语如珠,切中肯綮,诸生皆为之倾倒。孔子所谓"夫人不言,言必有中",其传龙之谓乎?

代
福
建
阳
明
学
对
朱
子
学
的
批
评
与
融
摄

4

　　岁月不居,转瞬间我与王传龙博士相处已八年有余,看着他在教学、科研上取得的诸多成就,每每会有难以言喻的喜悦。我深信,以王传龙博士的良好资质,辅之以刻苦、努力、勤奋,他的学术未来无疑是不可限量的。值此新著行将出版之际,蒙王传龙博士盛情,我聊缀数语,作为我们友谊的纪念。

目 录
CONTENTS

宋代理学的崛起背景

第一节　儒学的碎片化与变异性

儒家思想在中国古代长期被确立为官方主流意识形态,帝制王朝的礼法制度也大多依托儒家之名而设立,因而很容易催生出儒家存在某种理论体系的错觉。在这种想当然的体系之中,孔子、孟子的仁义之道为其核心地基,文王、周公之礼法制度是其政治外延,历朝的名臣、贤才则是其培养出的优秀代表。而作为儒家实际创立者的孔子,在汉代谶纬之风盛行时又被神格化,谓其以"素王"之身为后世制法。譬如《春秋演孔图》云:"孔子论经,有鸟化为书,孔子奉以告天,赤爵集书上,化为黄玉,刻曰:孔提命,作应法,为赤制。"①《史晨前碑》云:"伏念孔子,乾坤所挺,西狩获麟,为汉制作。《孝经援神挈》曰:'玄丘制命帝卯行。'又《尚书考灵耀》曰:'丘生仓际,触期稽度为赤制。'故作《春秋》,以明文命。缀纪撰书,修定礼义。……昔在仲尼,汁光之精。大帝所挺,颜母毓灵。承敝遭衰,黑不代仓。周流应聘,叹凤不臻。自卫反鲁,养徒三千。获麟趣作,端门见征。血书著纪,黄玉响应。主为汉制,道审可行。乃作《春秋》,复演《孝经》。删定六艺,象与天谈。钩《河》摘《雒》,却揆未然。巍巍荡荡,与乾比崇。"②汉亡之后,此风稍衰,但孔子仍然被视为圣贤。魏文帝曹丕宣称:"昔仲尼大圣之才,怀帝王之器……可谓命世之大圣,亿载之师表者也。"③甚至晚至宋、元、明三朝时,社会上仍流行"天不生仲尼,万古如长夜"之句。④ 对孔子的崇拜,甚至一度漂洋过海,经由传教士带回西方,在国际上引发了巨大的轰动。以莱布尼兹

---

① 孙星衍辑《孔子集语》卷十五转引,清嘉庆刻本。

② 《史晨前碑》,全称《汉鲁相史晨奏祀孔子庙碑》,东汉建宁二年(169)三月刻,现存山东曲阜孔庙。碑文中所引"《孝经援神挈》",历代典籍中多作"《孝经援神契》"。

③ 陈寿《三国志·魏志·文帝纪》,北京:中华书局,1959 年,第 77 页。

④ 宋代黎靖德辑《朱子语类》卷九三:"'天不生仲尼,万古如长夜!'唐子西尝于一邮亭梁间见此语。"元代宫大用《范张鸡黍》三折:"天不生仲尼,万古如长夜。秦灰犹未冷,汉道复衰绝。满目奸邪,天丧斯文也。"明代李贽《焚书·赞刘谐》:"有一道学,自谓真仲尼之徒焉,时遇刘谐。刘谐者,聪明士,见而哂曰:'是未知我仲尼兄也。'其人勃然作色而起曰:'天不生仲尼,万古如长夜。子何人者,敢呼仲尼而兄之?'刘谐曰:'怪得羲皇以上圣人尽日燃纸烛而行也!'其人默然自止。"

（1646—1716）为首的西方思想家,盛赞孔子的思想和中国的制度,认为中国社会井然有序,在道德层面上大大超过西方。像伏尔泰（1694—1778）、培尔（1647—1706）、狄德罗（1713—1784）之类的名流,也盛赞中国社会,甚至主张应该派人去学习中国的儒家思想。伏尔泰这样宣称:"我钻研过他（孔子）的著作,我还作了摘要,我在书中只发现他最纯朴的道德思想,丝毫不染江湖色彩。"①"世界上曾有过的最幸福、最可敬的时代,就是奉行孔子的律法的时代。"②"中国人在道德和政治经济学、农业、生活必需的技艺等等方面已臻完美境地。……我们却应该做他们的学生了。"③然而这种对儒家思想的盲目推崇,实际上源于对中国当时社会制度的羡慕,因为欧洲最落后、野蛮、绵长的宗教压迫和贵族世袭制度,在中国几乎不见踪影,这让欧洲对同时代的中华文明倍感新奇。当他们把目光移向遥远的东方时,中国对于宗教信仰的宽容以及科举制度之完善,都给正处于思想启蒙阶段的西方文明以强烈震撼。但好景不长,随着孔子的著作被翻译成欧洲语言,像黑格尔一样的哲学家经过仔细地审视原著,发现除了一些"常识道德"外,完全找不到任何"出色之点"。

黑格尔这样评价孔子:"孔子的教训在莱布尼兹的时代曾轰动一时,它是一种道德哲学。他的著作在中国是最受尊重的:他曾经注释了经籍,特别是历史方面的（他还著了一种历史）。他的其他作品是哲学方面的,也是对传统典籍的注释。他的道德教训给他带来最大的名誉,他的教训是最受中国人尊重的权威。孔子的传记曾经法国传教士们由中文原著翻译过来。……我们看到孔子和他的弟子们的谈话,里面所讲的是一种常识道德,这种常识道德我们在哪里都找得到,在哪一个民族里都找得到,可能还要好些,这是毫无出色之点的东西。孔子只是一个实际的世间智者,在他那里思辨的哲学是一点也没有的——只有一些善良的、老练的、道德的教训,从里面我们不能获得什么特殊的东西。……我们根据他的原著可以断言:为了保持孔子的名声,假使他的

---

① 伏尔泰《哲学辞典》,收入"汉译世界学术名著丛书",北京:商务印书馆,1991年,第 322 页。

② 伏尔泰《风俗论》,收入"汉译世界学术名著丛书",北京:商务印书馆,2000年,第 253页。

③ 伏尔泰《哲学辞典》,收入"汉译世界学术名著丛书",北京:商务印书馆,1991年,第 323 页。

书从来不曾有过翻译,那倒是更好的事。"①黑格尔的结论让中国国民在情感上很难接受,但我们若认真看一下黑格尔的逻辑,又不得不承认,他至少说出了一个侧面的事实。从现存的孔子著作来看,无论是《论语》(黑格尔所谓"孔子和他的弟子们的谈话")还是《春秋》(黑格尔所谓"还著了一种历史"),抑或是相传由他编辑并教授的《诗经》《尚书》《周易》等(黑格尔所谓"对传统典籍的注释"),都不成其为一个完整的哲学体系。孔子的思想,所留存下来的都只是一些常识道德的片段,甚至谈不上有严密的逻辑性。儒家学说从孔子创立,到最终演变为一个庞大的、能对后世帝国进行指导的思想体系,主要是由后儒对经典的不断阐释和引申才形成的。

儒家思想被确立为官方正统,始于汉武帝推行"罢黜百家,独尊儒术"的政令。尽管这一律令影响后世深远,但从汉武帝身上看不到他对儒家思想的深刻认识,而他推行此律令的目的,也并非想要推行仁政,以实现儒家理想中的大同盛世。汉武帝只是单纯喜爱由董仲舒所献上的,虽然假托孔子之名,却已经变异化、神秘化了的"儒术"。汉武帝虽然堪称睿智之君,但由于时代的局限性,他对于神秘的"天人感应说"同样充满兴趣,并热衷于把自己定位成上天在人间的代表。董仲舒所献"天人三策",其核心是上天欲辅佐人君为治,"国家将有失道之败,而天乃先出灾害以谴告之,不知自省,又出怪异以警惧之,尚不知变,而伤败乃至。以此见天心之仁爱人君而欲止其乱也"。② 天人感应,并非人人皆可与天相感,而是特指人君上与天应。按此逻辑,即便人君所行新法与先王旧制不合,但若天不降灾害、怪异以谴告、警惧,则可证明人君新法并不逆于天,而受上天所默许。

西汉经秦末战火而立国,"天下既定,民亡盖臧,自天子不能具醇驷,而将相或乘牛车"。③ 立国之初百业凋敝,国家当务之急是休养生息、恢复经济,而功臣将相大多出身市井无赖或微末小吏,自马上刀兵得天下,不仅自身缺乏文采,也对选拔文人从政不感兴趣。其时自上而下皆主张以黄老之术治国,官吏选拔特喜老成持重之人,以免无端生

---

① 北京大学哲学系外国哲学史教研室译《哲学史讲演录》第一卷,北京:三联书店,1956年,第119～120页。
② 班固《汉书·董仲舒传》,北京:中华书局,1962年,第2498页。
③ 班固《汉书·食货志》,北京:中华书局,1962年,第1127页。

事,而尤为排斥文辞敏捷之士。① 但汉武帝登基之初年轻气盛,正在有为求变之时,故董仲舒献"天人感应"之说,又鼓动汉武帝变法图治,云:"为政而不行,甚者必变而更化之,乃可理也。当更张而不更张,虽有良工不能善调也;当更化而不更化,虽有大贤不能善治也。故汉得天下以来,常欲善治而至今不可善治者,失之于当更化而不更化也。"②汉武帝与董仲舒君臣相得,决意改变西汉初期崇尚无为的方针,"罢黜百家,独尊儒术",由朝廷设立五经博士,"为博士官置弟子五十人,复其身;第其高下,以补郎中、文学、掌故",③令大批儒生由此获得了入仕的机会,"汉之得人,于兹为盛",④"自此以来,公卿大夫士吏彬彬多文学之士矣"。⑤ 皮锡瑞《经学历史》云:"武、宣之间,经学大昌,家数未分,纯正不杂,故其学极精而有用。以《禹贡》治河,以《洪范》察变,以《春秋》决狱,以三百五篇当谏书,治一经得一经之益也。"⑥

儒家一贯主张积极入世,又拥护天子权威,反对诸侯或陪臣执取国命,对于维护朝廷统治、限制藩国坐大等项极有帮助。后世许多学者多喜以这类正面的优点,来逆推帝制时代必定会选择儒家思想作为官方正统,这其实是一种倒因为果的逻辑错误。任何社会若想长治久安,必定至少会有一种主流意识形态,而这种思想体系也必然会具有某些合理性。当历史选择了儒家之后,再来论证这种选择的必然性,是一种无意义而且很难被证伪的论调。假设汉武帝沿袭了汉初"无为而治"的方针,并未"罢黜百家,独尊儒术",抑或获得武帝赏识的并非董仲舒,而是其他学派的学者,最终"独尊墨术"乃至"独尊法术"云云,显然也并不会导致经历"文景之治"后转为强盛的西汉帝国突然崩溃。在笔者看来,真正确定的只有一点:西汉国家一统之后,战国群雄争霸的土壤已不复存在,与之匹配的诸子百家争鸣的思潮也必将退却,自然会有一种思想

---

① 《史记·曹相国世家》:"择郡国吏木讷于文辞,重厚长者,即召除为丞相史。吏之言文刻深,欲务声名者,辄斥去之。"又,《史记·酷吏列传》:"然亚夫弗任,曰:'极知禹无害,然文深,不可以居大府。'"按,曹参、周亚夫为相分别在惠帝、景帝之时,可知汉初在选拔任用官吏时,存在不重敏捷文深而重木讷厚长的一贯风气。

② 班固《汉书·董仲舒传》,北京:中华书局,1962 年,第 2505 页。

③ 司马光《资治通鉴》,北京:线装书局,2007 年,第 139 页。

④ 班固《汉书·兒宽传》,北京:中华书局,1962 年,第 2634 页。

⑤ 班固《汉书·儒林传》,北京:中华书局,1962 年,第 3596 页。

⑥ 皮锡瑞《皮锡瑞集》,长沙:岳麓书社,2012 年,第 1156 页。

成为官方主流。而由于社会形态的变化,分封制逐渐被郡县制取代,先秦诸子原本针对分封制设计的治世蓝图也必然需要修正,以适应于新的政治局势。换言之,无论汉朝皇帝最终独尊何术,都只是挂出来的一个旗号,其内容必定是一种变异过的思想学说,与先秦时的本来面目大不相同。具体到儒家思想,其变异化的程度则更为剧烈。《孟子》在西汉时仍厕身于诸子著作之中,并未被视为"经",其神圣性尚未获得确认,姑且不论。而如前所述,孔子编撰的著作中尽管有许多哲理化的语句,譬如"人能弘道,非道弘人"之类,甚至直到今天国人仍能从中汲取智慧,但其碎片化的倾向十分严重,并不存在一个完整的哲学体系。作为一种意识形态或哲学体系而言,儒家的完整性远不及道家,甚至比起后起的法家也瞠乎其后。这种理论基础上的缺失,虽然是一种先天不足的缺点,但同时也具有便于后人改编重构的优势,与之相对,体系原本较完整的道家、法家等,其基础构架在后世的变异反而较小。

　　董仲舒的天人感应体系,既是对孔子观点的一种变异扭曲,也是对儒家理论体系的一种重新建构。天人感应体系是一种具备实际操作性的治国体系,既为皇帝的独裁统治提供了理论支持,也同时提供了每逢天降灾异而改革弊政的机会。归本溯源,这一体系的基础源于先秦时盛行的灾异观念,既非董仲舒独创,也并非儒家所独有。由于先秦时史官兼掌天象,又具备纳谏君王的职责,故而借灾异而言政事就成为史官的常用手段。这些类似的事件被记录在各国的史料之中,鲁国自然也不能例外,孔子曾将鲁国十二君的史料删定为《春秋》一书,其中所记地震、日食、雨雹、大水、虫灾、山崩等灾异即多达一百二十二次。自邹衍"五德终始说"出,祥瑞又与金、木、水、火、土五德相关联,"称引天地剖判以来,五德转移,治各有宜,而符应若兹"。[①] 邹衍之书虽已不存,但大量思想都保留在《吕氏春秋》之中,譬如其《应同篇》云:"凡帝王者之将兴也,天必先见祥乎下民。黄帝之时,天先见大螾大蝼。黄帝曰:'土气胜!'土气胜,故其色尚黄,其事则土。及禹之时,天先见草木秋冬不杀。禹曰:'木气胜!'……成齐类同皆有合,故尧为善而众善至,桀为非而众非来。《商箴》云:'天降灾布祥,并有其职。'以言祸福人或召之也。"此说虽为说明五德转移之感应,但其思想、逻辑实为董仲舒天人感应说之滥觞。秦始皇统一天下后,燔烧六国史书,他国史料皆遭重创,

---

① 　司马迁《史记·孟子荀卿列传》,北京:中华书局,1959年,第2344页。

《春秋》却因儒家的研习而流传于后世。儒家解说《春秋》者分裂为数个派系，惟公羊一家特别倡导"大一统""一王大法"等观点，与帝制独裁时代相合，观念相对新颖。另外，秦代"废先王之道，焚百家之言，以愚黔首"，①导致百姓整体文化素质偏低，秦始皇本人又迷恋神仙方术之说，更加剧了民间谶纬之风的盛行。而公羊家说《春秋》十分推重神秘灾异之说，譬如《春秋》载鲁僖公十五年（前645）九月己卯"震夷伯之庙"，公羊传云："震之者何？雷电击夷伯之庙者也。……其称夷伯何？大之也。曷为大之？天戒之，故大之也。何以书？记异也。"②公羊家善说灾异，又迎合了秦末汉初的社会风气，因此传承不绝，人才辈出。董仲舒之前，已先有陆贾称引儒家之说佐治汉高祖，其说具载《新语》一书，其中"改之以灾变，告之以祯祥""恶政生恶气，恶气生灾异"云云，实上承先秦旧说而下启仲舒之策。惟陆贾所学虽杂有道家、墨家、法家成分，仍不失为醇儒，而感应之说仅为其厨余之论，至其大要仍在彰德义、行仁政。陆贾并不专主一经，其学说体系更近乎杂家，而董仲舒工夫则几乎尽在《公羊春秋》，故其所建立之天人感应体系，虽然托名儒家，但实非孔门正论。据董仲舒所上"天人三策"奏疏，首称"臣谨案《春秋》之中，视前世已行之事，以观天人相与之际，甚可畏也"，可见其理论体系乃据《春秋》所载"天人相与之际"的灵验灾异而归纳阐发。《春秋》虽经由孔子笔削整理，但并非孔子所著，而是对鲁国史料的编取删减，故公羊家所传未必代表孔子本人思想。孔子"敬鬼神而远之"，虽然并未完全驱除神秘因素，但显然对神秘之事怀有警戒之心。子贡称"夫子之言性与天道，不可得而闻也"，而董仲舒专论天道，显然是对孔子学术原则的一种背离。然而儒家的官方正统地位，却是因董仲舒的变异体系而获得，这也让后世儒家只能主动或被迫地认可董仲舒的大儒身份，否则儒家的合法性就会被动摇。

董仲舒的天人感应体系，是第一次企图为儒家搭建出一种较为完善的哲学体系。这一尝试在政治上获得了丰厚的回报，但也引发了一系列的问题：首先，重构儒家思想体系的合理性与实用性都获得了确认，但这种重构允许在多大程度上偏离孔子的本意，仍然没有答案。其

① 班固《汉书·陈胜项籍传》，北京：中华书局，1962年，第1823页。
② 何休撰，陆德明音义《春秋公羊经传解诂》僖公第五，《四部丛刊初编》景宋建安余氏刊本。

次,孔子的体系更接近社会伦理学,而非一种思辨哲学,因为缺失了最关键的"性与天道"的基础部分。董仲舒的体系弥补上了"天道"这一环,但对于"性"的部分则无所发明,这就留给了后人继续增补扩充的空间。最后,天人感应说将宇宙天象与人间政事紧密绑定到一起,严重压抑了科学体系的萌发与建立,同时也限定了古代儒学的发展方向是同时贯穿客观与主观的模式。换言之,儒学的最终目的并非认识客观世界,而只是以认识世界的方式完善人格,又以人格完善的模式影响世界。若把外界灾异视为上天示警,就注定无法以科学的精神认清现象的本质,而只会将一切无助于人格和政事的工具视为奇技淫巧,难登大雅之堂。儒学最终陷入泥淖难以自拔,无法兼容并催生出现代科学,其肇始之因即在于此处。

第二节　汉儒解经的路径与争执

儒家被确立为官方正统思想之后,儒学又迅速与官场利禄关联到了一起。汉武帝设立五经博士,择优而授予官职,导致从事儒学成为士族的晋身之阶。所谓"汉承秦制",不仅表现在律令上,也是对秦朝礼仪、官制、教育等制度的全面因袭,而汉初帝王、将相普遍文化修养不高,又崇尚道家"无为"思想,喜月忠厚守成之人,这也让后世帝王对祖宗成法过于看重,缺乏全面改革的意愿。汉武帝企图改弦更张,就必须应对以宰相为首的官僚集团的保守势力,故而他以各种途径大肆提拔经学、文学之士,就是企图在现有的官僚集团之外,培植出另外一股与之相抗衡的政治势力。在经学与文学尚未清晰分界的年代,投身从政的儒生同时也是文坛的主流群伍,而汉武帝本人又喜好文赋,因而更加乐于选拔儒生任职议政。每逢宰执之臣的意见不合心意,武帝就令左右文学之臣与其辩论政事。《汉书·严助传》云:"公孙弘起徒步,数年至丞相,开东阁,延贤人与谋议,朝觐奏事,因言国家便宜。上令助等与大臣辩论,中外相应以义理之文,大臣数诎。其尤亲幸者,东方朔、枚皋、严助、吾丘寿王、司马相如。相如常称疾避事;朔、皋不根持论,上颇俳优畜之;唯助与寿王见任用,而助最先进。"①相比于"景帝不好辞赋",②汉武帝无疑更具有文学偏好,但纯粹的文学创作之士同样不能真正受到他的重视,而一概被视为弄臣。东方朔、枚皋因为"不根持论,上颇俳优畜之",③终身未得大用,而"赵绾、王臧等以文学为公卿",④并非他们在文章创作上强于前二者,只是因为他们能持议论,以经术而参政治。显然,汉武帝真正看重的是儒学之臣的议政功用,这也是他操弄朝政的重要手段,而对于孔门真正的儒学宗旨则兴趣不大。在这种风气的引导之下,两汉儒学只侧重于训诂、注释经典,并将其作为致仕的"敲门砖",甚至仅以诗赋、文章议政而成名,极少专注于儒家理论体系的重构。

王鸣盛、阮元、皮锡瑞等前辈学者主张"前汉重师法,后汉重家法","师法者,溯其源;家法者,衍其流"。⑤胡绪《两汉经师家法考》又概括"家法"云:"汉儒家法,大略有三:一曰守师说。……一曰通小学。……一曰明天人之理。"⑥若一言以蔽之,两汉儒学最为看重者实为谱系之传承。儒学既与利禄相扣合,则师徒传承脉络至为关键,盖唯此方可把持入仕之门,以图形成独门派系。前人多以西汉竹帛图书难得,训诂、句读皆须经师口授,故文字不敢稍有差池,遂相沿渐成师法,此论恐未得其髓。汉惠帝四年(前191)下诏废除"挟书律",民间可自由收藏、讲论、抄写图书,至汉武帝建元五年(前136)设置五经博士,时间已过去了半个多世纪,而师法、家法养成更在其后,兼之五经种类不多,彼时竹帛图书难得的状况当已大为改观。孔门"有教无类""诲人不倦",师者既可公开口授,很难相信竟会禁止他人旁听或抄录。笔者主张,师法的形成应该是自发性的,师者以传授训诂、句读的方式构建宗派,而弟子则以遵守师法的方式获得传承谱系的认可。朝廷在最初设立五经博士时,除了看重讲授儒家经典的能力,更看重的是博士们的传承谱系可以上溯至孔子。以《公羊春秋》为例,据徐彦《春秋公羊传注疏》引戴宏

---

① 班固《汉书·严助传》,北京:中华书局,1962年,第2775页。
② 班固《汉书·司马相如传》,北京:中华书局,1962年,第2529页。
③ 班固《汉书·严助传》,北京:中华书局,1962年,第2775页。
④ 司马迁《史记·郊祀志》,北京:中华书局,1959年,第1384页。
⑤ 皮锡瑞《经学历史》,北京:朝华出版社,2019年,第57~58页。
⑥ 阮元《诂经精舍文集》卷十一,收入《丛书集成初编》第1837册,上海:商务印书馆,1936年,第213页。

《序》云："子夏传与公羊高，高传与其子平，平传与其子地，地传与其子敢，敢传与其子寿。至汉景帝时，寿乃共弟子齐人胡毋子都著于竹帛。"①无论此种传承谱系是否真实可靠，但至少在当时提供了《公羊春秋》的正统性，而最迟至汉景帝时，《公羊春秋》已有成书。另据司马迁《史记·儒林列传》云："言《春秋》于齐、鲁自胡毋生，于赵自董仲舒……故汉兴至于五世之间，唯董仲舒名为明于《春秋》，其传公羊氏也。胡毋生，齐人也，孝景时为博士，以老归教授。齐之言《春秋》者，多受胡毋生，公孙弘亦颇受焉。"②观"多受胡毋生"中之"多"字，可推知从学者必不在少数，后来以布衣位至宰相的公孙弘特其佼佼者尔。弟子既多，传承谱系就十分关键，盖弟子欲由师者上溯至孔子，以证明所学之正统性，则势必要固守师说以为凭据，而弟子间亦可彼此印证。换言之，师法、家法云云，只为标称己说的谱系正统性，因为在"独尊儒术"成为举国风气之后，惟不悖于官方正统之学说方有入仕机会。《汉书·韦贤传》引故邹鲁谚曰"遗子黄金满籝，不如一经"，③可知彼时经书堪当取利之途，为世人所共知。这一点，在没有科举选拔机制的时代极为关键，而伴随着后世入仕途径的扩大与开放，也注定会趋于淡化与消亡。

孔子的地位伴随两汉的谶纬灵异之风而攀上神坛，兼之看重谱系传承（师法、家法）的风气大兴，令儒生心力多倾注于注释经文，而怯于在典籍之外别生创见，以免被视为离经叛道。朝廷博士及弟子名额有限，而通经之儒生广受尊敬，故民间传经之风也渐次兴起。两汉之际，民间教育机构尚未系统化，平民游学于宿儒之门是最方便、最可行的途径，景帝博士胡毋生"以老归教授"即属此类。民间宗派，《易》有《费氏易》，《书》有《古文尚书》，《诗》有《毛诗》，《礼》有《逸礼》《周官》，《春秋》有《左氏春秋》。官方五经博士有谱系传承，尽管未必真能上溯至孔子，但至少已流传数代，故其文本传抄皆以当时文字（隶书）为之；民间所传，其经本难以上续谱系，故只能宣称得自古本，盖汉惠帝废除"挟书律"之后，往往有古书现世，时人亦不以为异，儒家经典自是乃有今文经、古文经之分。前辈学者多认定"古文经"之得名，是因其所据文本由先秦文字写定，与今文经所使用的隶书有别，此恐非实情。汉代重见天

---

① 何休解诂，徐彦疏《春秋公羊传注疏》卷首《监本附音春秋公羊注疏序》，清嘉庆二十年（1815）南昌府学重刊宋本十三经注疏本。
② 司马迁《史记·儒林列传》，北京：中华书局，1959年，第3118、3128页。
③ 班固撰，颜师古注《汉书》，北京：中华书局，1962年，第3107页。

日之古书,譬如孔壁中书、河间献王所获经书、杜林于西州所获漆书《尚书》之类,多属先秦蝌蚪文(战国时文字),此为当然之理,但无论出土时为何种文字,一经识别写定即转为隶书今文,是以宣称经本为古文毫无意义,而只能是一种噱头。从概率上而言,今文经派各自获得一种出土经本的机会极低,况且典籍的所用字体或个别字句稍有差异,也并不足以催生出新的说经宗派。今文经、古文经的关键区别,在于对同一经文的解释不同,前者属于被官方认可的、具有孔门谱系传承的学问,后者则是无法依托于朝廷、自发产生而渊源存疑的学问。今文经派为了保持正统性和入仕利益,特别强调师法,弟子只能将心力耗费于诠释师说,是以层层积累之下,逐渐流于烦琐与拘泥。据《汉书·艺文志·六艺略》颜师古注引桓谭《新论》云:"秦近君能说《尧典》,篇目两字之说至十余万言,但说'曰若稽古'三万言。"①此类训诂之学,以数万字乃至十余万字解说寥寥几字,其烦琐至此,后人必然难以为继。古文经派也有强调师法、日渐烦琐的状况,但其受拘束程度比今文经要小,弟子们可以转益多师、择善而取,乃至自行发挥。古文经的简洁性、创新性,代表着先进的学术方向,其拥趸若有机会掌握权力,势必要为之发声。西汉末年,刘歆亲近于哀帝,"欲建立《左氏春秋》及《毛诗》《逸礼》《古文尚书》皆列于学官",②而诸博士反对,或认为《左传》不传《春秋》,故不肯与刘歆论其义。刘歆乃撰《移让太常博士书》,批评诸博士为"缀学之士不思废绝之阙,苟因陋就寡,分文析字,烦言碎辞,学者罢老且不能究其一艺。信口说而背传记,是末师而非往古",③一方面点出了今文经的烦碎之病,另一方面也批评他们只认可"末师""口说",而不肯接受《左传》一类的"往古""传记"。《左传》是否本为《春秋》作传而成,此事学术界尚有争论,但其中蕴含大量有价值的史料,便于更好理解《春秋》的本义,则为显而易见之事实。《太平御览》引桓谭《新论》云:"《左氏》经之与传,犹衣之表里,相持而成。经而无传,使圣人闭门思之,十年不能知也。"④诸博士集体反对,并非不知此点,而是因《左传》无谱系传承,若跃居正统,必会动摇《公羊传》《谷梁传》的经师诠释。在无史料背景时,《春秋》如"断烂朝报"(王安石语),无头无尾,只能以经师口说为主,因

---

① 班固撰,颜师古注《汉书》卷三十,清乾隆武英殿刻本。
② 班固《汉书·楚元王传》,北京:中华书局,1962年,第1967页。
③ 班固《汉书·楚元王传》,北京:中华书局,1962年,第1970页。
④ 李昉《太平御览》卷第六百一十《学部》四,《四部丛刊三编》景宋本。

其谱系传承似可上溯至孔子,故公羊家演说"大一统""一王大法"云云,皆被视为权威正统,但《左传》恰恰提供了经文的背景史料,经常令今文经师的微言大义落于空处。譬如《公羊传》解经文"夏四月辛卯,尹氏卒"一句,云:"尹氏者何?天子之大夫也。其称尹氏何?贬。曷为贬?讥世卿,世卿非礼也。"①仅据"尹氏"二字,公羊家即阐发《春秋》有"讥世卿"之大义,可称振聋发聩之论。而《左传》此处经文为"夏四月辛卯,君氏卒",解之云:"声子也。不赴于诸侯,不反哭于寝,不祔于姑,故不曰薨。不称夫人,故不言葬,不书姓。为公故,曰君氏。"②若按《左传》之记载,则此句论声子之死,因葬礼未成,故不称夫人、不书姓,又因其为鲁惠公姬妾、鲁隐公生母之故,所以称之为君氏。《公羊传》《左传》两相对照,经文"尹""君"一字之差,而所论风马牛不相及。此类矛盾之处,孰是孰非姑且不论,但若《左传》立于学官,势必将动摇《公羊传》之权威,无怪乎刘歆之议遭到太常博士们的激烈反对。刘歆欲立古文经学,并非只是利益之争,而是牵扯到如何对孔子所编纂的经典进行正确解读。刘歆指责博士们"专己守残,党同门,嫉道真",是以《左传》所记为真道,而以今文经师所传为残缺不全。《汉书·楚元王传》亦云:"歆以为左丘明好恶与圣人同,亲见夫子,而公羊、谷梁在七十子后。传闻之与亲见之,其详略不同。"③刘歆之野心并非仅欲古文经、今文经并立于学官,其最终目的是要将儒家正统归于古文经,以取代今文经说的权威性。

刘歆之建议虽未果行,但足以壮古文经之声势。王莽篡汉之后,为显示新朝改制之举,遂立《左传》等古文四博士。新朝虽不久即灭亡,但《左传》等也因此广为传习,这也导致东汉一直为《公羊》与《左传》孰优孰劣、《左传》等是否应立为官学而争论不休。朝廷内部意见不一,又加剧了民间今文经、古文经的彼此融合,从而催生出了马融、郑玄之类兼通两派的大师。东汉灭亡之后,"独尊儒术"的政令失效,今文经学也失去了官方正统地位,不得不与古文经学平等竞争。此时两家的经传历经数百年传抄,早已皆用今文写就,而学术思想也彼此交融、互相借鉴,

①　何休撰,陆德明音义《春秋公羊经传解诂》隐公第一,《四部丛刊初编》景宋建安余氏刊本。
②　杜预注,孔颖达疏《春秋左传正义》卷第三,清嘉庆二十年(1815)南昌府学重刊宋本十三经注疏本。
③　班固《汉书·楚元王传》,北京:中华书局,1962年,第1967页。

所谓的今文经、古文经之争转为学术派系之争,其争论焦点在学术观点,而非谱系传承。以地域论,晋代衣冠南渡之后,今文经学者多随之南奔,故今文经盛于南方;以阶层论,古文经学者起自民间,故古文经盛于下层士族。两汉看重师法、家法,故传注之作皆单独成书,不与经文混杂,而最迟至南北朝时,社会上已出现为阅读方便而产生的经注合抄本,以及将注文对应抄于经卷背面的隐义本。经注既欲合二为一,就必须考虑选择何家之注以合经,是故在数量庞杂的注释之作中,只有接受度最广的数种可脱颖而出,而其他诸家因乏人传承,乃渐次失传。时至唐代,太宗诏国子监祭酒孔颖达等编纂《五经正义》,至高宗永徽四年(653)编成,其中《周易》用魏王弼、晋韩康伯注,《尚书》用梅赜本、汉孔安国传,《诗经》用汉毛亨传、郑玄笺,《礼记》用郑玄注,《左传》用晋杜预注,以充作科举考试的官方教科书。为了调和今文经、古文经之矛盾,也为了不再引发新的争端,《五经正义》采用了"疏不破注"的原则,疏解一概曲从注文,只训诂其义,而不驳论是非。尽管太学博士马嘉运撰文反对其"颇多繁杂""曲徇注文""杂引谶纬"等病,朝廷也一度下令修订,但最终"疏不破注"的原则并未更改。盖《五经正义》本身欲将前代经注做一集大成之整理,其体例与著作有别,其间亦不宜过多增加唐人的新观点。官方科举教科书的颁布,再次确定了思想正统,让经义问题有了标准答案,也极大限制了后儒的再次发挥,今文、古文学术纷争至此终于暂告一段落。然而此期佛教、道教渐渐强盛,儒家在政府之中"独尊"的地位岌岌可危,甚至有屈身其后之颓势。二者之中,道教在哲学理论方面的论述远不能与佛教相媲美,只能以各种炼丹术、驱魔术、祈禳术见长,逐渐形成了术多而学少的局面,虽然受唐代皇帝所喜好,但难以对儒家体系造成冲击。是以儒家之真正大敌,乃为异邦传入之佛教,而持续绵长的儒佛之争也在客观上推动了宋代理学的建立。

佛教在汉代传入中国时,面临着严重的水土不服。除了国人根深蒂固的"华夷之辨"外,汉朝推崇儒学、注重孝道,而佛教则鼓励剃发出家、割舍家庭关系,种种仪轨皆与中国风俗不合。为了弘法传播,佛教不得不采纳种种策略来实现自身的本土化,而其中关键一条即主张佛法与儒家主旨不异。从现存文献来看,最早进行这一尝试的是牟子《理惑论》一书。由于《理惑论》最初没有标明作者姓名,而《弘明集》收录时则称"一云苍梧太守牟子博传",《隋书》在"《牟子》二卷"条下云"后汉太尉牟融撰",实皆为揣测之词。明代胡应麟始疑此书之伪,称"疑六朝晋宋间文士因儒家有《牟子》,伪撰此论以佐右浮屠"。胡氏认定《隋书》所载之《牟子》为儒家之作,又因牟融"在汉明前,其时佛法固未入中国",因而认定被收入佛典中的《理惑论》为伪书。① 胡氏肇始于前,梁启超、常盘大定等人扬波于后,皆认定此书为伪作,而汤用彤、余嘉锡等人力主其真,陈垣则称"佛之名称为后汉末所无,当时称佛为浮屠。假定今本《牟子理惑》为真后汉时作,亦必经后人改窜,不尽原文也",②持真伪参半之说。笔者亦力主此书不伪,择其要者陈述如下:首先,《理惑论》的作者不详,既非牟融,亦非牟子博。南朝梁僧祐《弘明集》已称"一云",可知当时作者姓名已失考。从现存《理惑论》的序言来看,籍贯、履历均与以上二人不符,盖后人妄标牟姓名人耳。宋释志磐《佛祖统纪》称"(初平)二年,苍梧儒生牟子,因世乱无仕官意,锐志佛道,而世多非之,乃制《理惑论》以为劝",又"述曰:牟子不得其名",当较为接近事实。此亦可见宋人并未采信牟融、牟子博二说。其次,隋书所收《牟子》,即《理惑论》一书,并非别有一儒家牟子。清代周广业即已驳斥胡应麟之论,云:"诸群书所引《牟子》,皆出自《理惑论》。胡氏臆为揣测,难为定论。"今核刘孝标注《世说新语》、六臣注《文选》等书,其所引《牟子》者确出《理惑论》,周氏所言不虚。又〈法论目录序〉称:"牟子不入教门而入,缘序以持载汉明之时像法初传故也。"③按此,牟子并非佛教中人,其书之所以收入佛典之中,只是因为其中记载了佛教初传之事。牟子本为苍梧儒生,胡氏所谓儒家牟子者亦即此人耳。再次,凡专有名词,各地往往各有称呼,而外来之名词尤甚。《春秋》时楚国称虎为"於菟",汉代扬雄《輶轩使者绝代语释别国方言》收录各地方言异称,皆此类也。近代以来,Karl Marx的名字也有麦喀士、马克尔斯、麦克司等十几种不同译法,最后才被确定为马克思。我们同样不能因所见官方文献中均使用了"浮屠"一词,就否认当时已有"佛"的译法。官方文献自有其固定性,但并不代表民间别无其他称谓,且苍梧之佛法应自南传线路而来,与北方西域传入者偶有差异也属常情。最后,老子化胡之说,在汉末时已渐成争讼之焦点,而《理惑论》虽驳斥诸论,竟无一语及之,可反证其成书甚早。南朝宋陆澄所撰《法论》一书已收入《理惑论》,可知其

---

① 胡应麟《少室山房笔丛》丁部《四部正讹》下,明万历刻本。
② 陈垣《中国佛教史籍概论》,北京:中华书局,1962年,第52页。
③ 僧祐《出三藏记集》杂录卷十二《宋明帝敕中书侍郎陆澄撰法论目录序第一》,《大正新修大藏经》第55册,No.2145。

成书不晚于此时。两相参证,则《理惑论》一书成于汉末当无疑问。

《理惑论》除序跋外一共三十七章,每章的篇幅都不长,它采用问答体的方式,解释了当世人对于佛教的种种疑惑,并对若干批评佛教的言论进行了驳斥。牟子本人博览群书,通晓诸家之说,所以《理惑论》大量援引孔子、老子、庄子的言论为佛教辩护,认为佛经的教义并不违背儒家、道家经典,只是侧重点有所不同。从牟子的叙述来看,他对释迦牟尼出家前的各种传说事迹颇为熟悉,对佛教的戒律仪轨也有所了解,虽身不入佛门,但显然倾心佛教。汉代辞赋中问答体盛行,多为作者预设一虚构人物提问,而借回答之机叙述个人见解。但《理惑论》中向牟子提问者自称"吾昔在京师,入东观游太学","尝游于塡之国,数与沙门道人相见,以吾事难之,皆莫对而辞退,多改志而移意",且观其所发之问,皆为佛教在中国传播时所面临重大之障碍,又十分善于捕捉对方要害,则竟似实有其人,确曾身为太学生并游于塡(于阗)国,具备与僧侣辩难之经验。据序文所称,牟子年少时即奉母避世于交趾,年二十六又归苍梧娶妻,一生足迹皆在南方。按此,则无论提问者是确有其人还是虚拟其人,《理惑论》实际上都代表着南方新兴佛学与北方传统儒学间的较量。牟子对于儒家文献十分熟悉,而且逻辑清晰严密,借力打力,在辩论中明显居于上风。当提问者质疑"佛有三十二相、八十种好"为不实之词时,牟子则举证儒家典籍中"尧眉八彩,舜目重瞳,皋陶乌喙,文王四乳"的传说,证明异人之相存在;当提问者援引《孝经》"身体发肤受之父母,不敢毁伤"指责佛教剃发时,牟子则援引孔子称赞祝发文身的泰伯"可谓至德",证明"苟有大德,不拘于小";当提问者指责出家修行使人损财绝后时,牟子又援引孔子称赞饿死于首阳山的伯夷、叔齐"求仁得仁",而不讥其无后无货;当提问者援引孔子"夷狄之有君,不如诸夏之亡"以启夷夏之辨时,牟子则援引《论语》"子欲居九夷",且云"君子居之,何陋之有",以指明夷夏之学并非互相矛盾。凡此种种,牟子并未从佛教义理方面立论,而是使用了与对方同一体系中的材料,就实现了归谬式推理,让对方的问题无法立足。《理惑论》的传世,说明佛教必须借助已在中国占据主流意识形态的儒家来包装自己,让自己获得更为流畅的传播途径。三国时康僧会劝说吴主孙皓,亦称:"《易》称积善余庆,《诗》咏求福不回,虽儒典之格言,即佛教之明训。"孙皓反问:"若然,则周孔已明,何用佛教?"康僧会答道:"周孔所言略示近迹,至于释教则备极幽微。"①不仅如此，康僧会所译的《六度集经》，其内容虽然是讲述菩萨的各种本生故事，却相当多地强调了儒家的孝道观念，乃至有"违父之教为不孝矣"之类的言论。由此可见，宣扬佛教与儒家同理而不同名，是佛教早期传播中的一大特色。

中土佛教自东晋道安法师之后，奉行"不依国主，则法事难立"的准则，开始积极介入政治，尤以拉拢上层皇室、朝廷权臣为用力之处。唐初数帝皆崇信佛教，不惜耗费民脂民膏以供奉佛陀，导致天下财富、人力迅速向寺庙集中。至唐中宗时，左拾遗辛替否上疏云："当今出财依势者，尽度为沙门；避役奸讹者，尽度为沙门。其所未度者，唯贫穷与善人。将何以作范乎？将何以役力乎？……今天下之寺益无其数，一寺当陛下一宫，壮丽之甚矣，用度之过矣！是十分天下之财而佛有七八，陛下何有之矣，百姓何食之矣？"②佛教的迅速扩张，已严重影响到儒家的发展，故而欲重振儒教者，不得不愤而有为，韩愈《论佛骨表》即因此而发。韩愈首先列举历代史实，强调"事佛求福，乃更得祸"，又重申华夷之辨，认为"佛本夷狄之人，与中国言语不通，衣服殊制；口不言先王之法言，身不服先王之法服；不知君臣之义，父子之情"，最后援引孔子"敬鬼神而远之"之句，要求将佛骨舍利"投诸水火，永绝根本"。③唐代自玄奘法师取经归来之后，佛教宗派中最注重概念分析与逻辑辩论的唯识宗蔚然兴起，其哲理体系之严密程度远超儒家，是以韩愈辟佛只能从外在入手，而无法攻击其根本。韩愈奏疏甫上，即被宪宗远谪潮州，所谓"一封朝奏九重天，夕贬潮州路八千"即谓此事。辟佛未果，佛教继续发展壮大，终于达到了危害国家经济的严重程度，遂有唐武宗灭佛之举，因时在会昌年间，故佛教界称之为"会昌法难"。唐武宗灭佛，最初敕令"毁拆天下山房兰若、普通佛堂、义井、村邑斋堂等未满二百间、不入寺额者"，"经、佛般入大寺，钟送道士观"，其次又动手毁废大寺，先后下令"天下铜佛、铁佛尽毁碎，称量斤两，委盐铁使收管讫"，"天下金铜佛像，当州县司剥取其金，称量进上"，"天下寺舍奇异宝佩、珠玉金银，仰本州岛县收检进上"，"天下寺舍僧尼所用铜器、钟磬、釜铛等，委诸道盐铁使收入官库"，"天下还俗僧尼缁服，各仰本州岛县尽收焚烧……如

---

① 慧皎《高僧传》卷一，《大正新修大藏经》第 50 册，No.2059。
② 刘昫等《旧唐书·辛替否传》，北京：中华书局，1975 年，第 3157～3158 页。
③ 韩愈《昌黎先生文集》卷三十九《论佛骨表》，宋蜀本。

焚烧已后,有僧尼将缁服不通出,巡检之时有此色者,准敕处死"。① 佛教田产被没收,僧尼被逼迫还俗,据《旧唐书》所载数字,"天下所拆寺四千六百余所,还俗僧尼二十六万五百人",②虽然令宗教事业遭受重创,但数十万僧尼还俗为民之后,也让佛教的学术思想更加深入地扎根民间,成为国人的基础信仰之一。可以不夸张地说,唐代之后的儒生,无论对佛教信仰持何种立场,无论对儒家思想的接受何等坚定,都至少对佛教的概念体系有了一些基本的认识。佛教的若干元素,已经融入中国文化的血液之中,不再因源自夷狄的身份而遭到国人排斥。后来复兴儒家的宋明理学,实际上就是在这样的土壤之中被培育出来的,尽管其成员也未必皆对此有清晰的认识。

第三节　诸儒的人性解析与分歧

孔子所不宣言者,"性与天道",而这两项恰恰是一个完备的哲学体系的核心柱石。董仲舒的天人感应说专言天道,虽然驳杂不纯,但毕竟是一种很有启发性的尝试。与之相对,孔子之后针对"性"的探究则较为琐碎,自孟子首发其端,荀子、扬雄、韩愈接踵其后,直至宋代理学崛起,方才搭建起一种较为完整的体系。

从现存文献来看,孔子谈论人性处极少,惟《论语·阳货》有"子曰:性相近也,习相远也"之句,下接"子曰:唯上知与下愚不移",而皆无出言背景。孔子既称性"相近"而非"相同",可知仍承认人性有所差别,或其所谓"性",并非指哲学概念探讨,而是泛泛言之,谓人幼时的综合资质,故"上知与下愚不移"。《易经·系辞》又有"一阴一阳之谓道,继之者善也,成之者性也"等句,但《系辞》是否为孔子所撰则有争议。《系辞》所云虽属哲理探讨,但是否为孔子所说,"成之者性也"一句又该如何释读,仍然分歧未定。可以肯定的是,此处所指"性"仍居于本源的"道"之后,或需要后天以成道,即"成之(道)者,性也";或只是道之所

---

① 白化文等修订校注《入唐求法巡礼行记校注》,石家庄:花山文艺出版社,1992年,第493～494页。
② 刘昫等《旧唐书·武宗》,北京:中华书局,1975年,第606页。

成,即"(道)成之者,性也";抑或以"成之者"与"继之者"分属阴阳二道,皆为"成人(之)者"之一途。而子贡称"夫子之言性与天道,不可得而闻也",所指必为本源之性,盖惟此所不可得闻,至于后天之性,则孔子时时论之。孔子无意于做哲学本源的论述,而只着眼于现实世界,看重功用性大于学理性,这是早期儒家的特色,但也令自身的哲学体系严重缺环,后儒不得不再加以弥补。

王充《论衡·本性篇》云:"周人世硕以为:人性有善有恶。举人之善性,养而致之则善长;恶性,养而致之则恶长。如此,则性各有阴阳,善恶在所养焉,故世子作《养书》一篇。宓子贱、漆雕开、公孙尼子之徒亦论情性,与世子相出入,皆言性有善有恶。"①另据《汉书·艺文志》云:"《世子》二十一篇,名硕,陈人也。七十子之弟子。"②世硕为孔子再传弟子,《汉书·艺文志》将其书列入儒家,而其称"性各有阴阳,善恶在所养",似与《易经·系辞》"一阴一阳之谓道,继之者善也,成之者性也"一脉相承。按此,"人性有善有恶"或为孔门早期之共识,故孔子弟子"宓子贱、漆雕开、公孙尼子之徒"亦皆主此说。惟《世子》一书已佚,其思想无从详考。但孔子所谓"上知"必是纯善,"下愚"必是纯恶,因此皆"不移"。若上知者、下愚者仍需要养善去恶,则当属"移",而非"不移"。世硕称"人性有善有恶","善恶在所养",等于否认了上知与下愚的存在,与孔子的本义不合。孔子弟子不闻"夫子之言性与天道",而宓子贱等人皆主此说,似是在孔子身后才发展出的观点。从历史发展的角度出发,人性有善有恶符合民众的普遍认知,也更接近哲学体系建立之前的原始观点。《世子》之书流传未广,有汉一代绝少引用,此后又彻底失传,故"性有善有恶"说影响甚小。

在世硕之后,孟子则首次明确地提出了"性善"说,尽管这在当时只是诸子之一说,并无任何权威性可言,但却在后世大放异彩,成为宋明理学最坚固的基石。程颐曰:"孟子有大功于世,以其言性善也。"又曰:"孟子性善、养气之论,皆前圣所未发。"③《史记》称孟子"受业子思之门人",④则其当为孔子数传之弟子,但孟子自称"予未得为孔子徒也,予私淑诸人也",则似乎并无明确的谱系传承。从现存史料来看,孟子与

---

① 王充《论衡》卷第三《本性篇》,《四部丛刊初编》景通津草堂本。
② 班固《汉书·艺文志》,北京:中华书局,1962年,第1724页。
③ 朱熹《孟子章句集注》卷首《序说》转引,宋刻本。
④ 司马迁《史记·孟子荀卿列传》,北京:中华书局,1959年,第2343页。

子思及其门人的年龄差距较大,似乎不太可能直接授受,而子思为孔子嫡孙,所得为家学正宗,若仅经门人一传而至孟子,则孟子的思想与孔子不当存在如此明显的矛盾。按此,则孟子"未得为孔子徒","私淑诸人"之说或更为可靠。从现有的文献资料判断,孟子很可能是通过自己研习《论语》《尚书》之类的儒家著作,从而接受并发展了孔子的思想。据笔者统计,《孟子》一书中提及孔子事迹与言论将近百次,直接引用孔子之语达四十余次。孟子也存在临时扭曲孔子本义的现象,譬如《孟子·梁惠王上》称"仲尼之徒无道桓、文之事者,是以后世无传焉"云云,今按《论语·宪问》一篇即三次评价"桓、文之事",显然孟子所述与事实不符,而只是一种临时实施的游说策略。但排除掉这类显而易见的情形,孟子在援引孔子之语时却称得上十分严谨。从《孟子》中的四十余次引用来看,其中约三分之一都可以在《论语》中找到原文或部分原文,譬如《孟子·公孙丑上》所引"孔子曰:'里仁为美。择不处仁,焉得智?'"一语,又见于《论语·里仁》;《孟子·公孙丑下》载"虞闻诸夫子曰:'君子不怨天,不尤人'"一语,虽然此"夫子"谓孟子,但此语又见于《论语·宪问》,故属孟子转述孔子之语;《孟子·尽心下》所引"孔子曰:'过我门而不入我室,我不憾焉者,其惟乡原乎!乡原,德之贼也'"一语,其中"乡原,德之贼也"六字又见于《论语·阳货》。另外约三分之二的引用语句,虽然无法找到对应的出处,但与孔子的生平经历或其他言论则有吻合之处,譬如《孟子·万章下》引"孔子尝为委吏矣,曰'会计当而已矣';尝为乘田矣,曰'牛羊茁壮长而已矣'",借以说明"位卑而言高,罪也"的道理,既与《论语·子罕》"吾少也贱,故多能鄙事"的描述相符,又与《论语·泰伯》"子曰'不在其位,不谋其政'"的思想一致;再如《孟子·离娄下》载"徐子曰:'仲尼亟称于水,曰:水哉,水哉!'",既与《论语·子罕》"子在川上曰:逝者如斯夫,不舍昼夜"可相互补充,又符合《论语·雍也》"知者乐水"的描述,而且与同篇中"子曰:觚不觚。觚哉,觚哉!"的语言风格十分类似。不仅如此,孟子在援引孔子之前,还会进行逻辑判断,将一些被误认为孔子之语或事迹的例子排除。《孟子·万章上》云:"万章问曰:'或谓孔子于卫主痈疽,于齐主侍人瘠环,有诸乎?'孟子曰:'否,不然也,好事者为之也。……孔子进以礼,退以义,得之不得曰'有命'。而主痈疽与侍人瘠环,是无义无命也。'"孟子衡量是否为孔子行为的方法,主要是依赖儒家的价值规范去判断,由于孟子坚信"自有生民以来,未有孔子也",将孔子视为完美人格,故拒绝相信孔子会有任何不光彩的事迹。这并不是一种实事求是的态度，有可能会将一些本属于孔子的言行排除在外，但同时有效地防止了捏造、虚构的孔子之语混杂入传世的著述之中。孟子最大限度地继承了孔子的思想，但身为私淑弟子，缺少明确的谱系传承，这可能是孟子长期未被视为儒家正宗的原因。所谓"受业子思之门人"之说，或许类似五经博士上溯孔子，是来自汉代拥孟之徒的宣传。赵翼《陔余丛考》称"《孟子》书，汉以来杂于诸子中，少有尊崇者"，① 则为历史的真实情况，盖《孟子》被列为儒家经书，要迟至后蜀君主孟昶刊刻石经之时。概言之，孟子的地位难与孔子匹敌，孔子在汉代以后逐渐神格化，而孟子直至晚唐时仍厕身于诸子之间，其所首倡之性善说亦乏人拥护。孟子称"人性之善也，犹水之就下也。人无有不善，水无有不下"，又云"人皆有不忍人之心。先王有不忍人之心，斯有不忍人之政矣"，是肯定人类之性同源皆善，为孔子倡导仁政寻找到了理论根源。孔子只说君王当行仁政，却未解释为何当行仁政；只说仁者爱人，却未解释仁者为何爱人。孟子的性善说，给孔子的言论找到了一个坚实的立足点，因为人性本善，故施行仁政乃是顺应本性而为，否则即为倒行逆施，与天道不合。但孟子基于性善说，认为"人皆可以为尧舜"，与孔子"唯上知与下愚不移"也有矛盾冲突。《论语·季氏》云："生而知之者，上也；学而知之者，次也；困而学之，又其次也；困而不学，民斯为下矣。"所谓"生而知之"对应"上知"，"困而不学"则对应"下愚"，此二类在孔子眼中是不会转变（"不移"）者，恰如董仲舒《春秋繁露·实性》所云："观孔子言此之意，以为善甚难当，而孟子以为万民性皆能当之，过矣。圣人之性不可以名性，斗筲之性又不可以名性，名性者，中民之性。"② 而孟子云："人之所不学而能者，其良能也；所不虑而知者，其良知也。"味孟子之意，虽然承认有先天的良知、良能存在，但同时也肯定了有需要后天习得者，况且以性善为全人类的共性（"人无有不善"），并未认可有"生而知之"的"上知"之人。

孟子虽然提出了性善说，但论证过程却缺乏思辨逻辑。以"水无有不下"来类比"人无有不善"，模糊了物质与意识的界限，而且同样的逻辑也可以用于"人无有不恶"或"人无有不死"等。遍观《孟子》一书，真

① 赵翼《陔余丛考》卷四《尊孟子》，清乾隆五十五年（1790）湛贻堂刻本。
② 董仲舒《春秋繁露》卷十《实性》，清武英殿聚珍版丛书本。

正用来支持性善论的论据就只有一个案例:"所以谓人皆有不忍人之心者:今人乍见孺子将入于井,皆有怵惕恻隐之心,非所以内交于孺子之父母也,非所以要誉于乡党朋友也,非恶其声而然也。"孟子所举的例子十分巧妙,很容易唤起人类的同感,因而经常被后世拥护性善说的人引用,宋明理学家援引尤其频繁。但此案例中见孺子入井之人,却已然经历了社会道德的洗礼,他所产生的心理活动("不忍")很可能源于后天的价值观,而未必属于先天之性。设若一孺子乍见另一孺子将入于井,其常见之反应为恐惧,乃至转身躲藏而不言,此可谓之"怵惕"而不可谓之"恻隐";设若一襁褓之子乍见孺子将入于井,则茫然未知何意,盖其尚在本能需求阶段,情感世界尚未丰富多样。是故孟子所举之例证,并不能证明先天之性,而仅能论证后天之性。孟子固然可以主张后天之善源于先天之性,但同样很难从逻辑上排除后天之恶亦源于先天之性,因为善恶皆可由后天习得。与孟子同时代的告子主张"人性之无分于善不善,犹水之无分于东西也","生之谓性","食色,性也",其所论之性指人类的生物本能而言,与孟子之论针锋相对。孟子在与告子的辩论中占据上风,盖因先秦诸子皆以性兼生物本能、社会道德二者而言之,其概念本无清晰界定,是以胜负全凭辩者之才力。此外,由于告子的"生之谓性""不动心"诸说与佛教有一定的相似性,是故建立在性善说之上的宋明理学,其创立者与门人皆以辟佛为要务,实欲效法孟子之辟告子也。

　　孟子企图改进并发展儒家体系,但逻辑论证并不严密,因而给后人留下了发挥的空间。稍晚的荀子提出了"性恶"说,主张"人之性恶,其善者伪也","今人之性恶,必将待师法然后正,得礼义然后治"。① 性恶说看似与性善说截然相反,但同样也可以为孔子的儒家学说提供基石:正因为人性本恶,故需要君王实行仁政以教化之,否则必邪恶充盈,社会归于暴乱。荀子之论,认为不可听任人性之恶自由发展,必须设礼仪法度以约束之,故其弟子韩非、李斯等人皆流入法家。无论以性善说还是性恶说来搭载孔子之体系,其逻辑皆可成立,盖仁政本为养善去恶,而养善、去恶实为一体之两面。荀子生前活跃于列国政局之中,其声望并不在孟子之下,其学说之影响力较孟子为广,其所创的赋体文章也成为汉初文人模仿的体式。但荀子之门人见重于赢秦,而秦国殄灭六国,

---

① 　王先谦《荀子集解》卷十七《性恶篇》,清光绪刻本。

焚烧儒家诗书,推行独裁暴政,是以历代学者对荀子多批评之论,甚至质疑其大儒之身份。《孟子》被列为儒家经书之后,《荀子》的地位更加降低,性恶说也成为理学家们最热衷批判的靶子。但细绎《荀子》一书,所论皆为圣王仁政之说鼓吹张本,然则荀子儒家之身份不证自明,盖其心与孟子相类,本欲弥补、发展孔子之学说,为其重构坚固的基石,提升体系的严密性。汪中《荀卿子通论》称"荀卿之学出于孔氏,而尤有功于诸经",①的为确论。《荀子》一书的逻辑性强于《孟子》,但对于人性的本源问题,其论证过程并没有比后者高明。荀子以生物的本能为性,这与告子"食色,性也"一致,只阐释了人性的生物学概念,但荀子更近一步,指此性为恶,将仁义与本能对立起来,则是将其推广到了社会学概念。荀子在论述之中并未指出仁义的源头:既然人性本恶,最初之善从何而生? 去恶需施仁政,先王之礼义法度又从何而来?

性善与性恶各得一偏,皆可承载孔子学说,但仍未穷尽其可能性,故时至汉代复有扬雄"性善恶混'之说。扬雄《法言·修身》云:"人之性也,善恶混,修其善则为善人,修其恶则为恶人。"②扬雄主张"性善恶混",与先秦世硕"性有善有恶说"相近,但细较之下又略有差别:性有善有恶是二分法,譬如某瓜果左苦右甜,或头甜尾苦;性善恶混则是混一法,譬如某瓜果甜中带苦,或苦后回甘。扬雄有文章之才,以擅作大赋而名垂青史,但中年以后悔悟而向道,称赋为"童子雕虫篆刻","壮夫不为也"。《汉书·扬雄传》云:"雄少而好学,不为章句,训诂通而已,博览无所不见。"③扬雄才力横肆,志向远大,若专意于润补儒道,成就当大有可观,但其野心在取孔子而代之,是以仿《周易》而作《太玄》,仿《论语》而作《法言》,又仿《尔雅》而作《方言》。司马光云:"孟子好《诗》《书》,荀子好《礼》,扬子好《易》。孟文直而显,荀文富而丽,扬文简而奥。惟简而奥,故难知。"④扬雄晚于孔子、孟子数百年,然所撰诸书比六经、《孟子》更为晦涩难懂,则炫才傲世之情灼然可见,盖其初心本不在教化民众。《法言》继承了《论语》的破碎支离,有警句而无体系,故虽云"人之性也,善恶混",但缺少学理思辨过程。惟扬雄此句下又云:"气

---

① 汪中《述学·补遗》,《四部丛刊初编》景无锡孙氏藏本。
② 扬雄撰,李轨注《扬子法言·修身》,《四部丛刊初编》景宋本。
③ 班固《汉书·扬雄传》,北京:中华书局,1962年,第3514页。
④ 扬雄《扬子法言》卷首《司马温公注扬子序》,宋刘通判宅仰高堂刻本。

也者,所以适善恶之马也与?"①扬雄此说实有启迪宋明理学之功,但并未获得学者们的足够重视。扬雄认为气是通往("适")善与恶的载体("马"),此论与孟子的"养气"说截然不同。孟子所谓"养气",亦即通过"集义"的手段来培养自己的浩然之气,或可谓养善之途径,而不可谓致恶之法门,此理不辩自明。孟子主张"性善",称人性无有不善,后来之恶是因为不存夜气、戕害善根而导致,盖乏善即恶,而并非滋养人性中原有之恶而造成。扬雄主张"性善恶混",乃以气为善恶之载体,由气而分善恶,实开后世宋儒理气论之先声。扬雄所言之"气",是天地间的浑天之气,若按现代哲学体系阐释,既是一切物质之本质构成,也是主观精神之载体。扬雄此论,源自当时社会所盛行的"浑天说"世界观。据桓谭《新论·离事》载,"通人扬子云因众儒之说天,以天为如盖转,常左旋,日月星辰随而东西,乃图画形体行度,参以四时历数、昏明昼夜,欲为世人立纪律,以垂法后嗣",但因为桓谭的驳难,"子云无以解也","子云立坏其所作"。② 扬雄(字子云)早年拥护"盖天说",欲撰书"垂法后嗣",可见其欲自任宗师之气象,但由于桓谭的批评,扬雄因此改信"浑天说",又撰《难盖天八事》以反戈一击。《法言·重黎》亦云:"或问浑天。曰:落下闳营之,鲜于妄人度之,耿中丞象之。几乎,几乎,莫之能违也!"③此可充作扬雄撰《法言》时已笃信浑天说之证。浑天说以为"天之包地,犹壳之裹黄。天地各乘气而立,载水而浮……天转如车毂之运也,周旋无端,其形浑浑,故曰浑天",④所谓"乘气而立",即谓天地间一气充满,万物乃至人身皆立于其中。扬雄以气为"适善恶之马",是主张人性中的善与恶,必须凭借外气的滋养才能萌发、生长,并最终成熟,而若无外气,性不能外显。这与宋儒的"气以载性"说几乎一致,唯一的差别在于宋儒之论普遍以性善说为基石,而非善恶相混。相对而言,扬雄的体系十分自洽,而宋儒由于事先接受了孟子的性善说,不承认人性中有恶的成分,就必须解释后天之恶因何而来,这也成为宋明理学中的关键难题。

扬雄的另一贡献,是他率先构建了文王、孔子、颜回的道统谱系。

---

① 扬雄撰,李轨注《扬子法言·修身》,《四部丛刊初编》景宋本。

② 李昉《太平御览》卷第二《天部二》转引,《四部丛刊三编》景宋本。

③ 扬雄撰,李轨注《扬子法言·重黎》,《四部丛刊初编》景宋本。

④ 瞿昙悉达《唐开元占经》卷一转引《张衡浑仪注》,清文渊阁《四库全书》本。

据《法言·问神》云："或问'神'。曰：'心。''请问之。'曰：'潜天而天，潜地而地。天地，神明而不测者也，心之潜也，犹将测之，况于人乎？况于事伦乎？''敢问潜心于圣。'曰：'旨乎，仲尼潜心于文王矣，达之；颜渊亦潜心于仲尼矣，未达一间耳。神在所潜而已矣。'"①尽管汉代孔子的形象逐渐神格化，但扬雄并没有像普通人那样沉迷于神秘元素，而是以心为神，并将人心的感知与学习能力（"潜"）拔高到可以认知天地万物的层次。从这个角度出发，孔子（字仲尼）是可以凭借心的感知与学习能力体悟到文王的境界，而颜回（字子渊）也几乎达到孔子的水平，只是因为早夭，故未能实现。能否至于神，在心是否用功而已，每个人都可以凭借自己的努力而到达圣贤的境界。扬雄宣扬圣贤可潜心而至，这与孟子的"人皆可以为尧舜"类似，但扬雄强调心的认知作用，只将气作为善恶的载体，这与孟子通过"养气"来扩充性善的模式截然不同，不仅更加具有科学精神，也与后世的心学体系更为接近。扬雄特别举例了文王、孔子、颜回三人，尽管没有明确提出道统的观点，但道统谱系实际已蕴含其中，而孟子此时仍厕身于诸子之内，地位尚未开始攀升，故扬雄并未将其列入。扬雄称"后之塞路者有矣，窃自比于孟子"，②是将自己与孟子相提并论，视为儒家学说的捍卫者。然而扬雄强调用功于己心，与汉代注重师法的学术风气不合，故不被时人所认可，《汉书·扬雄传》称其"用心于内，不求于外，于时人皆曶之"，③可见落寞之状。宋明理学建立之后，虽将孟子纳入道统，但皆将扬雄排除在道统之外，其缘由盖因"性善恶混"说与孟子"性善"说不合，二者只能取其一尔。

王充《论衡·本性》云："余固以孟轲言人性善者，中人以上者也；孙卿言人性恶者，中人以下者也；扬雄言人性善恶混者，中人也。"④此说虽欲调和三家，但与三家本旨皆不合，此不待辨而可知。王充不承认人性的普遍统一性，将人性之善恶归于人品之高低，与董仲舒《春秋繁露·实性》"圣人之性不可以名性，斗筲之性又不可以名性，名性者，中民之性"⑤的三分法略有相似之处，故学者也有牵合共论之者。但王充认为中人以上皆性善，而董仲舒则认为惟圣人之性纯善不移，"不可以

---

① 扬雄撰，李轨注《扬子法言·问神》，《四部丛刊初编》景宋本。
② 扬雄撰，李轨注《扬子法言·吾子》，《四部丛刊初编》景宋本。
③ 班固《汉书·扬雄传》，北京：中华书局，1962 年，第 3583 页。
④ 王充《论衡》卷第三《本性篇》，《四部丛刊初编》景通津草堂本。
⑤ 董仲舒《春秋繁露》卷十《实性》，清武英殿聚珍版丛书本。

名性"，二者差异颇大。盖圣人虽然必在中人之上，但中人之上却并非皆为圣人。唐代韩愈《原性》云："性之品有上、中、下三。上焉者，善焉而已矣；中焉者，可导而上下也；下焉者，恶焉而已矣。……孟子之言性曰'人之性善'，荀子之言性曰'人之性恶'，扬子之言性曰'人之性善恶混'。夫始善而进恶，与始恶而进善，与始也混而今也善恶，皆举其中而遗其上下者也，得其一而失其二者也。"① 韩愈"性有三品"之说与董仲舒的主张一致，而皆可上溯至孔子"唯上知与下愚不移"一语。若就此点而论，毋宁认为孔子亦不主张人性具备普遍统一性，故韩愈反对孟子、荀子、扬雄三家之论。但韩愈虽然反对孟子的性善论，却又将孟子列入道统谱系之中，云："尧以是传之舜，舜以是传之禹，禹以是传之汤，汤以是传之文、武、周公，文、武、周公传之孔子，孔子传之孟轲，轲之死不得其传焉。荀与扬也，择焉而不精，语焉而不详。"②《送王秀才序》又云："自孔子没，群弟子莫不有书，独孟轲氏之传得其宗，故吾少而乐观焉。……故求观圣人之道，必自孟子始。"③ 在人性的大关节处，韩愈不同意孟子之论，但又称其传得正宗，盖当时韩愈专欲辟佛教，故尤为看重孟子辨异端、辟邪说之功。佛道异端之风在唐代愈炽，尊儒者也就更加尊崇孟子，对其面临的"杨墨之道不息，孔子之道不著，是邪说诬民，充塞仁义也"的局面感同身受，也同样有"欲正人心，息邪说，距诐行，放淫辞，以承三圣"的理想，希望能重振孔学。韩愈与扬雄类似，都以孟子自比，欲捍卫儒学正统，也都遵循了孟子"以意逆志"的解经方式，不注重师法传承，而喜欢径出己意。韩愈与弟子李翱合著《论语笔解》，抛弃古注，发挥新解，自称"愈昔注解其书，而不敢过求其意，取圣人之旨而合之，则足以信后生辈耳"。④ 子贡称"夫子之言性与天道，不可得而闻也"，韩愈批评"孔曰：性者，人所受以生也"，而解云："孔说粗矣，非其精蕴。吾谓性与天道一义也，若解二义，则人受以生，何者不可得闻乎哉！"⑤ 西汉董仲舒虽然主张天人感应，但天与人终为二途，韩愈认为天道与人性一义，则是合二为一，以与生俱来的人性勾连天命之性，下启宋儒"人性即天理"之论。从汉儒经学到宋儒理学，韩愈起到了中心枢

---

① 韩愈《昌黎先生文集》卷十一《原性》，宋蜀本。

② 韩愈《昌黎先生文集》卷十一《原道》，宋蜀本。

③ 韩愈《昌黎先生文集》卷二十《送王秀才序》，宋蜀本。

④ 韩愈撰，文谠注《详注昌黎先生文集》遗文卷一《答侯生书》，宋刻本。

⑤ 韩愈撰，文谠注《详注昌黎先生文集》遗文卷二《公冶长》，宋刻本。

纽的作用,但韩愈的文人气息更大于学者气息,其经学水平既不深邃又多疏漏,甚至反对佛教异端也只是重申春秋时的"夷夏之辨",无法分别儒佛的学理差异,更与世界民族融合的发展方向相逆。尽管如此,韩愈领导古文运动,提倡散文,反对骈文,在文坛之上影响深远,是故宋代文运崛起之后,其地位与日俱增,苏轼甚至称其"文起八代之衰,道济天下之溺"。① 韩愈等人推崇孟子,也让尊孟之风在唐代日益崛起,其后皮日休上表朝廷,云:"圣人之道,不过乎经;经之降,不过乎史;史之降者,不过乎子。不异道者,《孟子》也;舍是而子者,必斥乎经史,为圣人之贼也。……请废庄、列之书,以《孟子》为主,有能通其义者,其科选同明经也。"② 赵翼《陔余丛考》称"宋人之尊《孟子》,其端发于杨绾、韩愈,其说畅于日休也。日休又尝请以韩文公配享太学,则尊昌黎亦自日休始",③可见其影响之深远。

　　自先秦至晚唐,诸儒已经针对人性的问题进行了充分的探讨,性有善有恶、性善、性恶、性善恶混、性有三品,几乎穷尽了一切的排列组合。后世儒者之所以对人性问题乐此不疲,是因为它可以弥补孔子学说中的缺失部分,让儒学完成自实用伦理学至哲学的转变。然而这一转变在宋代理学崛起之前,尽管已耗费了千年之久,却始终未能完成。诸儒无法达成统一的观点,这只是其中一个方面的原因,更重要的是,即便解决了性与天道的基础问题,如何以此为柱石构建起哲学大厦,仍然需要切实的思辨功夫。而孔门儒者一直习惯于以描述代替论证,以观点代替论据,缺乏严密的概念分析能力,故而无法承担起这一重任。直至宋代濂溪之学崛起,搭建起一种全新的宇宙观与人生观的框架,能将儒家原本散碎的名言警句、礼法制度皆容纳其中,儒学才真正成长为一门哲学。

① 苏轼《苏文忠公全集・东坡后集》卷十五《潮州韩文公庙碑一首》,明成化本。
② 孙光宪《北梦琐言》卷二,明万历会稽商氏半埜堂刊《稗海》本。
③ 赵翼《陔余丛考》卷四《尊孟子》,清乾隆五十五年(1790)湛贻堂刻本。

第一章

宋代理学的建构模式

第一节　宋代理学的野心与崛起

　　宋初儒学所面临的环境十分恶劣,相比佛教在民间的全面开化,儒学严重缺乏新意,加之刚经过五代十国的乱局,大儒几乎一扫而空。历仕四朝的冯道被宋儒认为"不知廉耻"(欧阳修语)、"奸臣之尤"(司马光语),而一代勋臣赵普,"求其所学,自《论语》之外无余业"。① 自唐代《五经正义》颁行之后,其一直作为科举考试的教材,宋初进士科与明经科都要考察帖经与墨义,只能遵循经书原文与旧儒注疏,不允许自我发挥。概言之,宋朝建立之初,不仅严重缺乏儒家人才,就连儒学的家法传承也近乎断绝。

　　然而宋朝却迎来了儒学发展的最大机遇,以至于宋儒所建立起的理学,不仅实现了自身理论体系的完善,成为继汉学之后的又一高峰,而且影响到了后世的帝制王朝,一直被确立为官方的正统思想。究其缘由,大致有以下三点:其一,后周柴世宗推行灭佛法令,"所存寺院凡二千六百九十四所,废寺院凡三万三百三十六,僧尼系籍者六万一千二百人",②大幅度削弱了佛教的力量。柴世宗本人对各种神秘因素和哗众取宠的手段极其厌恶,故明令下诏:"僧尼俗士,自前多有舍身、烧臂炼指、钉截手足、带铃挂灯诸般毁坏身体,戏弄道具,符禁左道,妄称变现、还魂、坐化,圣水、圣灯、妖幻之类,皆是聚众眩惑流俗,今后一切止绝。如有此色人,仰所在严断,递配边远,仍勒归俗;其所犯罪重者,准格律处分。"③周显德五年(958)七月七日又敕禁袄书袄言:"今后捉获此色人,其头首及徒党中豪强者并决杀,余者减等科罪。如是情涉不顺者,准前敕处分。其有袄书者,所在焚烧。"④宗教神秘气息被驱除之后,有宋一代,佛教再无左右政权的力量,而原本就"敬鬼神而远之"的儒学,等于凭空消除了强大的对手。其二,宋代科举之风远超前代,为

---

① 　林駉《古今源流至论》前集卷八《儒吏》:"赵普,一代勋臣也,东征西讨,无不如意,求其所学,自《论语》之外无余业。"

② 　薛居正等《旧五代史·周书·世宗纪》,北京:中华书局,1976年,第1632页。

③ 　薛居正等《旧五代史·周书·世宗纪》,北京:中华书局,1976年,第1630页。

④ 　窦仪《刑统》卷十八《造袄书袄言》,民国嘉业堂刻本。

朝廷选拔了大量的儒学人才。唐朝平均每科录取进士不过 20 余人,录取人数最多的一科也只有 56 人,而宋太宗仅太平兴国二年(977)一科即录取 500 人(其中进士科 109 人,诸科录取 207 人,恩科赐出身 184 人),南宋理宗宝庆二年(1226)更是录取高达 987 人,创下科举以来的最高纪录。不仅如此,宋真宗还亲作《励学》诗,内称"男儿欲遂平生志,五经勤向窗前读"云云,鼓励天下士子诵读儒家典籍,通过科举入仕治国。其三,宋代北方边患未熄,辽、金、元三朝轮番更迭,西夏边患又起,政局频繁处于危局之中。在此情形之下,宋儒更倾心于经世之用,而非仅做空洞之学问研讨,这也让儒家更有激情与动力去创造一个全新的体系。有宋一代,凡理学名儒大多有地方为宦之经历,因而所讲授、构建之学说不仅上欲辅佐君王,而且下欲教化百姓,是可上可下之学,与董仲舒、扬雄、韩愈等人不同。换言之,宋代理学是欲建构普通人皆能修习体悟的学问,并未专为上层阶级而服务。天子在治国领域虽然更为重要,但在理学研讨上,与庶人的修习路径一致,并不具有特殊性。

宋明理学家均奉周敦颐的濂溪之学为开山鼻祖,但从现有的文献资料来看,他甚至很难称得上是一位醇儒。周敦颐的《通书》与《太极图说》,旧儒多认为二书存在紧密联系,共同搭建起一个自天理至人生的体系,譬如朱熹谓"其妙具于太极一图,《通书》之言皆发此图之蕴",[①]"此书与《太极图》相表里,诚即所谓太极也",[②]近人吕思勉亦云:"《通书》者,周子之人生观;《太极图说》,则其宇宙观也。人生观由宇宙观而立。废《太极图说》,《通书》亦无根柢矣。"[③]但若抛开后人的解构与牵连,《太极图说》只是对《太极图》的宗旨解说,而《通书》只不过是阅读《论语》《周易》《尚书》等书的笔记,前者尚可视为一篇完整文字,后者则散碎多条,各条间也没有紧密的关联。二书既未必作于一时,也未有必须结合共读之理由,只是篇幅均十分短小,宋代刊书时已同刻二书,故想当然地被视为一体两面,彼此相辅相成。《太极图说》针对《太极图》而立论,后儒多以为二者密不可分,而又尤为重视《太极图》的来源,认为《太极图说》不过是陈述图形所蕴含之理,却不如图形更为简妙,更为直观。此说源自《周易·系辞》"书不尽言,言不尽意""圣人立象以尽

---

① 朱熹《晦庵先生朱文公文集》卷第七十五《周子太极通书后序》,《四部丛刊初编》景明嘉靖本。

② 周敦颐撰,朱熹解义《元公周先生濂溪集》卷四《诚下第二》,宋刻本。

③ 吕思勉《理学纲要》篇四《濂溪之学》,长春:吉林出版社,2017 年,第 29 页。

意"之说,盖孔门认为图像可以涵盖意蕴无余,而言语、文字则只能追摹意蕴,无法展现全貌。正因此故,《太极图》的真实作者是谁,历代一直众说分歧。《宋史·周敦颐传》称其"著《太极图》,明天理之根源,究万物之终始",[①]以周敦颐为图形作者,但《宋史·朱震传》又称"陈抟以《先天图》传种放,放传穆修……穆修以《太极图》传周敦颐,敦颐传程颢、程颐",[②]二说自相矛盾。《宋只》成书于元代,正反之说俱不足凭。朱熹《周子太极通书后序》云:"盖先生之学,其妙具于太极一图,《通书》之言皆发此图之蕴,而程先生兄弟语及性命之际,亦未尝不因其说。……潘清逸志先生之墓志,叙所著作,特以作《太极图》为称首,然则此图当为书首不疑也。"[③]朱熹力主此图为周敦颐所作,不排除有借此建立理学正统谱系的想法。朱熹师承上追二程,二程师承周敦颐,有明确的授受关系。若《太极图》为周敦颐亲作,则朱熹本人为理学正宗无疑;若《太极图》得自他人,乃至于得自异端(陈抟为道士),则《太极图说》不过是对他人图像的描述,不又周敦颐的开山之功颇为减色,朱熹的传承亦失却谱系。不仅如此,朱熹还编纂刊行《伊洛渊源录》一书,《四库全书总目提要》称"书成于乾道癸巳,记周子以下及程子交游门弟子言行。……盖宋人谈道学宗派自此书始,而宋人分道学门户亦自此书始",[④]亦可佐证朱熹乃以二程之洛学为正统,上溯至周敦颐的濂溪之学。与朱熹有学术冲突的陆九韶、陆九渊兄弟,则对《太极图》的来源提出了尖锐的质疑,陆九韶声称"《太极图说》与《通书》不类,疑非周子所为。不然,则或是其学未成时所作。不然,则或是传他人之文。后人不辨也",陆九渊亦云:"朱子发谓'濂溪得《太极图》于穆伯长,伯长之传出于陈希夷',其必有考。希夷之学,老氏之学也。'无极'二字出于《老子·知其雄》章,吾圣人之书所未有也。"[⑤]朱子发即朱震,生活在两宋之际,陆九渊所引与《宋史·朱震传》所载正吻合。朱熹力辟此说,认为

---

① 脱脱等《宋史·周敦颐传》,北京:中华书局,1977 年,第 12712 页。

② 脱脱等《宋史·朱震传》,北京:中华书局,1977 年,第 12908 页。

③ 朱熹《晦庵先生朱文公文集》卷第七一五《周子太极通书后序》,《四部丛刊初编》景明嘉靖本。

④ 纪昀总纂《四库全书总目提要》,石家庄:河北人民出版社,2000 年,第 1578 页。

⑤ 陆九渊《象山先生全集》卷二《与朱元晦》,《四部丛刊初编》景明嘉靖本。

"无极"二字乃形容太极"无方所,无形状",①"非太极之外复有无极也",②又将不同版本的"自无极而为太极"或"无极而生太极"删定为"无极而太极",以便佐证己说。朱熹的说法虽然自成一家,但明显与句义不合,而此后明清两代对《太极图》的来源也一直争论不休。明末王夫之认为《太极图》第二图为陈抟所传,其余四图为周敦颐自撰,③黄宗炎《易学辨惑》则以"茂叔得图于方士,得偈于释心,证于老;元晦得图于葛长庚,得偈于道谦,而欲会通之于儒。……茂叔之'无极而太极',不过推墨附儒;在元晦,无乃推假即真、戴偃窃为君父乎",④清代毛奇龄又称"或云其图在隋唐之间,有道士作《真元品》者,先窃其图入《品》中,为太极先天之图,此即抟之窃之所自始,且称名有'无极'二字,在唐玄宗序中",⑤此外诸说不一而足。概括而言,古代学者大多认为《太极图》出自道教,或至少受到了部分道教的影响,其争论的焦点即在于"无极"二字,诚如全祖望《周程学统论》云:"无极之真,原于道家者流,必非周子之作,斯则不易之论。"⑥

周敦颐的思想中有儒家之外的成分,在固守孔门本义的学者看来不啻"奉螟蛉为高曾""戴偃窃为君父",故朱熹删定文字、别做诠释,也只是为了缓解这一矛盾。其他学者则热衷于通过《太极图》的起源来坐实此点,或指出自道士陈抟,或指出自僧人寿涯,⑦其背后也都是接受了"圣人立象以尽意"的逻辑,以为惟此方能溯其根源。但《太极图》的来历成谜,说法众多,也就导致学者各执一词,分歧难消。笔者认为类似的讨论毫无意义,因为《太极图》只是为了增加神秘感的道具,本身并

---

① 周敦颐撰,朱熹解义《元公周先生濂溪集》卷一《晦庵与梭山象山辩答》,宋刻本。
② 周敦颐撰,朱熹解义《元公周先生濂溪集》卷一《太极图说》,宋刻本。
③ 王夫之《思问录·外篇》云:"《太极》第二图,东有坎、西有离,颇与玄家毕月乌、房日兔,龙吞虎髓、虎吸龙精之说相类,所谓互藏其宅也。世传周子得之于陈图南,愚意陈所传者此一图,而上下四图,则周子以其心得者益之,非陈所及也。"
④ 黄宗炎《易学辨惑》,收入沈楙德辑《昭代丛书·癸集》卷二,清道光二十四年(1844)世楷堂藏板,第28~29页。
⑤ 毛奇龄《西河合集·太极图说遗议》,清嘉庆元年(1796)萧山陆凝瑞堂藏板,第5页。
⑥ 全祖望《鲒埼亭集外编》卷三十八《周程学统论》,清嘉庆十六年(1811)刻本。
⑦ 《鹤林寺志》云:"宋寿涯禅师,与胡武平、周茂叔交善。茂叔尤依寿涯,读书寺中,每师事之,尽得其传焉。其后二程之学本于茂叔,皆渊源于寿涯云。"又,李贽《与焦漪园太史》云:"周濂溪非但希夷正派,且从寿涯禅师来,分明宗祖不同,故其无极、太极、《通书》等说超然出群。"

不具有任何特定的信息。"立象以尽意"的论点虽然出自儒家的圣经《周易·系辞》，但并不是经过严格论证的观点，也与历史事实不符。《系辞》称"古者包牺氏之王天下也，仰则观象于天，俯则观法于地；观鸟兽之文与地之宜；近取诸身，远取诸物，于是始作八卦，以通神明之德，以类万物之情"，这就是"立象以尽意"的立足基础，但仅凭相传是包牺氏所作的八卦符号☰☱☲☳☴☵☶☷，并不能必然推导出《易传》中的哲学思想。据近年来新发现的清华简《筮法》篇，以及更早发现的天星观、包山以及葛陵楚简，可以断定在很长一段时期内，卦象是以数字叠加的方式呈现的，亦即所谓的"数字卦"，甚至不排除"数字卦"可能是《周易》八卦符号的前身。而即使是针对同样的八卦符号，夏易《连山》、殷易《归藏》与《周易》的爻辞也不一致，这点也可以从王家台出土的秦简《归藏》中得到印证。面对同一图像，不同的认知主体可以进行不同的解读，彼此之间可以差别极大，这也是诠释学上的常识。所谓包牺氏的"立象以尽意"，只是《系辞》作者的一种猜想与拔高，并没有实际实施的可能性。退一步言之，即使《太极图》真的穷尽了太极之理，周敦颐的解释也仅是其中一种，而只要《太极图说》为其所著，这种理论的创始者就不会产生疑问。认为《太极图说》只是对《太极图》的文字说明，故"先生之学之妙，不出此图"（朱熹语），只是理学家们的一种思维定式，因为他们皆以孔子为圣人，《系辞》为孔子所作，故对于"立象以尽意"的论点从未产生怀疑。实际上，即使完全舍弃《太极图》，对周敦颐《太极图说》的哲学论述也不会产生任何影响，而周敦颐之所以要牵连《太极图》立论，很可能是为了提升自己学说的权威性。周敦颐二十四岁凭借舅舅的恩荫入仕，并没有经历科举考试，也没有游学于名儒的经历，故而儒学名声不显，而《太极图说》的两百余字是对于天道全新的阐述，其价值与意义并不在董仲舒的"天人感应"之下。以寂寂无闻之辈，而欲重建千百年之儒学框架，若不假托神秘图形，其说必龃龉难行。《宋史》称周敦颐"乃得圣贤不传之学"，[①]其炫人眼球之凭证，恐怕就在《太极图》一图。无论此图源自道教还是佛教，抑或是周敦颐所自创，其目的皆不过欲加强哲学的权威性，同时便于他人理解自己的学说，并没有提供额外的学术信息。甚至于在早期的版本中，《太极图》并不存在唯一确定的样式，朱震所进献宋高宗者与朱熹所刊定者，图形就存在明显差别。后

---

① 脱脱等《宋史》卷一百八十六《道学一》，北京：中华书局，1977年，第 12710 页。

人炮制出的河图、洛书亦与此同理,不仅"图十书九"与"图九书十"有过争论,北宋黄黎献《续易数钩隐图》与南宋朱熹《易学启蒙》中所列也互不相同。《周易·系辞》载"河出图,洛出书,圣人则之",后人乃伪造河图、洛书图形,并指此为作《易》之根底,而宋儒对此信而不疑,直至清代胡渭《易图明辨》才罗列各类论据,证明了宋儒之虚妄。

周敦颐的《太极图说》虽然只有两百余字,却搭建起了一个庞大的世界观,而且由于使用了传统儒家的话语体系,宋儒在接受时便十分自然而无障碍。就其内容来看,太极、阴阳、乾坤出自《周易》,五行可追溯至《尚书·洪范》与"五德终始说",而"与天地合其德,日月合其明,四时合其序,鬼神合其吉凶"引自《周易·文言》,"立天之道曰阴与阳,立地之道曰柔与刚,立人之道曰仁与义"引自《周易·说卦》,"原始反终,故知死生之说"引自《周易·系辞》,皆属儒家老生常谈之理。宋明理学家皆尊周敦颐为开山鼻祖,其贡献显然并不在此处,而若将此类俗语去除,则《太极图说》超越前人处大致有三:

其一,"无中生有"的生成论。《太极图说》云:"五行,一阴阳也;阴阳,一太极也;太极,本无极也。五行之生也,各一其性。"《周易·系辞》只说"易有太极,是生两仪",但对于太极因何而生、未生前是何种状态并未描述,甚至对于何为太极、太极的性质如何也同样语焉不详。《易经》只说阴阳,并未提及五行,《周易·说卦》中虽然提及"乾为金""坤为地""巽为木""坎为水""离为火""艮为山",将卦象与所代表的实物相联合,但五行只是其中之一物,尚未成为万物生成之基础元素。譬如乾卦,"乾为天,为圜,为君,为父,为玉,为金,为寒,为冰,为大赤,为良马,为老马,为瘠马,为驳马,为木果",显然是以乾为本源,金与君、玉、冰等皆具有乾之性质。若按《周易》的这种思辨逻辑,五行之金的产生尚在"四象生八卦"之后。换言之,《周易·系辞》中"易有太极,是生两仪,两仪生四象,四象生八卦"的生成体系,与金木水火土的五行生成体系,两种理论框架最初并不交融。

儒家对五行并不陌生,《尚书·洪范》已云:"五行:一曰水,二曰火,三曰木,四曰金,五曰土。水曰润下,火曰炎上,木曰曲直,金曰从革,土爱稼穑。润下作咸,炎上作苦,曲直作酸,从革作辛,稼穑作甘。"五行在此篇中是作为一种治国方针而存在,属于洪范九畴之一,但并未详细说明如何运用。据《国语·郑语》记载,周幽王九年(前773)史伯答郑桓公之问云:"先王以土与金木水火杂,以成百物。"此处所谓"成百物",又将土单独列出,看来只是制作器物之意,与《尚书》所云不类。若按晚出的《管子·五行》记载,是将一年分成甲子木、丙子火、戊子土、庚子金、壬子水五段,每段七十二日,君王根据五行的特性实施政令,"作立五行以正天时,五官以正人位"。惟《管子》一书,后儒多认定为成书于战国之后的伪书,但此种以"五行分别用事"作为治国依据的思想,必定有其更早的来源。战国时邹衍的"五德终始说"又大行其道,主张"五德从所不胜,虞土、夏木、殷金、周火",①代火者必为水德,五行数备又将徙于土。若究其实,邹衍不过是将上述"五行分别用事"的思想移植到了朝代更迭上,又因三代之后商革夏命、周革商命,政权皆以攻伐而非禅让取得,故改五行相生次序为相克。至《吕氏春秋·十二纪》,用五行解释四时更迭与政治制度,更将五音、五味、五色、五谷、五方、五牲、五帝、五神等项与五行相关联,几乎将五行推及社会的方方面面。但总括而言,五行体系解释的仍然只是世界的运转机制,而非世界的生成机制。五行从何而来,五行如何构成万物,五行为何可以与万物相联系,这些本质性的问题一直缺少答案。

汉初,上承秦代焚书之后,"天下惟有易卜,未有他书",②《周易》的阴阳八卦说与五行说逐渐开始合流。《周易》的主要作用是占卜预测,而"五德终始说"可以预测国运更迭,五行又可直接引导天时历法,加之西汉谶纬、天人感应之风盛行,二者相互融合也是自然之理。这种融合不只发生在应用阶段,在占卜方法、卦象解释中增加了五行的因素,也发生在理论基础阶段,为阴阳八卦与五行寻找到了共同的源头。早在《管子》之中,五行就曾与阴阳发生过片段性的联系,宣称"阴阳者,天地之大理也;四时者,阴阳之大经也",又在五行作用于四时之时,叙述"其时曰夏,其气曰阳","其时曰秋,其气曰阴",乃至"阳生火与气","阴生金与甲"。③《吕氏春秋》的逻辑与此类似,五行用事于四时,都牵扯到阴阳二气的消长,譬如季春之月"生气方盛,阳气发泄,生者毕出"云云。阴阳和五行的联系,最初就是以"气"为载体和媒介,才捏合在一起而产生的,这也几乎成为有汉一代的学界共识。西汉董仲舒《春秋繁露》云:"天地之气,合而为一,分为阴阳,判为四时,列为五行。"④《淮南子·天

① 《六臣注文选》卷第五十九《齐故安陆昭王碑文一首》转引,《四部丛刊初编》景宋本。
② 《六臣注文选》卷第四十三《移书让太常博士一首并序》,《四部丛刊初编》景宋本。
③ 《管子》卷第十四《四时第四十》,《四部丛刊初编》景宋本。
④ 董仲舒《春秋繁露》卷十三《五刑相生第五十九》,清武英殿聚珍版丛书本。

文训》则说得更为详细："天坠未形，冯冯翼翼，洞洞灟灟，故曰太昭。道始生虚廓，虚廓生宇宙，宇宙生气。气有涯垠，清阳者薄靡而为天，重浊者凝滞而为地。清妙之合专易，重浊之凝竭难，故天先成而地后定。天地之袭精为阴阳，阴阳之专精为四时，四时之散精为万物。积阳之热气生火，火气之精者为日；积阴之寒气为水，水气之精者为月。"①董仲舒属儒家，以天为本源，故《顺命》称"天者，万物之祖，万物非天不生"，《郊祭》称"天者，百神之大君也，王者之所最尊"；《淮南子》属杂家，以"道"为本源，建立起了道—虚廓—宇宙—气—天地的生成次序。尽管二说详略有别，对本源的认识不同，但皆认为现实世界为气生成，气先分阴阳，后才有五行。东汉以下不异此说，譬如《释名》云："五行者，五气也，于其方各施行也。"②《白虎通》云："言行者，欲言为天行气之义也。"③《潜夫论》云："古有阴阳，然后有五行，五帝各据行气以生。"④

尽管汉代"气本说"为主流，但儒家与道家、杂家的核心区别，就在于气是否为最初源头。道家或杂家可以宣布道为最初源头，由道直接或间接产生气，甚至可以认为是神灵创世，但儒家既然普遍接受了《周易·系辞》"易有太极，是生两仪"的观点，则在面临"气分阴阳"时，就不得不说清"太极"与"气"的关系。东汉时扬雄撰《太玄》，称"玄者，幽攡万类而不见形者也，资陶虚无而生乎规，攡神明而定摹，通同古今以开类，攡措阴阳而发气"，⑤实际上是以"太玄"替代"太极"作为世界之本源。《周易》中对于"太极"的概念一直模糊处理而缺乏具体描述，扬雄的"太玄"则赋予了概念的定义，并明确指出其"通同古今以开类，攡措阴阳而发气"，不仅是世间万物的本源，也是气的来源，而且将"气分阴阳"颠倒为"阴阳发气"，客观唯心主义的倾向十分明显。扬雄拒绝使用"太极"的名称而改用"太玄"，推测是取自《道德经》的"玄而又玄，众妙之门"，试图将儒、道二家的世界起源说加以糅合，借以自铸伟词，成一代开山宗师。扬雄构建儒家世界生成体系的尝试十分重要，但他放弃了《周易》的"太极"而强行创造新的概念，等于违背了孔门的一贯宗旨，援道入儒，很难被传统的儒家所接受。后来的儒家学者，或者混用"太

① 　刘安撰，许慎注《淮南鸿烈解》卷第三《天文训》，《四部丛刊初编》景钞北宋本。

② 　刘熙《释名》卷第一《释天第一》，《四部丛刊初编》景明翻宋书棚本。

③ 　班固《白虎通德论》卷第三《五行》，《四部丛刊初编》景元大德覆宋监本。

④ 　王符《潜夫论》卷第六《卜列第二十五》，《四部丛刊初编》景述古堂景宋钞本。

⑤ 　扬雄撰，范望注《太玄经》卷第七《玄攡第九》，《四部丛刊初编》景明翻宋本。

极生两仪"与"气分阴阳",或者专主其一,虽然不能进行更精细的概念辨析,但都不约而同地拒绝了"太玄"的概念。太极与气的关系问题,逐渐成为儒家体系的症结,甚至在宋明理学建立之后依然分歧未定,而由此所衍生出的"理本说"与"气本说",也成为客观唯心论与朴素唯物论的分界线。

周敦颐主张"无极而生太极","五行,一阴阳也;阴阳,一太极也;太极,本无极也",是一种"无中生有"的体系,而且对于太极、阴阳、五行三种概念只强调它们的本质同一性,而对它们具体的差异进行了模糊处理。与扬雄类似,周敦颐同样有援道入儒的倾向,"无极而生太极"显然继承了《道德经》"天下万物生于有,有生于无"的框架。仅从《太极图说》的生成体系而言,周敦颐真正凌驾前人的创造发明极少,但他一方面沿用了《周易》"太极"的概念,让正统的儒者在接受时不存在概念障碍,另一方面行文又简洁而含糊,从而具备了丰富的可诠释性,使得后世学者尽管有各种差异性的解读,但皆可将自己的学说搭载其上。周敦颐的无极概念之所以引发了朱熹与陆九渊兄弟的争论,就是因为它明显的道家属性。朱熹试图通过修改文字、重新诠释来抹除这一属性,而陆九渊兄弟则指其为早年不完善之说,但双方均未能提出替代之体系。概言之,《太极图说》的太极创世说、"太极、阴阳、五行"同性论,已经是一切儒家学说的最小公约数,也是宋儒所能找到的、用以重新构建儒家哲学体系的最佳基石。

其二,"惟人最灵"的五性论。周敦颐所谓"五行之生也,各一其性",本质是将儒家的仁义体系与天道生成论相结合,给儒家价值观赋予神圣性。若追溯此说最初源头,当为《尚书·洪范》所提及的五行的各种性质,譬如"水曰润下""火曰炎上"之类,但此时五行之性针对的仍是金、木、水、火、土自身的性质。五行之说流行渐广,至"五德终始说"发明之时,已将五行与王朝的运势更迭相结合,但所谓火德尚赤、金德尚白云云,亦未脱离五行自身的性质。郭店战国楚简与马王堆西汉帛书均有佚书《五行》一篇,文字大面积重合,所阐释的是儒家仁、义、礼、智、圣的"五行说",据整理者推论"其中不少地方袭用《孟子》的话,大概是孟轲学派的著作"。[①] 按此,则在金、木、水、火、土五行说盛行的同

---

① 国家文物局古文献研究室编《马王堆汉墓帛书(壹)》,北京:文物出版社,1980年,第2页。

时,儒家的仁、义、礼、智、圣五行说也开始流行,似乎是为了比附前者以宣传自己的价值体系。两种五行说并行难免会引发混乱,是以儒家的五行(仁、义、礼、智、圣)在汉代逐渐演变为五常(仁、义、礼、智、信),与三纲(君为臣纲,父为子纲,夫为妻纲)并称,成为儒家礼法制度的框架。与此同时,五常也与五行相关联,前者或被视为后者之来源,或被视为后者所衍生之性质。董仲舒《春秋繁露·五行对》云:"河间献王问温城董君曰:'《孝经》曰:夫孝,天之经,地义。何谓也?'对曰:'天有五行,木火土金水是也。……是故父之所生,其子长之;父之所长,其子养之;父之所养,其子成之。诸父所为,其子皆奉承而续行之,不敢不致如父之意,尽为人之道也。故五行者,五行也。'"其中最末一句,日本传本《五行大义》所引作"故五行者,五常也",未知是原文如此,抑或后人所改。然据董仲舒《举贤良对策》"仁义礼智信,五常之道,王者所当修饬也"之语,则似日本传本更为符合文义。董仲舒之论已率先将孝道与五行相关联,但味其语义,仍只是强调人伦当法天而行,并非宣称孝道为五行所生。《汉书·艺文志》云:"五行者,五常之形气也。"《白虎通德论》亦云:"五常者何? 仁义礼智信也。"班固是儒家的坚定拥护者,故将五常拔高到了世界本源的地步,认为五行只是五常在形气上的表现。郑玄(字康成)注《中庸》云:"天命,谓天所命生人者也,是谓性命。木神则仁,金神则义,火神则礼,水神则信,土神则智。"此论已将五行与五常相关联,并以前者作为源头,但其对应关系仍与后世通行者不符,呈现出一种早期未固定的特征,故朱熹后来评价云:"康成此解非苟然者,第其智、信二字位置不能不舛尔。"① 隋代萧吉《五行大义序》云:"夫五行者,盖造化之根源,人伦之资始,万品禀其变易,百灵因其感通,本乎阴阳,散乎精像,周竟天地,布极幽明。子午卯酉为经纬,八风六律为纲纪。故天有五度以垂象,地有五材以资用,人有五常以表德。万有森罗,以五为度,过其五者,数则变焉。……吉每寻阅坟索,研究经典,自羲农以来,迄于周汉,莫不以五行为政治之本。"② 此类将五常与五行相关联,并将其视为"造化之根源,人伦之资始"的风气,自汉至唐可谓一脉相承。但这种关联属于强行关联,本身并无逻辑性可言,是以《礼记·乐记》称"先王本之情性,稽之度数,制之礼义,合生气之和,道五常

---

① 真德秀《西山先生真文忠公读书记》甲集卷二,宋元递修本.第26页。
② 孙星衍《续古文苑》卷十三《五行大义序》,清嘉庆刻本。

之行，使之阳而不散，阴而不密，刚气不怒，柔气不慑，四畅交于中而发作于外，皆安其位而不相夺也"，注云"五常，五行也"，《礼记正义》曰："云'五常，五行也'者，此经有阴、阳、刚、柔，皆自天地之气，故以五常为五行，非父义、母慈之德。谓五常之行者，若木性仁、金性义、火性礼、水性智、土性信，五常之行也。"[①]将五常解释为五行之特性，虽然颇有些牵强，但"水性智"可以与《论语》"智者乐水"一句相关联，尚不能算是凭空生造，而且至少给二者的关联提供了一种逻辑。

《汉书》与《礼记正义》的说法并不一致，关键的区别在于五常与五行派生的先后次序。以五行为五常之形气，看似抬高了儒家的价值观，将其拔高到世界本源的位置，但很难解释五常如何生成万物，譬如很难说清五常如何生成一块顽石；以五常为五行之特性，可以解释人伦五常的天赋性，但同样很难说清一块顽石虽然由五行生成，却并不具备五常。尽管如此，后者在逻辑上仍然比前者自然，而且儒家早已尝试过类似的诠释。据《礼记·聘义》记载，子贡以"贵玉"问于孔子，孔子曰："夫昔者君子比德于玉焉。温润而泽，仁也；缜密以栗，知也；廉而不刿，义也；垂之如队，礼也；叩之其声清越以长，其终诎然，乐也；瑕不掩瑜、瑜不掩瑕，忠也；孚尹旁达，信也；气如白虹，天也；精神见于山川，地也；圭璋特达，德也。"孔子列举玉的触感（"温润而泽"）、质地（"缜密以栗"）、观感（"气如白虹"）等方面，是为了解释贵玉的原因，即"君子比德于玉"。孔子不仅评价玉的属性，而且将玉与君子的德行相关联，则是赋予了玉更深刻的道德含义，正如郑玄注所云："贵玉者，以其似君子也。"此类诠释虽然可将美玉与君子的德行相比拟，但所列德行又不仅限于五常，况且也很难将其移植到顽石、鸟粪等其他物品之上。孔子之语是为诠释"君子之所以贵玉而贱珉"而发，显然他认为珉并不像玉一样具有这类德行。

周敦颐《太极图说》称"阳变阴合，而生水火木金土"，是继承了前人由阴阳而生五行的次序，又称"五行之生也，各一其性"，既可以理解为《尚书·洪范》的五行之性，也可以理解为《礼记正义》的五常之性，是一种十分巧妙的模糊处理。周敦颐的杰出之处，在于明确提出"惟人也得其秀而最灵。形既生矣，神发知矣。五性感动而善恶分，万事出矣"的

---

① 　郑玄注，孔颖达疏《礼记注疏》卷第三十八《乐记》，清嘉庆二十年（1815）南昌府学重刊宋本十三经注疏本。

五常生成次序。既然确定了人是世间最灵之物,则其余生灵未必像人一样五常俱全,也就获得了合理化的解释;强调"神发知"在"形既生"之后,又排除了那些有形而无神的物质,也就无须再解释顽石、鸟粪之类为何不具备五常;主张"五性感动而善恶分",则用五行之性解释了世间善恶的来源。孟子曾经试图以"夜气之不存"阐释人性之善沦于恶,但逻辑上只能解释善的减少、恶的增多,却无法解释恶行的起源问题。周敦颐认为善恶源于五性感动,虽然说法仍然模糊,但给出了善恶源头与五行之性的关联,实际上勾连起了物质与精神二者。《通书》又云:"动而正,曰道;用而和,曰德。匪仁,匪义,匪礼,匪智,匪信,悉邪矣。邪动,辱也;其焉,害也。故君子慎动。"由此条可见,五行之性若"动而正",合乎儒家五常,则"曰道",为善;若"邪动",不合乎五常,则"辱也",为恶。这是一种程度有限的创造,因为周敦颐既没有说明为何五性本身会被"感动",也没有指出是什么引发了"五性感动",这一切都要留待后来的理学家进行补充。

其三,"主静立极"的圣人论。《太极图说》云:"圣人定之以中正仁义而主静(自注:无欲故静),立人极焉。"周敦颐所谓"定之以中正仁义"的圣人,显然是指孔子、孟子等儒家代表人物而言。两汉之际,伴随着谶纬之风的盛行,孔子曾一度被神格化,但这一造神运动也因汉王朝的崩溃而中止。自魏晋之后,孔子不再被视为神灵,又重新回到了圣贤的位置。孟子的情况则刚好相反,汉代仍为诸子之一,此后地位逐渐攀升,最终才在五代末期跻身于圣贤之列。孔子、孟子是儒家体系中的杰出代表人物,但并不具有天赋的神圣性,甚至不为其他学派所承认,譬如在道家或佛教的体系中,孔子、孟子并不被视为圣人。周敦颐宣布孔子、孟子等儒家圣贤"立人极",是将其置于人类的完美境界,成为人类必须效法、追求的理想人格。自汉至晚唐、五代,大多数儒者并不敢企求自己成为孔子那样的圣贤,而只希望能够正确理解或继承他们的学说,而宋代自周敦颐之后,若干儒者已将孔子那样的圣贤作为追求的目标,并朝着这一目标不断努力前行。概言之,宋明理学的最终目的就是"成圣",而内部所分化出的各种派系,看似针锋相对、各执一词,都只不过是在探讨"成圣"的不同途径而已。

周敦颐的圣人"主静"说,与传统的儒家学说不合。孔子周游列国,知其不可而为之;孟子舌辩诸子,"闲先圣之道,距杨墨,放淫辞",自称"予岂好辩哉?予不得已也",皆未见"主静"之实际。尽管孔子一度宣称"予欲无言",但只是一时之感慨,并未因此而放弃教化之责任,晚年不仅多次回答哀公问政,而且编订六经,诲人不倦。在阴阳两仪之中,阳主动,阴主静,而传统儒家更褒美阳刚而非阴柔。《论语》云:"子曰:'吾未见刚者。'或对曰:'申枨。'子曰:'枨也欲,焉得刚?'"按此,则孔子认为"无欲则刚",与周敦颐"无欲故静"的模式刚好相反。圣人"主静"的说法,带有明显的道家或佛教气味,盖老子称"致虚极,守静笃","归根曰静,静曰复命,复命曰常,知常曰明",庄子称"夫虚静恬淡、寂寞无为者,万物之本也","以虚静推于天地,通于万物,此之谓天乐",而佛教则以"诸行无常,诸法无我,涅槃寂静"为三法印,"涅槃寂静"是僧人修行的圆满境界。若结合周敦颐自注"无欲故静"、《通书》"(圣学)一为要。一者,无欲也"之句,则其所胃的"主静"是通过消除欲望来实现的,似乎更接近佛教的修行方式。《道德经》云:"常无欲以观其妙,常有欲以观其徼。"此句前人有"常无"或"常无欲"两种断句方式,但即使遵从后者断句,老子也只是将"常无欲"视作一种观察的方式,与"常有欲"并称,并不专于无欲。道家更强调知足不辱,而将无欲作为圣人管理百姓的手段,故称"圣人之治,虚其心,实其腹,弱其志,强其骨,尝使民无知无欲,使夫知者不敢为也,为无为,则无不治",又称"侯王若能守之,万物将自化。化而欲作,吾将镇之以无名之朴。无名之朴,夫亦将无欲。不欲以静,天下将自定"。[①] 通过"虚其心,实其腹,弱其志,强其骨"的手段"使民无知无欲",针对的是下层百姓,盖只要满足其口腹之欲,弱化其更高的志向,就不会再有新的欲望,而对于智者,则是令其"不敢为",显然这些人并非无知无欲的状态。道家的圣人志在治国,使百姓无欲而不妄为,使智者虽有欲而不敢为,以此来实现天下大定,但道家并不强调圣贤本人的无欲,甚至"天下大定"本身就是一种极大的欲望。综上所述,尽管传统儒家、道教都反对沉迷欲望,并主张要加以控制,但从来没有将彻底消除欲望作为治学的目的。只有佛教主张"有漏皆苦",认为一切贪爱都会带来烦恼,才会将欲望与觉悟相对立,并以彻底消除欲望作为实现涅槃寂静的方式。

孟子云:"养心莫善于寡欲。其为人也寡欲,虽有不存焉者,寡矣;其为人也多欲,虽有存焉者,寡矣。"周敦颐则称:"予谓养心不止于寡焉而存耳,盖寡焉以至于无。无则诚立明通。诚立,贤也;明通,圣也。"

---

① 　老聃撰,王弼注《老子道德经》上篇,《古逸丛书》景唐写本。

《通书·圣学第二十》亦称："圣可学乎？曰：可。曰：有要乎？曰：有。请问焉，曰：一为要。一者，无欲也。"从寡欲到无欲，看似只是程度的差别，实则是一种根本性的变化。周敦颐并不承认人类欲望的合理性，而将一切欲望都视为成圣的障碍，实际上已经动摇了儒家的根基。常人若有尊亲尽孝的欲望，希望给父母争取到锦衣美食，在传统儒家看来这是孝心的外在表现，但若以无欲的尺度衡量，则难免视为下乘，距离成圣相去愈远。人类合理化的欲望是促使经济进步的原动力，周敦颐否认了欲望的合理性，就等于放下了客观世界，而将学问的归宿聚结于人心。通过割舍人对外部世界的欲望来实现内心的寂静，这显然属于佛教的修行方式。周敦颐被视为宋明理学的开山鼻祖，他的这一成圣路线也被后来的理学家们共同继承，譬如朱熹即称"人之一心，天理存则人欲亡，人欲胜则天理灭，未有天理、人欲夹杂者"，又称"学者须是革尽人欲，复尽天理，方始是学"，[①]而这也成为近代学者诟病宋明理学杂染释家之风的根本原因。尽管如此，我们仍然无法得出周敦颐有意援佛入儒的结论，因为经过佛教历代的不断宣传，儒、释、道三家已出现了合流的倾向，禁欲才能觉悟的观点几乎成为时人的共识。佛教的"主动禁欲"思想，又很容易与道家"使民无欲"的观点相融合，而这种融合发生得更早，甚至在佛教最初传入中国时就已经开始，到宋初时已然难分彼此。周敦颐从孟子的"寡欲"出发，又更进一步，主张"寡焉以至于无"，可能只是下意识地推进，而并未觉察到已经严重违背了儒家的本义。

《太极图说》简明扼要，一直为后儒所推崇，但若细究其实，其中所阐释的观点几乎没有创新性，皆是承袭前儒旧说，抑或取自佛、道两家。认为这些观点是对《太极图》的阐释，抑或是经由《太极图》所悟得，乃受惑于古人传说，无异于痴人说梦。通过探讨《太极图》的授受关系来论断周敦颐的学问渊源，既不可靠，更不可信。前辈学者在阐释周敦颐的学说时，时常会有意或无意地援引朱熹等人的注释，以说明其中字句的含义，故而令很多晚出的注解杂入其体系之中，淆乱了濂溪之学的真面目。程朱之学的确对濂溪之学有所继承，但从文献线索来看，这部分的比例很小，而更多则是他们所独立开创的理论。笔者认为，只有抛开程朱后学的拔高与再诠释，以周敦颐解周敦颐，才能真正把握濂溪之学的本义。

---

① 黎靖德《朱子语类》卷第十三《学七》，明成化九年（1473）陈炜刻本。

与《太极图说》相比,《通书》只是周敦颐的读书心得,本身并无严密的体系。但正如后儒用《论语》《孟子》中的散碎句子来构造自己的体系一样,《通书》中的一些概念也被宋明理学家所吸收,融入了自己的体系之内。甚至当周敦颐的地位被逐渐抬高之后,他的一些语句也成为判定正学与否的依据。《通书》中最应值得注意的概念是"诚",周敦颐宣称"诚者,圣人之本","圣,诚而已矣。诚,五常之本,百行之源也","诚无为,几善恶","寂然不动者,诚也"。若按照《太极图说》的体系,"五常之本"应是五行"各一其性","五性感动而善恶分",上溯则为阴阳,为太极;"寂然不动者"应是无极,至太极、阴阳、五行而皆动(朱熹修正之后,寂然不动者则为"太极","无极"只是描述太极的状态);"圣人之本"应是"中正仁义",上溯则为阴阳"二气交感",终极则为"无极之真"。《通书》以"诚"字兼有圣、无为、中正仁义、性、无极诸义,其实质是以"诚"作为世界的本源,因而会引发《太极图说》逻辑体系的混乱,产生无法调和的矛盾。若据《太极图说》,寂然不动者应是无极,亦即一切物质的本源,由太极而阴阳而五行而化生万物,五行才相应转变为人身所存在的五常之性,这是一条由物质到精神的生成链条。而"诚"字本只是一种精神态度,若认为一切仁义中正的意识形态皆需主体以此态度而养成,亦无不可,但《通书》将其作为"寂然不动"的本源,认为"诚无为"即可生成五常、百行,则是混淆了物质基础与精神状态的界限。诚是有为的标尺,需要认知主体以其作用于具体事物才能发挥价值。儒家的孝敬体现在父慈、子孝、兄友、弟恭之中,礼法体现在君君、臣臣、父父、子子之间,脱离外在表现的孝敬、礼法,就只是心中的念头,并不具有社会伦理价值。"几"的概念源自《周易·系辞》"几者,动之微,吉之先见者也",但此处之"几"所指为微小之动,仍然属外在景象,故后果有吉凶。譬如"履霜,坚冰至"一语,"履霜"为几,"坚冰至"为划分吉凶之果。《通书》称"动而未形、有无之间者,几也",则是将"几"置于有形之前,而所谓"几善恶",即认为一念而分善恶,善念种善因,恶念孕恶果。将善恶的分界置于内心而非外界,则除恶必须消除念头,令恶念永断不生,这无疑是取自佛教的观点。念头生时才分善恶,而欲令恶念不起,则必得一念不生,方能永不为恶;若一念已起,纵然查知其为恶念,则恶念已生,不能再令其不起。一念不生,即无念、无生,是佛祖寂灭境界。若精神世界不以物质为基础,则此体系虽名为儒学,乃至以儒家传统概念所装饰,其核心则不能不杂入佛老之学。

概言之,《太极图说》陈述的是朴素唯物主义世界观,而《通书》则趋向于主观唯心主义,二者并不兼容。濂溪之学为宋明理学提供了一个框架,然而并不完美,后世理学家不得不有选择地加以扬弃,而不同的选择也就衍生出了不同的宗派。其中影响时间最久、接受人数最多者,当属笼罩元、明、清三代的程朱理学,此派集大成者为朱熹。

第二节　程朱理学的传承与谱系

二程指程颢(字伯淳,世称明道先生)、程颐(字正叔,世称伊川先生)兄弟,洛阳人,曾就学于周敦颐。朱熹建立理学谱系时,宣称二程的"洛学"承袭自"濂溪之学",而随着朱熹的地位日益攀升,这种观点也在后世逐渐成为主流。但也有其他学者明确反对这一定位,譬如全祖望《濂溪学案序录》云:"濂溪之门,二程子少尝游焉。其后伊洛所得,实不由于濂溪,是在高弟荣阳吕公已明言之,其孙紫微又申言之,汪玉山亦云然。今观二程子终身不甚推濂溪,并未得与马、邵之列,可以见二吕之言不诬也。晦翁、南轩始确然以为二程子所自出,自是后世宗之,而疑者亦踵相接焉。然虽疑之,而皆未尝考及二吕之言以为证,则终无据。予谓濂溪诚入圣人之室,而二程子未尝传其学,则必欲沟而合之,良无庸矣。"[1] 二程的门人认为洛学"实不由于濂溪",全祖望也认为"二程子未尝传其学",但他也只是据"二程子终身不甚推濂溪"推测,并未提出牢靠的证据。张栻(号南轩)《太极图解序》称"二程先生道学之传,发于濂溪周子,而《太极图》乃濂溪自得之妙,盖以手授二程先生者",[2] 行文下一"盖"字,当为揣测语气,而至南宋度正撰《周敦颐年谱》,又推衍此说,称"其后先生(周敦颐)作《太极图》,独手授之,他莫得而闻焉"。[3] 此说实不足据,从现有的文献资料判断,二程所建立的儒学体系,其主体框架与周敦颐的学说的确不甚关涉,即便是《太极图说》的核心概念"太极",《二程文集》中也不见有一处提及。若据《周敦颐年谱》

---

① 黄宗羲、黄百家撰,全祖望序录《宋元学案》卷十一《濂溪学案》,清道光刻本。

② 周敦颐撰,朱熹解义《元公周先生濂溪集》卷一《太极图解序》,宋刻本。

③ 周敦颐著,陈克明点校《周敦颐集》,北京:中华书局,2009年,第103页。

所述,二程约在庆历六年(1046)师从于周敦颐,是年其父程珦假倅南安军狱掾,而周敦颐正在南安军司理参军任上,故相与为友,程珦乃令二子师事之。二程此时分别才十四岁、十五岁,周敦颐也仅三十岁,同年冬即移郴州郴县令。二程与周敦颐的师徒相处时间极少,或曰不足一年,或曰又追随至郴县续学,前后将近三年。周敦颐此期学术体系尚未大成,所能指点二程者仅为治学路径,故"每令寻颜子、仲尼乐处,所乐何事"。程颢幼好田猎,"自谓今无此好。周茂叔曰:'何言之易也!但此心潜隐未发,一日萌动,复如前矣'"。① 又据《朱公掞问学拾遗》记载:"荀子曰:'养心莫善于诚。'周茂叔谓:'荀子元不识诚。'伯淳曰:'既诚矣,心焉用养邪?荀子不知诚。'"②根据这几条现存的、有限的线索来看,周敦颐所传授二程的是《通书》中的观点,而所谓"此心潜隐未发,一日萌动,复如前矣"云云,正是佛教所谓的善恶既种前因,若遇因缘必会萌发,只有证得涅槃寂静才能真正放下。程颢阐释周敦颐"荀子元不识诚"之语,谓心诚则不用养,此即"诚无为"之转语,也是禅宗"一悟当下便了"的模式,与传统儒学"博学而笃志,切问而近思,仁在其中矣"的路径有明显差别。据《空谷集》载:周敦颐扣东林总禅师,总谕濂,其略曰:"吾佛谓'实际理地'即真实无妄,真而无妄即诚也。'大哉乾元,万物资始',资此实理;'乾道变化,各正性命',正此实理。天地圣人之道,至诚而已。必要着一路实地工夫,直至于一旦豁然悟入,不可只在言语上会。"③另据《鹤林寺志》载:"宋寿涯禅师,与胡武平、周茂叔交善。茂叔尤依寿涯,读书寺中,每师事之,尽得其传焉。其后二程之学本于茂叔,皆渊源于寿涯云。"④谓周敦颐之学尽出于佛学,或有言过其实之嫌,但在遇见二程之前,他的确曾有过长期的学佛经历。按此,周敦颐对二程施加的影响,主要是以佛教的境界来融合儒家典籍,遂令二程有耳目一新之感,故程颢自云:"某自再见茂叔后,吟风弄月以归,有'吾与点也'之意。"⑤此后程颢开启了沉迷于佛老的生涯,据程颐《明道先生

---

① 程颢、程颐《二程遗书》卷二上《元丰己未吕与叔东见二先生语》、卷七,清文渊阁《四库全书》本。

② 程颢、程颐《河南程氏外书》第二《朱公掞问学拾遗》,明弘治陈宣刻本。

③ 宗本《归元直指集》,《卍新纂大日本续藏经》第 61 册,No.1156。

④ 明贤《鹤林寺志·高僧》,收入《中国佛寺史志汇刊》第一辑第 43 册,台北:明文书局,1980 年,第 78 页。

⑤ 程颢、程颐《二程遗书》卷三《谢显道记忆平日语》,清文渊阁《四库全书》本。

行状》叙述其兄治学路径云："自十五六时闻汝南周茂叔论道,遂厌科举之业,慨然有求道之志。未知其要,泛滥于诸家,出入于老、释者几十年,返求诸六经而后得之。"①此是程颐晚年定论,认为周敦颐虽然引发了兄长的"求道之志",但仍"未知其要",反而几十年沉迷异端之学,晚年才回归六经。观此段言论,程颐似乎对早年求学于周敦颐的经历有所反省,全祖望所谓"二程子终身不甚推濂溪",或因此故。周敦颐无疑对二程有所启发,但二程最终自创体系,却并未因袭濂溪之学的框架。

二程的个性差异很大,但在学术宗旨上则大体相同。《宋元学案·明道学案》云："顾二程子虽同受学濂溪,而大程德性宽宏,规模阔广,以光风霁月为怀;二程气质刚方,文理密察,以峭壁孤峰为体。其道虽同,而造德自各有殊也。"②二程没有接受周敦颐"无中生有"的世界观,也拒绝使用无极、太极等概念,反而提出了"天理"二字作为世界之本源。程颢云:"吾学虽有所受,'天理'二字却是自家体贴出来。"③按,《庄子》《韩非子》《礼记》等书中皆使用过"天理"二字,这本是古人的通用概念之一,但真正将其作为世界本源来定义,的确始自程颢。按,《二程遗书》《伊川易传》中关于"天理"的论述,最重要者有以下数条:

> 天理具备,元无少欠,不为尧存,不为桀亡,父子君臣,常理不易,何曾动来!
>
> 万物皆是一理。
>
> 天下之理一也,途虽殊而其归则同,虑虽百而其致则一。虽物有万殊,事有万变,统之以一,则无能违也。
>
> 天下物皆可以理照,有物必有则,一物须有一理。
>
> 《书》言天序、天秩。天有是理,圣人循而行之,所谓道也。
>
> 父子君臣,天下之定理,无所逃于天地之间。
>
> 所以天地万物一体者,皆在此理,皆从那里来。

二程所谓的"天理",古今未动,千古恒常,万物、万事之理本质统一。万物皆有天理,而皆出自天理,一物必有一理。天理是上天的秩

---

① 程颢、程颐《二程文集》卷十二《明道先生行状》,清文渊阁《四库全书》本。
② 黄宗羲等《宋元学案》,北京:中华书局,1986 年,第 590 页。
③ 程颢、程颐《河南程氏外书》第十二《传闻杂记》,明弘治陈宣刻本。

序,儒家的纲常伦理即天理,一遵天理而行便是圣人。在二程的体系中,天理不仅是世界的本源,也是圣人的行为准则,更是万事、万物共同的本质属性。此论明显并非传统儒家观点,前辈学者多认为源自佛教华严宗的"四法界观"或禅宗的"一月普现一切水,一切水月一月摄"的思想,但恐怕很难坐实。这种"万物同一理,万物同一源"的模式,并非华严宗或禅宗才有,而是大乘佛教各宗派的共识,其区别只在于对本源的定义,或指为心,或指为空,或指为真如,或指为佛性,或指为法性,或指为自性,或指为如来藏。大乘各宗派的核心差别,在于这种本源的特性是空还是实。唯识宗、华严宗主于性实,谓一切现象皆由因缘而起(依他起性),本来非真,是生灭法,而众生妄执现象以为实有(遍计所执性),沉迷其中而不自觉,若能放下执着而觉悟圆满,则见本来真实(圆成实性),实体常住,并不生灭。三论宗、禅宗、天台宗主于性空,认为一切现象界(有为法)皆虚妄不实,假名安立,而万法皆空,自性真空(无为法),也正因性空才可生万物、纲万法,亦即"真空妙有"。唯识宗、密宗则内部派系分立,兼有性空、性实二种。二程的"天理"论,既以天理为实,显然与禅宗性空的主旨有别,但又主张现象实有,也不同于华严宗"遍计所执"的主旨。大乘佛教的万法一源,无论此源头是空是实,都是构成现象界的真正源头,而二程体系中的天理,则只是指现象界的秩序,万事万物皆遵照此规律而形成、运作,但秩序本身并非事物的成分。因此,在解释现象界的本源时,二程不得不在天理之外重新引入"气"的概念,宣称物质皆禀气而生。为了解释个体间的差异,二程又不得不宣布"气有善不善,性则无不善也。人之所以不知善者,气昏而塞之耳","气清则善,气浊则恶。禀得至清之气生者为圣人,禀得至浊之气生者为愚人"。① 天理负责秩序,气负责构成,这种世界观框架并不完美。善恶属于精神属性,让气的善恶来对应禀赋,看似逻辑顺畅,实则根基不稳:既然万物皆自天理出,气也当出自天理,何以会有善恶?善恶之气在赋予万物时,又遵循着何种秩序,何以某甲"禀得至清之气"为圣人,某乙"禀得至浊之气"为愚人?若圣人、愚人之差别,是气遵循天理而赋予,然则愚人后天为学而改变气质,岂非违背天理而行?程颐称

---

① 程颢、程颐《二程遗书》卷二十一下《附师说后》、卷二十二上《伊川语录》,清文渊阁《四库全书》本。

"冲漠无朕,万象森然已具",①观此语则似欲以空相兼万法,但"冲漠无朕"之时,不知气在何处? 若仍无气,则万象断然乎未具,况善恶既源自气禀,此时善恶未生,圣人、愚人之象自何而来? 若已有气,气则有善恶,此时善恶既分,绝非"冲漠无朕"之时。若此"万象"特指"万象之理"而言,谓虽无象而已有理,则此理乃纯善无恶,万象(含气在内)何不据此理而生,后来之恶又自何而起? 一言以蔽之,二程体系中的"天理"概念,既要承担儒家的价值观源头,无有不善;又要作为世界本源,与天地万物一体,则很难解释个体间的差异(譬如善恶、贤愚之分)。大乘佛教可以一理兼万法,是因为其并不承认现象界的真实存在,主张惟法性方为真实,而二程将儒家的纲常伦理上升为天理,却无法宣称君臣、父子皆为虚幻因缘,家国、天下皆为梦幻假名,是以龃龉难行。

在世界观的哲学逻辑上,二程的"天理观"较之周敦颐的《太极图说》瞠乎其后,但在树立儒家伦理观的权威性与结构性上,二程依据四书所创立的成圣体系则几可凌驾前人。《论语》《孟子》自汉代以后,由于文字简单易懂,又直接地记录了孔子、孟子的言行,因而一直充当儒家的蒙学读物。隋唐开启科举之后,《论语》为明经科必须兼习之经,而《孟子》仍不在考核之内。《唐六典·尚书吏部·考功郎中》云:"正经有九:《礼记》《左传》为大经,《毛诗》《周礼》《仪礼》为中经,《周易》《尚书》《公羊》《谷梁》为小经。……其《孝经》《论语》并须兼习。"②唐代宗宝应二年(763),礼部侍郎杨绾疏请《论语》《孝经》《孟子》兼为一经;唐懿宗咸通四年(863),进士皮日休请立《孟子》为学科,但皆未能实行。五代之后,《孟子》升格为经,但正式列入科举则始自王安石的熙宁变法。据《宋史·选举志》云:"于是改法,罢诗赋、帖经、墨义,士各占治《易》《诗》《书》《周礼》《礼记》一经,兼《论语》《孟子》。每试四场,初大经,次兼经大义,凡十道,次论一首,次策三道。"③王安石的科举改革不仅增添了《孟子》,还将《论语》《孟子》的考核方式转为经义理解,而非之前的背诵记忆。二程在政治上都反对王安石的变法,但在重视《论语》《孟子》上则观点一致,可见此二书在当时已广受关注,尤其是其中所包含的义理。与之相较,《大学》与《中庸》本是《礼记》中的两篇,前人对此重视度

---

① 程颢、程颐《二程遗书》卷十五《入关语录》,清文渊阁《四库全书》本。
② 李林甫《唐六典》卷二,明刻本。
③ 脱脱等《宋史·选举志》,北京:中华书局,1977年,第3618页。

不够，虽然也有类似南朝戴颙《礼记中庸传》之类的著作，但至宋代则皆已亡佚。至二程乃单独表彰《大学》《中庸》两篇，与《论语》《孟子》组成四书，其价值才得到充分的阐释与发挥。程颐云："《大学》，孔氏之遗书，而初学入德之门也。于今可见古人为学次第者，独赖此篇之存，而《论》《孟》次之。"①程颐将原本只是《礼记》中一篇的《大学》，拔高到超越《论语》《孟子》的地位，显然是看中了它叙述"古人为学次第"的功能。《大学》中包含的内容，既陈述了大学最终的三大目标（在明明德、在亲民、在止于至善），又提出了儒学的八种治学次序（格物—致知—诚意—正心—修身—齐家—治国—平天下），简直是一份完整的儒学纲要。大学的最终目标是"止于至善"，而二程以天理为至善，是以《大学》恰好为二程的体系提供了理论衔接，将儒学的最终目标递进为"止于天理"。二程的"天理说"本身缺少具体的修行次第，而《大学》的八种治学次序刚好也可以整体迁移，为其搭建起结构框架。惟《大学》"致知在格物"一句，对于如何格物并未展开说明，故程颐自行定义："格物穷理，非是要尽穷天下之物，但于一事上穷尽，其他可以类推。"又云："物则事也，凡事上穷极其理，则无不通。"又云："若只格一物便通众理，虽颜子亦不敢如此道。须是今日格一件，明日又格一件。积习既多，然后脱然自有贯通处。"②《大学》本文将格物、致知作为诚意、正心之前的阶段，其分量并不算重，盖尚在入门筑基之时，程颐则夸大了格物本身的功效，将"格物"曲解为"穷究事理"，最终以达到贯通众理的境界，等于将格物定义为体察天理的手段。程颐称："所务于穷理者，非道须尽穷了天下万物之理，又不道是穷得一理便到。只是要积累多后，自然见去。"③若以今日哲学话语叙述，程颐的"格物论"就是要在处理事件时积累直接经验，再经过同类别事件的归纳演绎，最终量变引发质变，掌握可以妥善处理所有事件的普适规则。而所谓的"普适规则"，正是体现世界运行规律的"天理"。

至于《中庸》，程颐云："《中庸》之书，决是传圣人之学不杂。子思恐传渐失，故著此一卷书。"又云："善读《中庸》者，只得此一卷书，终身用

① 朱熹《大学章句集注》标题注转引，宋刻本。
② 程颢、程颐《二程遗书》卷十五《入关语录》、卷十八《刘元承手编》，清文渊阁《四库全书》本。
③ 程颢、程颐《二程遗书》卷二上《元丰己未吕与叔东见二先生语》，清文渊阁《四库全书》本。

不尽也。"①二程如此推重《中庸》,也是因为可以与"天理说"直接挂钩。程颢云:"中庸,天理也。不极天理之高明,不足以道乎中庸。中庸乃高明之极耳,非二致也。"②中庸是儒家处世的行动尺度,而将中庸解为天理,儒家的思想体系也就被赋予了神圣性。《中庸》开篇"天命之谓性,率性之谓道,修道之谓教性"一句,将人性起源追溯至天命,恰好又可与"天理说"相互关联。但若究此句本义,"天命"二字只是言"上天赋予",既非言"天理赋予",更非言"赋予天理"。"天命"之"天",固然可以指其为天理,但若指其为太极、为无极、为气、为道,乃至为天神,逻辑一样自洽。是以当时不仅二程对《中庸》感兴趣,大多数企图建立自己体系的理学家皆对此篇十分看重,类似著作有胡瑗《中庸义》、晁说之《中庸篇》、司马光《中庸广义》、陈襄《中庸讲义》、乔执中《中庸义》等。以与二程同时的司马光《中庸广义》为例,据卫湜《礼记集说》转引涑水司马氏曰:"命者,令也。天不言而无私,岂有命令付与于人哉?正以阴阳相推,八卦相荡,五行周流,四时运行,消息错综,变化无穷。庶物禀之以生,各正性命,其品万殊。人为万物之灵,得五行之秀气,故皆有仁、义、礼、智、信,与身俱生。木为仁,金为义,火为礼,水为智,土为信。五常之本,既禀之于天,则不得不谓之天命也。"③由此可见,同样是诠释《中庸》首句,司马光使用的则是传统的阴阳五行的禀气之说,较二程之论缺乏新意。二程明确反对这种以阴阳五行或清虚之气作为本源的观点,强调:"形而上者谓之道,形而下者谓之器。若如或者以清虚一大为天道,则乃以器言而非道也。"④二程以天理为本源,是因为天理是形而上者,"不应有方所"。凡具体的物质,皆属形而下者,不能够充当世界本源。二程过分褒奖《中庸》,还有另外一层原因。如前所述,二程跟随周敦颐为学,主要继承的是《通书》的思想。《通书》对"诚"格外推重,甚至将其拔高至意识本源的程度,这与《中庸》"自诚明,谓之性;自明诚,谓之教。诚则明矣,明则诚矣""诚者,天之道也;诚之者,人之道也"等句,亦可以相互关联。二程以"天理"解"性",修正了周敦颐对"诚"字概念的无限拔高,但仍将"诚"视为修证天理的途径,故称:"自性言之为

---

① 程颢、程颐《二程遗书》卷十五《入关语录》、卷十七,清文渊阁《四库全书》本。
② 杨时《二程粹言》卷上,清文渊阁《四库全书》本。
③ 卫湜《礼记集说》卷一百二十三《中庸第三十一》,清通志堂经解本。
④ 程颢、程颐《二程遗书》卷十一《师训》,清文渊阁《四库全书》本。

诚,自理言之为道,其实一也。"①二程继承了周敦颐对"诚"的重视,将其视为修道之方法,但同时弱化了"诚"在世界起源中的角色,只将其当成为学的态度,所谓"学者不可以不诚,不诚无以为善,不诚无以为君子""苟非至诚,虽建功立业,亦出于事为浮气,其能久乎"云云,②即属此类。二程认为"人心私欲,故危殆;道心天理,故精微。灭私欲,则天理明矣",③故将"存天理,灭人欲"视为圣学的修行途径,而"诚"正是对治"人欲"的关键一环。

《宋史·道学传》云:"(二程)表章《大学》《中庸》二篇,与《语》《孟》并行。于是上自帝王传心之奥,下至初学入德之门,融会贯通,无复余蕴。"④在二程的洛学体系之中,《论语》《孟子》提供了圣人的言行参照,《大学》提供了圣学的修行次第,《中庸》提供了儒者处世的行动尺度,四者是主要的框架支撑。但洛学体系在解释世界源起时逻辑不够严密,也并没有特别提出"四书"的概念(重视《大学》《中庸》两篇是当时人的普遍观点),故尚未搭建起完善的四书体系。二程特别看重儒学的道统传承谱系(孔子—曾子—子思—孟子),尤专注于辟除佛老异端,以振兴儒学为己任。二程曾在履道坊居所、嵩阳书院、龙门胜德上方寺、香山寺等地长期讲学,不仅培养出了大批人才,洛学的学脉也因此得以延续。二程的书院讲学具有系统性和开放性,意在培养儒家的圣贤,其运作模式更接近现代大学或研究院。宋代书院最终成为与官学、私塾并立的教育机构,也是传播新兴理学的前沿与阵地,不同的思想在此碰撞,一个个疑难问题被提出然后获得解决。为了施教和听讲方便,书院还会统一刊刻图书作为讲学的教材,而相关的讲义或笔记也会总结归纳,最后形成著作出版,进一步扩大了传播范围,延长了学术的生命力。二程的讲学并非空谈义理,而是十分看重社会功效。以程颐的晚年著作《程氏易传》为例,这虽然是一种《易经》的注释书籍,但程颐以爻位、卦才立论,所重点陈述的是君臣间的辅弼之道,以及君子与小人的相处之道。《程氏易传》崇尚中正之德、阳刚之才,但也看重时、位,若小人得位、君主昏暗,君子则必须避其锋芒以明哲保身。盖《易经》爻变之理亦

---

① 杨时《二程粹言》卷上,清文渊阁《四库全书》本。
② 程颢、程颐《二程遗书》卷二十五《畅潜道本》、卷十《洛阳议论》,清文渊阁《四库全书》本。
③ 程颢、程颐《二程遗书》卷二十四《邹德久本》,清文渊阁《四库全书》本。
④ 脱脱等《宋史》卷一百八十六《道学一》,北京:中华书局,1977年,第12710页。

是天理,天理巍然不变,纵然有济世救民之心,也必须遵循天理规律而行,不可固执行事,否则适得其反。《程氏易传》中若干语句隐射政事,似为熙宁变法而发,但其义理则普适历代朝廷,不专于一时一事。概言之,二程的学术体系不仅强调个人品行修为,也看重政治教化的顺利实施,亦即修身之后的齐家、治国、平天下。

尽管从周敦颐到二程,其理论体系中都有因袭佛老的痕迹,甚至他们都有过浸淫佛典的经历,但他们并没有因此对佛老充满好感,反而进行了不遗余力的驳斥。近代学者对此颇有微词,但若设身处地以思忖之,周、程的做法并不奇怪。周、程借鉴的是佛老的部分概念及逻辑推理,以建立自己的理论体系,但对于儒家的价值观则从未动摇。而有宋一代的学者,普遍接受了孔子"一以贯之"的哲学思想,认为最终的真理只有一种。真理包含万法,而佛老两家的合理因素也不过是真理的部分碎片,并非为其所独有,任何人都可以汲取之以帮助领悟终极大道。如二程所言:"天理云者,这一个道理更有甚穷已?不为尧存,不为桀亡。人得之者,故天行不加,穷居不损。这上头来更生说得存亡加减,是它元无少欠,百理具备。"①基于这一立场,宋代理学家可以既借鉴佛老,同时又批判佛老,完全不存在心理障碍。部分学者甚至不用自行阅读佛老典籍,在他们日常的环境、接受的师长观点中就已经包含了其中的因素,这也导致他们更加不承认这些出自佛老,而坚持儒门早已有之,抑或儒释道三家原本即同源。

二程的洛学体系,迭经数传之后,发展至南宋朱熹时才真正完备。朱熹不仅继承了二程的天理体系,更全盘接受了周敦颐的太极体系,并将二者融合到一起,创立了延续千年之久的程朱理学。概括而言,朱熹在理学上的主要贡献有三点:

一、理顺了太极、天理、气的相互关系。在描述世界起源时,周敦颐只说"无极而生太极",不言"天理";二程则只说"天理",从不言及"太极"。周敦颐的"无极"概念一直为人诟病,朱熹甚至为此与陆九渊兄弟往复辩论,只为维护濂溪之学的正学地位。朱熹在刊刻《太极图说》时,将周敦颐的原文修正为"无极而太极",并称:"周子所谓无极而太极,非

---

① 程颢、程颐《二程遗书》卷二上《元丰己未吕与叔东见二先生语》,清文渊阁《四库全书》本。

谓太极之上别有无极也,但言太极非有物耳。"①又称:"无极而太极,不是说有个物事光辉辉地在那里,只是说这里当初皆无一物,只有此理而已。"②朱熹对周敦颐"无中生有"的起源说进行了改造,消解掉了"无极"的概念,重新以"太极"作为世界本源。"太极非有物",本身就是一种至高的存在,亦即二程所谓的"天理"。太极既存在于万物之中,又先于天地而存在,无可与匹敌者。朱熹称"太极只是一个理字","太极只是个一而无对者","太极只是天地万物之理。在天地言,则天地中有太极;在万物言,则万物中各有太极。未有天地之先,毕竟是先有此理"。③ 作为世界本源的太极与元理,二者很容易对等起来,但朱熹的创造性尚不在此,而是引入了佛教"理一分殊"的逻辑,宣称"本只有一太极,而万物各有享受,又自各全具一太极尔。如月在天,只一而已;及散在江湖,而随处可见,不可谓月已分也"。④ 朱熹完美地解释了太极(天理)赋予万物的逻辑,因为万物各全具一太极(天理),是以人人可以为尧舜。

在社会伦理方面,朱熹更多继承的是二程的四书体系,但二程在阐释世界起源的问题上有明显短板。朱熹将周敦颐的世界生成理论移植到二程的天理体系中,太极创世与遵循天理相互衔接,弥补了二程的逻辑弱环,乃是择二者之长而重构理学体系。但太极无分善恶,天理则为至善,朱熹强行勾连二者,同样需要解释恶的来源,这也是古代儒学体系中始终未能完美解决的难题。朱熹的方案同样是借助于"气"以分善恶,但他的巧妙之处在于将理与气构造为一个整体,云:"理又非别为一物,即存乎气之中。无是气,则是理亦无挂搭处。"又云:"理在气中,如一个明珠在水里。"⑤理与气有别,天理至善,气则分善恶,但理又与气不可分,无气亦无理,"论天地之性,则专指理言;论气质之性,则以理与气杂而言之"。⑥ "专指理言"则为至善,如二程所云"若性之理则无不善";"以理与气杂而言之"则有善恶之分,朱熹称为"气质之性",乃以禀受而言。尽管从起源处而言,"未有天地之先,毕竟是先有理","有理而

---

① 朱熹《晦庵先生朱文公文集》卷第四十九《答王子合》,《四部丛刊初编》景明嘉靖本。
② 黎靖德《朱子语类》卷第九十四《周子之书》,明成化九年(1473)陈炜刻本。
③ 黎靖德《朱子语类》卷一《理气上》、卷一百《邵子之书》,明成化九年(1473)陈炜刻本。
④ 黎靖德《朱子语类》卷第九十四《周子之书》,明成化九年(1473)陈炜刻本。
⑤ 黎靖德《朱子语类》卷第一《理气上》、卷第四《性理一》,明成化九年(1473)陈炜刻本。
⑥ 黎靖德《朱子语类》卷第四《性理一》,明成化九年(1473)陈炜刻本。

后有气,虽是一时都有,毕竟以理为主",但理、气相互依存,"天下未有无理之气,亦未有无气之理","理又非别为一物,即存乎气之中。无是气,则是理亦无挂搭处"。①

朱熹用对立统一关系来辩证描述理与气,已经是宋代理学所能找到的最优方案,但若以严密的逻辑检验,此论仍有缺陷:若理气相互依存,则双方根本无先后区别,强调"理在气先"就毫无意义。而理与气同时俱生,理亦无法单独充当世界的源头,真正的源头将是理气一体。如果理代表了气中善的性质,则气中恶的性质因何而生?换言之,朱熹既然宣称"理在气中,如一个明珠在水里",则明珠之外的水,是否亦有理?朱熹采纳了佛教"理一分殊"的方案,又借用了禅宗月映江湖的比喻,同样也存在逻辑悖论。千江有水千江月,但水中皆为月影,真月依旧在天。佛教以人生为梦幻泡影,一朝勘破泡影,则见真月在天;儒家既不能舍弃人生万物,则只能逐影为月,认幻为真。佛教之喻,以真月为佛性,佛性不生不灭、不增不减,故可散于千江而无损;朱熹之喻,以真月为太极,太极有阴阳动静,②如何能散于千江而皆同?若千江之阴阳动静皆同,是千江同为一物矣。朱熹宣称"上而太极、无极,下而至于一草、一木、一昆虫之微,亦各有理",③而万物又"各全具一太极",则儒家之天理不仅全盘具于人身,亦全部具于虎豹、草木、瓦砾之中。佛教有轮回之说,虎豹皆可来世转而为人,一样可以觉悟成佛,是以大乘宣告"众生皆可成佛",逻辑仍然自洽;儒家不谈轮回,则虎豹全具天理,究竟体现在何处?此外,佛教只说"众生皆可成佛",此众生为有情众生(含识众生),并不包含草木、瓦砾在内,因后者虽有佛性而无觉性(无识),故永远无法觉悟成佛;朱熹既认为草木、瓦砾亦"各全具一太极",而草木、瓦砾又无私欲之弊,何以却并非圣贤?朱熹又称:"人物之生,莫不有是性,亦莫不有是气。然以气言之,则知觉运动,人与物若不异也;以理言之,则仁义礼智之禀,岂物之所得而全哉?"④若人与物所禀之理不同,则所谓"各全具一太极"云云,只能陷入自相矛盾的悖论。为了应对类似的辩难,朱熹还企图将理的体用分开,着重强调人心之用:"理遍在

---

① 黎靖德《朱子语类》卷第一《理气上》、卷第三《鬼神》,明成化九年(1473)陈炜刻本。
② 朱熹云:"太极只在阴阳之中,非能离阴阳也。"又云:"太极犹人,动静犹马。马所以载人,人所以乘马。"
③ 黎靖德《朱子语类》卷第十五《大学二》,明成化九年(1473)陈炜刻本。
④ 朱熹《孟子章句集注》卷第十一《告子章句上》,宋刻本。

天地万物之间，而心则管之；心既管之，则其用实不外乎此心矣。然则理之体在物，而其用在心也。"①然此说显然有病，盖心亦属于后天"形而下"之"器"，亦属禀理、气而生，心所能管者为社会人伦之理，至于世界起源、自然万物之理，则非人心所能管辖。朱熹很快觉察此论不洽，故次日即修正己说云："此是以身为主，以物为客，故如此说。要之，理在物与在吾身，只一般。"②适用范围缩小至"以身为主，以物为客"，确可认为理之用"不外乎此心"，但既然"理在物与在吾身，只一般"，若将范围放大至人身之外，以牛马、虫豸为主，以花草、腐木为客，理还管于牛马、虫豸之心否？更近一步，若人类全部灭绝，天理在物"只一般"，此时理又管于何心？朱熹一方面宣称"仁义礼智之禀，岂物之所得而全哉"，另一方面又宣称"理在物与在吾身，只一般"，正是由于前后逻辑不洽，故应对质疑时不免捉襟见肘。概言之，宋代理学体系看似辨析精微，实则多含糊其词，若一旦脱离了人类社会，往往即陷入各种逻辑悖论。类似的逻辑不洽之处，朱熹已无法从根本上解决，所幸儒家的关注点一直在社会伦理方面，并不热衷于探讨世界起源之类的哲学命题。后世理学家虽然时常探究理气关系，但其用意仍在于借助客观世界的运行规律，以构建并拔高儒家的伦理学框架，着眼点永远在人身而非他物。

二、圣学（理学）道统谱系的构建。朱熹着力维护周敦颐、二程的体系，也是企图构建他心目中的正学谱系，并为自己的学说正名。朱熹师承李侗与黄中，李侗师承罗从彦，罗从彦师承杨时，黄中则师承游酢。游酢与杨时皆为二程的嫡传弟子，二程又同出周敦颐门下。朱熹无限拔高周敦颐、二程，以其凌驾诸儒、上接孔孟，除了对理学体系的自信，更是企图将一切与程朱体系相违背的学说定性为异端。韩愈《原道》创立了一个"尧—舜—禹—汤—文、武、周公—孔子—孟轲"的道统谱系，又称"轲之死，不得其传焉"，朱熹则云："自尧舜以下，若不生个孔子，后人去何处讨分晓？孔子后若无个孟子，也未有分晓。孟子后数千载，乃始得程先生兄弟发明此理。今看来汉唐以下诸儒说道理见在史策者，便直是说梦，只有个韩文公依稀说得略似耳。"③观朱熹此语，则似欲续

---

① 黎靖德《朱子语类》卷第十八《大学五》，明成化九年（1473）陈炜刻本。
② 黎靖德《朱子语类》卷第十八《大学五》，明成化九年（1473）陈炜刻本。
③ 黎靖德《朱子语类》卷第九十三《孔孟周程》，明成化九年（1473）陈炜刻本。

补韩愈之谱系,径以二程上接孔、孟。但朱熹既融合周敦颐与二程体系,周、程又有师生之谊,故不得不追加周氏,以周敦颐与二程共同接续此道统。朱熹《隆兴府学濂溪先生祠记》云:"先生之言,其高极乎无极、太极之妙,而其实不离乎日用之间;其幽探乎阴阳、五行造化之赜,而其实不离乎仁义礼智、刚柔善恶之际。其体用之一源,显微之无间,秦汉以下诚未有臻斯理者。"①朱熹并非认为周敦颐的注疏水平超越前代,而是认为他能独得孔孟之大道,阐发无极、太极、阴阳、五行之义理。陆九渊兄弟对濂溪之学颇有微词,朱熹与之往复辩论,其焦点之一即在"无极"之概念。无极之说明显与传统儒家不合,但朱熹断然宣称:"若论'无极'二字,乃是周子灼见道体,迥出常情,不顾旁人是非,不计自己得失,勇往直前,说出人不敢说底道理……若于此看得破,方见得此老真得千圣以来不传之秘,非但架屋下之屋、叠床上之床而已也。今必以为未然,是又理有未明而不能尽人言之意者。"②朱熹不仅是赞同濂溪之学,又不仅是曲意回护,而是认为其"真得千圣以来不传之秘",凡反对者皆属"理有未明而不能尽人言之意者",实在褒奖太过,已落意气之争。

朱熹《邵州州学濂溪先生祠记》云:"窃独惟念先生之学,实得孔孟不传之绪,以授河南二程先生,而道以大明。"③《江州重建濂溪先生书堂记》亦云:"先生出焉,不繇师传,默契道体,建《图》属《书》,根极领要。当时见而知之,有程氏者,遂扩大而推明之,使夫天理之微、人伦之著、事物之众、鬼神之幽莫不洞然毕贯于一,而周公、孔子、孟氏之传焕然复明于当世。"④尽管朱熹认为二程乃"近世大儒,实得孔孟以来不传之学",⑤但宣称其学乃承继周敦颐的濂溪之学,只是"扩大而推明之"。实则二程的洛学体系与濂溪之学差异极大,便说是两种体系也并不为过。从二程的言论来看,尽管他们曾有受教于周敦颐的经历,但并不认

---

① 朱熹《晦庵先生朱文公文集》卷第七十八《隆兴府学濂溪先生祠记》,《四部丛刊初编》景明嘉靖本。

② 朱熹《晦庵先生朱文公文集》卷第三十六《答陆子静》,《四部丛刊初编》景明嘉靖本。

③ 周敦颐撰,朱熹解义《元公周先生濂溪集》卷之十一《邵州特祀先生祠记》,宋刻本。

④ 朱熹《晦庵先生朱文公文集》卷第七十八《江州重建濂溪先生书堂记》,《四部丛刊初编》景明嘉靖本。

⑤ 朱熹《晦庵先生朱文公文集》卷第十《壬午应诏封事》,《四部丛刊初编》景明嘉靖本。

为自己的体系得自濂溪之学，反而多次宣称"予兄弟倡明道学，世方惊疑"①云云。程颢称"吾学虽有所授，'天理'二字却是自家体贴出来"，显然未将"天理"等同于周敦颐的"太极"概念，而"学虽有所授"也只是泛泛言之，如《明道先生行状》所称"泛滥于诸家，出入于老、释者几十年"之类恐怕皆包含在内，未必指周敦颐个人而言。朱熹融合周、程二家体系，勾连"太极"与"天理"，故强以二程接续周敦颐，其意图也在树立道统谱系，为己说张本。淳熙二年（1175）六月，应吕祖谦之邀约，朱熹与陆九渊兄弟相会于信州鹅湖寺，探讨学问异同，"欲会归于一"，结果却不欢而散，反而加大了双方分歧。淳熙六年（1179），朱熹知南康军，亲自刊定周敦颐《太极图说》《通书》二书，增辑旧本遗文遗事十五条、事状一篇，锓板于学宫，复特立濂溪祠，以二程配祀，首开三贤同祀之风。朱熹如此亲力亲为，未必不是对"鹅湖之会"的回应，以此护卫自己心目中的正学。

三、《童蒙须知》《小学》《近思录》《四书章句集注》《家礼》体系的完善。朱熹《崖边积雪取食甚清次敬夫韵》有句云："平生愿学程夫子，恍忆当年洗俗肠。"此并非客套之词，朱熹完全继承了二程的四书体系，甚至连程颐自创的"格物论"也奉为圭臬。朱熹称："某要人先读《大学》，以定其规模；次读《论语》，以立其根本；次读《孟子》，以观其发越；次读《中庸》，以求古人之微妙处。"②四书之中，又以《大学》最当用力。朱熹云："某于大学用工甚多。温公作〈通鉴〉，言：'臣平生精力，尽在此书。'某于《大学》亦然。《论》《孟》《中庸》，却不费力。"③《大学》原文体现不出二程的思想，朱熹不惜大幅度调整文字顺序，将内容区分为经文、传文两类，又"窃取程子之意以补之"，增入一大段解释格物方法的传文。朱熹坚信"河南程氏两夫子出，而有以接乎孟氏之传……然后古者大学教人之法、圣经贤传之指，粲然复明于世"，所以敢对《大学》行改头换面之事，而且并不讳言，称"极知僭逾，无所逃罪，然于国家化民成俗之意、学者修己治人之方，则未必无小补云"。④ 在鹅湖之会时，"元晦之意欲令人泛观博览而后归之约，二陆之意欲先发明人之本心，而后使之博

---

① 程颢、程颐《二程文集》卷十二《祭李端伯文》，清文渊阁《四库全书》本。
② 黎靖德《朱子语类》卷第十四《大学一》，明成化九年（1473）陈炜刻本。
③ 黎靖德《朱子语类》卷第十四《大学一》，明成化九年（1473）陈炜刻本。
④ 朱熹《大学章句集注》卷首序，宋刻本。

览"，①归根结底是证道方式的不同。朱熹将二程的"格物论"补入《大学》，谓"大学始教，必使学者即凡天下之物，莫不因其已知之理而益穷之，以求至乎其极。至于用力之久，而一旦豁然贯通焉，则众物之表里精粗无不到，而吾心之全体大用无不明矣"，仍是坚持鹅湖之会上的立场，亦即"泛观博览而后归之约"。朱熹刊行改本《大学》，所有持此本而阅读者，自然会接受二程的逻辑，反对陆氏兄弟先明心、后博览的证道模式。朱熹这种删改经典的操作，明显师心自用，违背了孔子"多闻阙疑"的原则，也在后世引发了严重的非议。但朱熹对二程体系绝对信任，故并不讳言此举，反而明确昭示之，以为必有功于后世。二程虽然重视四书，但并未提出"四书"之名，至朱熹编撰《四书章句集注》，此书大行天下，"四书"之名才被学者公认。《四书章句集注》以二程体系为基础，援引历代可互相发明的前贤传注，前后历时多年修改，选择极精，在元明清三代都成为科举考试的标准教材。陆九渊兄弟的心学体系也以四书为框架建立，并有《大学春秋讲义》《四书义》之类的著作传世，而朱熹《四书章句集注》一条未取，也可见其理学藩篱之肃穆。朱熹对此书十分自负，除《大学章句》之外，又称"某于《论》《孟》四十余年理会，中间逐字称等，不教偏些子，学者将注处宜子细看"，"某《语》《孟》集注，添一字不得，减一字不得，公子细看"。② 此二语褒奖失实，甚失学者谦虚之道，故明代学者吕柟径疑"此恐非朱夫子之言"。③ 然此二语在《朱子语类》中既有明确的说话对象（吴仁父），又有明确的记录者（甘节），还可与其他评论相印证（"不教偏些子"），且元代马端临《文献通考》中也曾引用，内容较之更详，④其真实性当无疑问。据《朱子语类》卷前《朱子语录姓氏》所载："甘节字吉父，临川人。癸丑以后所闻。"癸丑为南宋绍熙四年（1193），⑤时朱熹已六十四岁，距离他最终去世只有七年的时间。按此，则朱熹对于《论语集注》的褒扬之言，并非年少轻狂之语，而是学问大成之后的定论之辞。

为了方便学者理解四书体系，朱熹又与吕祖谦"相与读周子、程子、

---

① 陆九渊《象山先生全集》卷之三十六《吕东莱年谱》，《四部丛刊初编》景明嘉靖本。

② 黎靖德《朱子语类》卷第十九《论语一》，明成化九年（1473）陈炜刻本。

③ 吕柟《朱子抄释》卷一，清文渊阁《四库全书》本。

④ 马端临《文献通考》卷一百八十四经籍考十一"《论语集注》十卷"条注，清浙江书局本。

⑤ 朱熹生平经历两个癸丑年，另一癸丑为南宋绍兴三年（1133），朱熹年方四岁。

张子之书，叹其广大闳博，若无津涯，而惧夫初学者不知所入也，因共掇取其关于大体而切于日用者"，编成《近思录》一书。《近思录》刊行后，流传很广，影响极大。陈荣捷称："《近思录》除儒、道经书之外，注释比任何一书为多，计……（中国古代）共二十一种。"①程水龙统计国内《近思录》存世之白文本、注释本、续编本，共计"约 148 种"。② 陈、程二人的结论虽仍有可修正之处，③然亦可见《近思录》在中国历代流行之盛况。甚至可以说，宋代理学之所以能够深入人心，甚至一度成为仕林的主流意识形态，《近思录》之广为刊布实在功不可没。朱熹称："四子，六经之阶梯；《近思录》，四子之阶梯。"④在编纂《近思录》之前，朱熹已经编次了程颢、程颐的《二程遗书》及《二程外书》，为周敦颐的《通书》《太极图说》作《通书解》《太极图说解》，为张载的《西铭》作《西铭解义》，皆已有成书。但正如朱熹所述，此四君子之书"广大闳博，若无津涯，而惧夫初学者不知所入也"，⑤故而就有了再编纂一本更为精简的入门教材的需要。朱熹编纂《近思录》，只是为了能更好地传播北宋四君子的思想，所以他才会特别叮嘱，《近思录》虽"足以得其门而入矣"，但必须"求诸四君子之全书"，否则"以为取足于此而可，则非今日所以纂集此书之意也"。⑥《近思录》编成刊刻之后，朱熹不仅经常劝说问学者阅读，而且时常随信奉送此书，盛意拳拳。在与亲传弟子的日常问答中，也会频繁地看到朱熹对《近思录》中的具体条目进行阐释，以引领弟子们明辨慎思，追求理学之真谛。

但无论《四书章句集注》还是《近思录》，都仍不适合作为童稚的蒙学读物。朱熹本人尤为重视蒙学，故而在大学之前确立了小学的阶段，欲"因小学之成功，以著大学之明法"，⑦宣称"古者小学，教人以洒扫应对进退之节，爱亲、敬长、隆师、亲友之道，皆所以为修身、齐家、治国、平

① 陈荣捷《近思录详注集评》，上海：华东师范大学出版社，2007 年，第 2～3 页。
② 程水龙《〈近思录〉版本与传播研究》，上海：上海古籍出版社，2008 年，第 2 页。
③ 实际上，许多佛经的注本数量都要超过《近思录》。譬如《阿弥陀经》的注本，仅收入《大藏经》的存世数量就有 25 种，已超出陈荣捷的统计数字。而程水龙的统计数字只是一个约数，据其自称"不包括已知国外藏本中的中国人编辑本种数"。
④ 黎靖德《朱子语类》卷第一百五《朱子二》，明成化九年（1473）陈炜刻本。
⑤ 陈荣捷《近思录详注集评》，上海：华东师范大学出版社，2007 年，第 328 页。
⑥ 陈荣捷《近思录详注集评》，上海：华东师范大学出版社，2007 年，第 328 页。
⑦ 朱熹《大学章句集注》卷首序，宋刻本。

天下之本"。① 小学之制,先秦即已有之,但能够将小学赋予如此之高的意义,并将其作为圣学的起始之学,朱熹则功不可没。朱熹云:"学之大小固有不同,然其为道则一而已。是以方其幼也,不习之小学,则无以收其放心,养其德性,而为大学之基本。及其长也,不进于大学,则无以察夫义理,措诸事业,而收小学之成功。"② 朱熹沿袭了二程"物则事也。凡事上穷极其理,则无不通"③ 的观点,声称:"格,至也。物犹事也。穷至事物之理,欲其极处无不到也。"④ 既然太极(天理)散在万物(万事),而万物(万事)各全具一太极(天理),则不难得出小学与大学"为道则一"的结论,童子洒扫应对亦是践行天理之要义。定本后的《小学》包含立教、明伦、敬身、稽古、嘉言、善行六类,以前三者为纲领,后三者为辅证,"规模节目无所不备,即一篇之中,章章节节、句句字字皆有义理,皆有次第",⑤ 几乎涵盖了儒学的一切要素。元代许衡称"古者有小学、大学之分,自秦始皇焚书以后,圣人经籍不全,无由可考古人为学之次第。……近世新安朱文公以孔门圣贤设教为学之遗意,参以《曲礼》《少仪》《弟子职》诸篇,辑为《小学》之书",⑥ 可见朱熹实欲复兴上古小学之制,以此作为理学体系之根基,其所虑甚远而所图甚大。在《小学》成书之后,朱熹又撰《童蒙须知》一书,从"衣服冠履""言语步趋""洒扫涓洁""读书写文字""杂细事宜"五个方面,对童蒙生活中的琐细之事进行了规范。譬如"凡开门揭帘,须徐徐轻手,不可令震惊声响"之类,可谓巨细无遗,欲使童蒙在为学之前即端正行为,培养出良好的生活习惯,"习与智长,化与心成,而无扞格不胜之患"。⑦ 明代内府刊行《居家必用事类全集》,仍以"朱文公童蒙须知"置于甲集卷端"为学"之首条,也可见官方对《童蒙须知》一书的看重。

除《童蒙须知》《小学》之外,朱熹晚年还想参稽古礼及时俗重撰《家礼》,当亦有以宗法制度教化民俗之意。儒家经典中的"三礼"著作,是

---

① 朱熹《晦庵先生朱文公文集》卷第七十六《题小学》,《四部丛刊初编》景明嘉靖本。

② 朱熹《四书或问·大学或问》,清文渊阁《四库全书》本。

③ 程颢、程颐《二程遗书》卷十五《入关语录》,清文渊阁《四库全书》本。

④ 朱熹《大学章句集注》,宋刻本。

⑤ 张伯行《小学集解》卷首序,光绪辛丑(1901)九月广雅书局校刊本,第2页。

⑥ 许衡《鲁斋遗书》卷三《小学大义》,清文渊阁《四库全书》本。

⑦ 张伯行《小学集解》卷首《小学书题》,光绪辛丑(1901)九月广雅书局校刊本,第19页。

为士及以上贵族所制,涉及庶民家礼者极少。朱熹《家礼》则为庶民之礼而著,此书生前未能最终定本,但后来刊本一出,仍然影响巨大,元代即充作量订汉仪的规范,明代又采入国家礼典,颁行天下,成为乡野奉行之规范。至清代蔡世远《寄宁化五峰诸生》仍称"文公家礼最切日用,未有学道之人而不行礼者。此时得行即行,不可有待也,且化民成俗,莫大于此",①可见此书影响之深远。

若就天理体系而言,朱熹主要阐发、剖析二程的见解,继承、传播之功居多,创新、发明之处甚少。但朱熹的《童蒙须知》《小学》《近思录》《四书章句集注》《家礼》诸书,涵盖了自童蒙至大学的全部教育过程,是对二程体系的完善与扩充,它们帮助建构起了程朱理学体系,最终实现了继"汉学"之后儒学的再次复兴。

明代黄绾云:"宋儒之学,其入门皆由于禅。濂溪、明道、横渠、象山由于上乘;伊川、晦庵皆由于下乘。"②所谓上乘、下乘者,指佛教中的顿、渐二宗,顿者明心见性,一悟便了;渐者积德窒欲,渐去习气。黄绾之语虽可商榷,但从治学路径来比类,程颐、朱熹的确属于渐修一脉。除了"格物穷理"之外,朱熹还强调"居敬以涵养"的工夫论,目的是实现涵养、致知、力行的三位一体。朱熹云:"今人皆不肯于根本上理会。如敬字,只是将来说,更不做将去。根本不立,故其它零碎工夫无凑泊处。明道、延平皆教人静坐。看来须是静坐。"③伊川亦是如此,"每见人静坐,便叹其善学"。④然则自二程至朱熹,居敬的主要实现模式即是静坐,"当静坐涵养时,正要体察思绎道理,只此便是涵养。不是说唤醒提撕,将道理去却那邪思妄念,只自家思量道理时,自然邪念不作"。⑤朱熹虽然强调"静坐非是要如坐禅入定,断绝思虑,只收敛此心,莫令走作闲思虑,则此心湛然无事,自然专一",⑥但从他指点黄子耕"病中不宜思虑,凡百可且一切放下,专以存心养气为务,但跏趺静坐,目视鼻端,注心脐腹之下,久自温暖,即渐见功效矣"⑦之语判断,朱熹的静坐方式

---

① 蔡世远《二希堂文集》卷八《寄宁化五峰诸生》,清文渊阁《四库全书》本。
② 黄绾《明道编》卷一,北京:中华书局,1959 年,第 12 页。
③ 黎靖德《朱子语类》卷第十二《学六》,明成化九年(1473)陈炜刻本。
④ 程颢、程颐《河南程氏外书》第十二《传闻杂记》,明弘治陈宣刻本。
⑤ 黎靖德《朱子语类》卷第十二《学六》,明成化九年(1473)陈炜刻本。
⑥ 黎靖德《朱子语类》卷第十二《学六》,明成化九年(1473)陈炜刻本。
⑦ 朱熹《晦庵先生朱文公文集》卷第五十一《答黄子耕》,《四部丛刊初编》景明嘉靖本。

是源自佛教安般守意法（数息观）无疑。钱穆《朱子学提纲》称"朱子识禅甚深，故其辟禅，亦能中要害"，①此语大可商榷。周敦颐、二程、朱熹皆有过学佛的经历，而己学建立之后又皆有辟禅之举，朱熹辟之尤严厉。但从理学家们的言论判断，他们皆对佛教理论认识浅薄，既不明佛教的演化历史，又不能区分小乘与大乘的教义差别，往往只抓一点而不计其余。清代颜元《朱子语类评》谓"朱子沉迷于读讲章句，更甚于汉儒；玩心于空寂禅宗，更甚于陆子"，"如其辟佛老，皆所自犯不觉，如'半日静坐''观喜怒哀乐未发气象'是也。好议人非，而不自反如此"，②可谓深中其病。近代以来不少哲学研究者同样对佛教缺乏深入研究，故视朱熹等人的辟佛之语反觉亲切，至谓其佛学修为深甚，此乃不学之过。以静坐为例，朱熹强调自家不是佛家坐禅的"断绝思虑"，即是对禅修缺乏认识。禅即"禅那"的省称，是梵语 dhyāna 或巴利语 jhàna 的音译，意译则为"思维修"，是确保精神集中、不为杂念所扰（奢摩他，意译为"止"或"定"），以进入深层次的思维冥想（毗婆舍那，意译为"观"）的过程。坐禅强调定中起观，由观起慧，以对治妄想执着，并非在禅修时"断绝思虑"。断绝思虑，这是涅槃之后的清净境界，是觉悟境，而非修行境。朱熹有过学佛的经历，自称"某少时未有知，亦曾学禅"，③十八岁时从刘子翚学，刘子翚"搜之箧中，惟《大慧语录》一帙而已"。④《大慧语录》是禅宗临济宗杨岐派下宗杲和尚的语录，其参悟法门以参话头为主，此亦可见朱熹接触佛教之路径。禅宗是中国本土化的佛教宗派，"不立文字，教外别传"，以调心体悟、明心见性为主，不以研讨佛学典籍见长。就朱熹中举经历而言，据其自云："一日在病翁所会一僧……遂去扣问他，见他说得也煞好。及去赴试时，便用他意思去胡说。是时文字不似而今细密，由人粗说，试官为某说动了，遂得举。"⑤朱熹对佛教的认识不成体系，只从高僧语录、僧人交谈中获得一鳞半爪，个别概念甚至继承自儒家名师，譬如其早年从学于胡宪、刘子翚，而

---

① 钱穆《朱子学提纲》，北京：三联书店，2002 年，第 140 页。

② 颜元著，王星贤、张芥尘、郭征点校《颜元集》，北京：中华书局，1987 年，第 275、278 页。

③ 黎靖德《朱子语类》卷第一百四《朱子一》，明成化九年（1473）陈炜刻本。

④ 吴之鲸《武林梵志》卷八《宰官护持》，清文渊阁《四库全书》本。

⑤ 黎靖德《朱子语类》卷第一百四《朱子一》，明成化九年（1473）陈炜刻本。

胡宪"学于文定,又好佛老",刘子翚"老归家读儒书,以为与佛合",①皆属此类。朱熹后来创立程朱体系,也继承了濂溪之学与洛学中的一些佛学成分,但自身总归并未偏离儒学太远。他与陆九渊兄弟意见不合,乃至诋呵陆九渊兄弟为禅学,盖因后者更接近禅宗"明心见性""悟后起修"的模式,唤醒了朱熹的学禅记忆,从而引发了强烈的抵触情绪。王守仁称"吾恐晦庵禅学之讥,亦未免有激于不平也……此正晦庵、象山之气象所以未及于颜子、明道者在此",②良有以也。

第三节　儒学体系建构的其他途径

"京房《易传》曰:'诸侯越职征伐,与上分威,则日蚀中分。'《荆州占》曰:'日蚀中分,五年其国亡;一曰二年亡。'"③古人所谓天象示警,大抵皆此类迷信之语。随着社会文明的不断发展,人类认识的不断进步,像日食之类的天象变化已可通过历法预测,天人感应说的影响力开始衰减。唐代张九龄《贺太阳不亏状》云:"今月朔太史奏,太阳不亏。据诸家历,皆蚀十分已上,仍带蚀出者。今日日出,百司瞻仰,光景无亏。臣伏以日月之行,值交必蚀,算数先定,理无推移。今朔之辰,应蚀不蚀,陛下闻日有变,斋戒精诚,外宽刑政,内广仁惠,圣德日慎,灾祥自弭,若无表应,何谓大明? 臣等不胜感庆之至,谨奉状陈贺以闻,仍望宣付史官,以垂来裔。"④按此,唐代初年诸家历法皆有日食、月食的日期预测,而"日月之行,值交必蚀,算数先定,理无推移"的观点也已深入人心,太阳"应蚀不蚀"反而较罕见,故被视为一种祥瑞。韩愈重申天人感应之说,柳宗元《天说》、刘禹锡《天论》皆加以驳斥,后者更鲜明地提出"天与人交相胜"的观点,认为"人之能,天亦有所不能也",上天"非有预乎治乱云尔"。⑤ 董仲舒所创立的天人感应体系,在唐代时已日益式微,至北宋熙宁王安石变法时,又再次遭受到了猛烈的冲击。作为大宋

---

① 黎靖德《朱子语类》卷第一百四《朱子一》,明成化九年(1473)陈炜刻本。

② 王守仁《阳明先生道学钞》论学书卷一《答徐成之》,明万历琥林继锦堂刻本。

③ 《唐开元占经》卷九《日占五》,清文渊阁《四库全书》本。

④ 李昉《文苑英华》卷六百三十六《贺太阳不亏状》,明刻本。

⑤ 刘禹锡《刘禹锡集》,北京:中华书局,1990年,第67页。

帝国的宰执官员,王安石悍然宣称"天变不足畏,祖宗不足法,人言不足恤",①并以自己新编的《三经新义》充作科举教材,从根本上动摇了传统儒家师法往圣、天人互感的体系,而其意图也不过欲以自己的治国体系取而代之。重建儒家体系是当时人的共同愿望,建立洛学体系的二程与王安石同朝为官,而另一位同僚张载建立了关学体系,自述其志向欲"为天地立心,为生民立道,为去圣继绝学,为万世开太平"。② 恰如盛唐之世人人皆欲建功立业,北宋文运昌隆,儒者多欲重构儒学体系。《大学》《中庸》两篇广受重视,并非二程之功,而是当时人的共同选择。程朱理学虽然在宋代之后被确立为官方正统思想,影响后世最为深远,但从来都不是重构儒学体系的唯一方式。即使是程朱体系内部,不同学者的体系也存在具体差异,甚至同一学者在不同时期的观点也不尽一致,若强行将他们混作一谈,很容易出现脸谱化、教条化的倾向。前辈学者在划分不同的儒学体系时,往往借鉴现代哲学依据本源问题的区分方式,将宋代理学分为理学和心学两大派,抑或分为气本、理本、心本三派。从哲学理论体系的划分而言,这种操作并无问题,但儒家一直更看重社会伦理的教化功能,自孔孟以来就缺乏对世界本源问题的论述,却并不影响其实用价值。况且在论述世界起源时,各儒学派系或借鉴佛教,或借鉴道教,或直接采纳朴素的、传统的世界观(盖天说、浑天说等),往往论证逻辑既不严密,又要将其与儒家的价值观强行联系,故而主体与客体交融,主观与客观混淆,很难进行精细的剖析论断。笔者主张在探讨宋代理学的派系时,鉴于它们"成圣"的终极目标一致,则应当根据治学方式的差别进行划分,因为这才是理学的真正核心,而世界起源说不过是一个外壳而已。

程朱理学"欲令人泛观博览而后归之约",实际上仍是从学习传统注疏入手,只是不再停留在借助注疏以搞懂文义的阶段,而在于最终体悟圣人之心,把握圣人行事之准则与行事之缘由。然而宋人已在千年之后,如何能获知圣人当时之心?朱熹同样给出了答案:"读书以观圣贤之意,因圣贤之意以观自然之理","一句有一句道理,穷得一句,便得

---

① 脱脱等《宋史》卷一百八十六《道学一》,北京:中华书局,1977年,第10550页。

② 张载《张子语录》卷中,《四部丛刊续编》景宋本。

这一句道理。读书须是晓得文义了,便思量圣贤意指是如何,要将作何用"。① 程朱理学虽然是全新的体系,但与传统的注疏体系却有着血脉联系,大致相当于汉学的升级版。汉代孔子被神格化,儒者从未想过自己可以成为孔子,故注疏之学只为诠释句义,层层积累之下,烦琐现象格外严重;宋代儒者受孟子"人人皆可为尧舜"与大乘佛教"众生皆可成佛"的观念影响,皆欲追随孔子成圣,是故章句之学虽然不离注疏,但更注重探究往圣心意,以找到证道之路。从另一个角度出发,宋代类似朱熹《四书章句集注》之类的著作,也是对汉唐注疏的简拣与浓缩,从中汲取有助于体悟圣人之道的养分。但儒家的圣人并不停留在纸面,也并非学术研究的圣人,而是体现在社会政事之中,需要具备教化民众以实现大同盛世的本领。想要修身之后齐家、治国、平天下,必须具备近乎全能的政治才华,是以需要"泛观博览"、格物不休,以求有朝一日豁然贯通。正如朱子所云:"有物必有则。只一个物,自各家有个道理。……圣人教人,不是理会一件,其余自会好。须是逐一做工夫,更反复就心上看,方知得外面许多费整顿,元来病根都在这里。这见圣人教人,内外夹持起来,恁地积累成熟,便会无些子渗漏。"② 程朱之说的优势在于脚踏实地,认识不断提升,才华逐渐累积,"苟日新,又日新,日日新"。但常人的精力毕竟有限,终日沉迷注疏章句,驰骛外事经验,等到真能独当一面,已经韶华老去·成圣渺茫而不可期。有鉴于此,陆九渊兄弟提出另外一种治学途径,"先发明人之本心,而后使之博览"。按《孟子》之义,圣人之心即赤子之心,亦即人之本心。人非圣贤,为后天私欲蒙蔽,故失其本心,"学问之道无他,求其放心而已矣"。陆氏之说欲令人先得乎圣人之心,由此心而行事则为圣人之事,由此心立说则为圣人之说,故"学苟知本,六经皆我注脚"。六经因此不学而能,皆我本心之描述,可供我参照印证,而无须再耗费心力于注疏,盖注释之人并非圣人,其注释之义也未必符合圣人之本义。陆氏之说可将儒者从烦琐的经义钻研中解放出来,也无须穷年累月、旷日持久地穷举格物,让成圣在今生变得可能。如果说程朱的主张类似禅宗中的渐修派,陆氏兄弟则接近禅宗中的顿悟派,渐修或许要经历三个阿僧祇劫的漫长轮

---

① 黎靖德《朱子语类》卷第十《学四》、卷第一百二十四《陆氏》,明成化九年(1473)陈炜刻本。

② 黎靖德《朱子语类》卷第四十六《君子有九思章》,明成化九年(1473)陈炜刻本。

回才有可能成佛,顿悟则一旦明心见性,当世即可成就佛果。然而陆氏之说只是停留在理论上,若欲"先发明人之本心",必须首先理解人之本心,然后求得已放之心。不通过注疏来把握圣贤心意,只一味寻觅赤子之心,很容易认伪迷真,因为寻心之心已受私欲蒙蔽。而圣人毕竟不同于赤子,道心或许本质同一,人心终归有别。朱熹如是评价陆九渊:"大抵其学于心地工夫不为无所见,但便欲恃此陵跨古今,更不下穷理细密功夫,卒并与其所得者而失之。人欲横流不自知觉,而高谈大论,以为天理尽在是也,则其所谓心地工夫者又安在哉!"①此说虽不免激于意气,但也恰中陆氏心学之病痛。陆氏之心刚毅果决,自称"某少而慕古,长欲穷原,不与世俗背驰而非,必将与圣贤同归而止",②故自我约束深刻,不至溺于人欲,他人却未必有此气力,是以其说危险性极大。陆氏将博览置于明心之后,是欲以博览六经来自我印证,看所明之本心是否与孔孟相符,也是治学的验证之法。但人心若迷,纵然所为不肖,也难免会自我美化,以为与圣贤不二。是以一旦轻鄙注疏,不在俗事上格物致知,只依所认取之"本心"行事,再加上"六经皆我注脚"的圣人标签,就很容易变得刚愎自用,不能虚心听取旁人见解,一切所为肆无忌惮。在陆氏的体系中,最不可或缺的是一名现实导师的角色,只有身边存在本心已明之师长,才可以对症下药,互相印证,以免误入歧途。陆氏在世之时,所承担的正是这一角色。陆九渊讲学,"多就血脉上感移它,故人之听之者易","发明人心之善,所以自求多福者,莫不晓然有感于中,或为之泣"。③ 朱熹也承认陆氏"所以发明敷畅,则又恳到明白,而皆有以切中学者隐微深痼之病,盖听者莫不悚然动心焉",④可见其感人之深。为学者有此良师夹持,剖剥磨切私欲之垢,明悟本心才有可行之地,正如陆氏所云:"人心有病,须是剥落,剥落得一番,即一番清明;后随起来,又剥落,又清明,须是剥落得净尽方是。"⑤陆氏兄弟亡后,他人无此能量,是以其学难有承担者。

---

① 朱熹《晦庵先生朱文公文集》卷第五十六《答赵子钦》,《四部丛刊初编》景明嘉靖本。
② 陆九渊《象山先生全集》卷之三十六《吕东莱年谱》,《四部丛刊初编》景明嘉靖本。
③ 陆九渊《象山先生全集》卷之三十四《语录上》、卷之三十三《象山先生行状》,《四部丛刊初编》景明嘉靖本。
④ 陆九渊《象山先生全集》卷之二十三《白鹿洞书院讲义》,《四部丛刊初编》景明嘉靖本。
⑤ 陆九渊《象山先生全集》卷之三十五《语录》,《四部丛刊初编》景明嘉靖本。

除以上两种治学路径之外,尚有另外数种路径,其一曰由天文象数入,其二曰由史学入,其三曰由三教合一入。无论是董仲舒的天人感应学说,还是濂溪之学的太极说、程朱理学的天理说,其实都默认了一个公理:天道至高无上,人道应遵循天道而行。圣人为民作则,敬天施政,也不过是欲使臣民皆钦天之命,法天之纪。尧、舜、禹如此,汤、文、武、周公亦如此。《周易·象传》云"天行健,君子以自强不息"(乾卦)、"地势坤,君子以厚德载物"(坤卦)之类,即据此而发。既然天道高于人道,圣人不过奉天而行,则成圣之路六必非由格人间之物而入,也可直接窥探天道之赜。此说根源应当上承《周易》象数推研之学,在后世又融合了天文星相、朝代更迭、朴素哲学、迷信预测等因素,成为儒学中的一种特殊门类。由天文象数入者,其代表人物为邵雍,《宋史·邵雍传》云:"雍高明英迈,迥出千古,而坦夷浑厚,不见圭角,是以清而不激,和而不流,人与交久,益尊信之。河南程颢初侍其父识雍,论议终日,退而叹曰:'尧夫,内圣外王之学也。'"[1]以今日之学术观点,象数之学并不被视为儒学正统,但在当时大儒的心中,邵雍之学并非异类之学,而同样是"内圣外王之学"。据《宋史》记载,邵雍曾求学于李之才,"受《河图》、《洛书》、宓羲八卦六十四卦图像。之才之传,远有端绪,而雍探赜索隐,妙悟神契,洞彻蕴奥,汪洋浩博,多其所自得者",[2]可见邵雍是在传统象数的基础上,又增添了自己的发明体悟。《河图》、《洛书》、宓羲八卦之类,皆出于后人托古伪造,而且本身并无确定的含义,因此反而给后人留下了丰富的诠释空间。邵雍的代表作为《皇极经世书》,此书在宋代获得了极高的评价,但就其内容而言,仍然不外乎是传统象数的牵扯与附会。《周易·系辞》称"天数五,地数五,五位相得而各有合,此五行生成之数",邵雍引此语而推衍之,云:"天以一而变四,地以一而变四。四者有体也,而其一者无体也,是谓有无之极也。天之体数四而用者三,不用者一也。地之体数四而用者三,不用者一也。"[3]邵雍将天地之数五拆成了无体一和有体四,又将体数四再拆成不用一与可用三,这种处理并无逻辑,只是为了以一迎合"道一以贯之",以三迎合"天地人三才"。以此为天道之数,则可以推演人间之数,小者譬如"天有四时,一

---

① 脱脱等《宋史》,北京:中华书局,1977 年,第 12728 页。
② 脱脱等《宋史》,北京:中华书局,1977 年,第 12726 页。
③ 邵雍《皇极经世书》卷十三《观物外篇上》,清文渊阁《四库全书》本。

时四月,一月四十日,四四十六而各去其一,是以一时三月,一月三十日也。四时体数也,三月三十日用数也",①大则"元会运世",一元为十二会,一会为三十运,一运为十二世,一世为三十年,一年为十二月,一月为三十天,一天为十二时辰。邵雍以一元 129600 年为世界的循环周期,并将中国自尧至后周的历史事件皆排列其中,对应《周易》的卦象爻变,推算气变周期,自称"治乱与废兴,著见于方策。吾能一贯之,皆如身所历"。邵雍的人事推算,看似符合他所总结出的天道,但此类天道原本即由人事所归纳出,实际上是一种循环论证,而诸如"一月为三十天"云云,亦与实际天体运转不尽相符。②邵雍企图从象数之中寻找到圣人的言意,进而追寻不变之理,故声称"君子于易,玩象、玩数、玩辞、玩意","象数则筌蹄也,言意则鱼兔也,得鱼兔而忘筌蹄可也","天下之数出于理,违乎理则入于术。世人以数而入于术,故不入于理也"。③在对儒家经典的感悟方面,《皇极经世书·观物篇》与《通书》类似,都接近于读书笔记,也都强调"惟至诚与天地同久",但在世界观的大框架方面,邵雍与周敦颐路数差异很大。邵雍通过象数建立起来的世界观,是一种循环不已的模型,而且自主运转,治世与乱世交替出现,皆不可避免。邵雍云:"何故治世少而乱世多耶?君子少而小人多耶?曰:岂不知阳一而阴二乎?天地尚由是道而生,况其人与物乎?"④邵雍体系中的天理,不是程朱体系中的儒家价值观,而类似于客观规律,恒常存在且无法更改,无论人类如何努力,世界都难免要一元复始,重新来过。邵雍体系中的"一元"很接近佛教概念中的"一劫",亦即世界从产生到毁灭的一个周期,但是否受佛教影响而产生已难以确考。邵雍由象数之学而建立起的天道观,牵强附会的内容太多,逻辑也谈不上严密,是以反而不如周敦颐《太极图说》的模糊其词更难证伪,也更具有可诠释性。邵雍身上的传说较多,这虽然提高了他的知名度,但同时也让其形象更接近于江湖术士之流,儒者的形象反而因此不显。邵雍之学,惟象数部分("梅花易数"之类)被后人重视而继承,其儒学部分由于与象数紧密关联,反而乏人问津。

今日学术史学与经学、文学分科,但在宋时儒学并未清晰分家,譬

---

① 邵雍《皇极经世书》卷十三《观物外篇上》,清文渊阁《四库全书》本。
② 农历大月 30 天,小月 29 天。据科学测量,月球绕地球一周的准确时间为 29.53059 天。
③ 邵雍《皇极经世书》卷十三《观物外篇上》,清文渊阁《四库全书》本。
④ 邵雍《皇极经世书》卷十二《观物篇五十九》,清文渊阁《四库全书》本。

如苏洵、苏轼、苏辙父子,既是文学大家,又有《古史》等史学著作,经学著作亦有六十余种,并不伤其为儒者。陈亮是由史学而入的典型,其学与传统儒家迥然有别,但亦可上溯其源头,并非全然无本。《论语》云:"子夏曰:贤贤易色;事父母能竭其力;事君,能致其身;与朋友交,言而有信。虽曰未学,吾必谓之学矣。"儒家之学,其最终目的是成人,只要能够践行儒家的价值观,是否能够研读六经并不重要。陈亮云:"人生只是要做个人。圣人,人之极则也。如圣人,方是成人。……学者,所以学为人也,而岂必其儒哉!"①南北宋之间,国家动乱不已,政事危殆,陈亮本人通古今之变,喜谈兵法军事,声称:"今世之儒士,自以为得正心诚意之学者,皆疯痹不知痛痒之人也。举一世安于君父之仇,而方低头拱手以谈性命,不知何者谓之性命乎!"②北方沦于异族之手,士大夫却仍在空谈性理之学,陈亮对此十分不满,只希望专注于政事得失,以早日收复失地,重振国威。朱熹对陈亮之说极其不满,认为"其立心之本在于功利",并规劝陈亮以醇儒自律,但陈亮《甲辰答书》驳云:"气不足以充其所知,才不足以发其所能,守规矩准绳而不敢有一毫走作,传先民之说而后学有所持循,此子夏所以分出一门而谓之儒也。成人之道,宜未尽于此。……秘书不教以成人之道,而教以醇儒自律,岂揣其分量于此乎?"③陈亮之学,看似与汉学、理学有别,实则更得孔门本意。孔子一生颠沛流离,只想于政事有所建树,在礼崩乐坏的时代重现太平盛世。孔子如此,孟子也如此,他们从来都不想只做一位纯粹的学者,即使晚年著书立说,也只是诸侯无人用之,故不得已才埋首方策。陈亮当政事可为之时,不愿皓首穷经,而一心救国图强,虽非经生,却不愧真儒。朱子后学真德秀亦有言:"夫所贵乎儒者,以其真知圣贤之心,实践圣贤之道而见之于事也。若徒服其衣冠,传其言语而已,是岂所谓儒者哉?宜其无补于成败之数也!"④只以通经为儒,是得其小者而失其大者。陈亮《及第谢恩和御赐诗韵》作于去世之年,末句云"复仇自是平生志,勿谓儒臣鬓发苍",可见一生以儒臣自许,并未自绝于儒门之外。陈亮并不认为天道高高在上,人应当遵天道而行,而更是看重人为,主张

---

① 陈亮《龙川集》卷二十《与朱元晦秘书》,清宗廷辅校刻本。
② 陈亮《龙川集》卷一《上孝宗皇帝第一书》,清宗廷辅校刻本。
③ 陈亮《龙川集》卷二十《甲辰答书》清宗廷辅校刻本。
④ 真德秀《西山先生真文忠公读书记》乙集下卷十,宋开庆元年(1259)福州官刻元修本,第48页。

离开了人道也就无所谓天道。陈亮《与朱元晦秘书》云："夫心之用有不尽而无常泯，法之文有不备而无常废。人之所以与天地并立而为三者，非天地常独运而人为有息也，人不立则天地不能以独运，舍天地则无以为道矣。夫'不为尧存，不为桀亡'者，非谓其舍人而为道也，若谓道之存亡非人所能与，则舍人可以为道，而释氏之言不诬矣！"①在陈亮的体系中，天地之道并非至高无上，反而需要借助于人道才能运行。道之存亡在人，"人道备，则足以周天下之理，而通天下之变"。② 陈亮又称："三章之约，非萧曹之所能教，而定天下之乱，又岂刘文靖之所能发哉！此儒者之所谓见赤子入井之心也。其本领宏大开广，故其发处便可以震动一世，不止如见赤子时，微眇不易推广耳。天下，大物也，不是本领宏大，如何担当得去？"③陈亮眼中的"赤子之心"是救国爱民之心，儒者当立济世图穷之大业，而非专注剖析赤子之心是何等玄妙。程朱接受了董仲舒"正其道不谋其利，修其理不急其功"④的立场，不以事功掩道理，不以成败论英雄，推重王道而贬斥霸道。陈亮反对这种差异化的区分，主张："谓之杂霸者，其道固本于王也。诸儒自处者曰义曰王，汉唐做得成者曰利曰霸，一头自如此说，一头自如彼做，说得虽甚好，做得亦不恶，如此却是义利双行，王霸并用。如亮之说，却是直上直下，只有一个头颅做得成耳。"⑤王者与霸者事功类似，其区分只在公心、私心之别，但心意本自难测，故王者、霸者只在诸儒笔端。陈亮干脆漠视这种区分，只要能令天下安定、百姓安居者，即为合理之事业，如此则义利合一，王霸不别。孔子称管仲"如其仁"，说者以为"盖曰似之而非也"，陈亮也明确表示反对，称"观其语脉，决不如说者所云"。⑥ 陈亮之学直探孔孟之本义，"以为学者学为成人，而儒者亦一门户中之大者耳"，⑦以济世救民为儒者之事功，对于提升儒学的社会功用有极大帮助。陈亮平生不喜与人讲论学术，惟与同样自史学入门的吕祖谦（字伯恭）交流

① 陈亮《龙川集》卷二十《与朱元晦秘书》，清宗廷辅校刻本。
② 陈亮《龙川集》卷十《经书发题·周礼》，清宗廷辅校刻本。
③ 陈亮《龙川集》卷二十《与朱元晦秘书》，清宗廷辅校刻本。
④ 此句据《春秋繁露·对胶西王越大夫不得为仁》，而《汉书·董仲舒传》作"正其谊不谋其利，明其道不计其功"。
⑤ 陈亮《龙川集》卷二十《甲辰答书》，清宗廷辅校刻本。
⑥ 陈亮《龙川集》卷二十《与朱元晦秘书（其二）》，清宗廷辅校刻本。
⑦ 陈亮《龙川集》卷二十《甲辰答书》，清宗廷辅校刻本。

较多,自称:"亮平生不曾会与人讲论,独伯恭于空闲时,喜相往复,亮亦感其相知,不知其言语之尽。伯恭既死,此事尽废。"①吕祖谦与陈亮的治学路径类似,也都看重事功,但陈亮的态度更为激烈,不像吕祖谦还表现出对性理之学的一定兴趣。陈亮志向远大,"感慨于天地之大义,而抱大不满于秦、汉以来诸君子,思欲解其沈痼","辛卯、壬辰之间,始退而穷天地造化之初,考古今沿革之变,以推极皇帝王伯之道,而得汉、魏、晋、唐长短之由,天人之际昭昭然可察而知也"。②陈亮(字同甫)由史学入,创立了"永康学派",门人、后学众多,叶适称"今同甫书具有芒彩,烂然透出纸外,学士争诵惟恐后,则既传而信矣",③足见在当时影响之大。朱熹既反对陆九渊之学,又强烈反对陈亮之学,称:"今世文人才士,开口便说国家利害,把笔便述时政得失,终济得甚事?只是讲明义理以淑人心,使世间识义理之人多,则何患政治之不举耶!"④又称:"江西之学只是禅,浙学却专是功利。禅学,后来学者摸索一上,无可摸索,自会转去;若功利,则学者习之便可见效,此意甚可忧。"⑤江西之学,即陆九渊兄弟之学;浙学,主要指的便是陈亮等人的永康学派。朱熹虽大力批判浙学,但"习之便可见效"之语,亦可见此学效力之佳。然研讨典籍总归容易操作,不世之功则万难成就,加之学术与政事分科也是社会的发展方向,是故陈亮之学始终无法成为儒家的主流。

宋初帝王对佛教、道教充满好感,甚至有所提倡。宋太宗废除了后周柴世宗的灭佛国策,宋太宗称"浮屠氏之教有裨政治",⑥又称"清净致治,黄老之深旨也,夫万务自有为以至于无为,无为之道,朕当力行之",⑦宋真宗亦称"道释二门,有助世教",⑧"三教之设,其旨一也"。⑨上行下效,是以北宋儒释道三家逐渐合流,乃多有兼取诸家或力倡三家

① 陈亮《龙川集》卷二十《丙午复朱元晦秘书书》,清宗廷辅校刻本。
② 陈亮《龙川集》卷十六《跋朱晦庵送写照郭秀才序后》、卷一《上孝宗皇帝第一书》,清宗廷辅校刻本。
③ 叶适《水心先生文集》卷二十四前集《陈同甫王道甫墓志铭》,《四部丛刊初编》景明刻黑口本。
④ 黎靖德《朱子语类》卷第十三《学七》,明成化九年(1473)陈炜刻本。
⑤ 黎靖德《朱子语类》卷第一百二十三《陈君举》,明成化九年(1473)陈炜刻本。
⑥ 杨仲良《宋通鉴长编纪事本末》卷十四《释老》,清嘉庆《宛委别藏》本。
⑦ 李焘《续资治通鉴长编》卷三十四《太宗》,清文渊阁《四库全书》本。
⑧ 李焘《续资治通鉴长编》卷六十三《真宗》,清文渊阁《四库全书》本。
⑨ 李焘《续资治通鉴长编》卷八十一《真宗》,清文渊阁《四库全书》本。

归一者。周敦颐、二程、陆九渊兄弟、朱熹诸人,其体系亦不免包含老、佛元素,但仍自居于儒学,并存在不同程度的排斥老、佛异端的情形,所以并不属于此类。力倡三教归一者,佛教有赞宁、智圆、契嵩等人,道教有张伯端等人,儒家有晁迥、宋太初等人。赞宁声称"三教是一家之物",①智圆称"夫三教者,本同而末异,其于训民治世,岂不共为表里哉",②契嵩撰《辅教编》"广引经籍,以证三家一致,辅相其教",③张伯端亦称"教虽分三,道乃归一",④但此类皆属以宗教而兼容儒家,其意图在传播自己的宗教教义,并非欲振兴儒学。晁迥在真宗时累官礼部尚书、集贤院学士,国家礼文诏令多出其手,后以太子少保致仕,在当时可谓儒家名臣,而所撰《法藏碎金录》亦称"儒家之言率性,道家之言养神,禅家之言修心,其理一也",又称"儒家之言云寂然不动,道家之言云归根曰静,禅家之言云息缘反照。人能洞晓三家之言,同归一真之理,吾当目之为会三归一之智"。⑤ 宋太初在真宗时曾任四路都转运使,凡要切之务,真宗俾同规画,亦是一时重臣,尝著《简谭》三十八篇,"谓《礼》之中庸,伯阳之自然,释氏之无为,其归一也"。⑥ 晁迥、宋太初虽为儒臣,但《法藏碎金录》一书《直斋书录解题》归入子部释氏类(惟书名《法藏碎金》,无"录"字),《四库全书》归入子部释家类,可见其宗旨更近乎佛理笔记,而《简谭》一书已佚,然据《宋史》所载序言,大抵"以古圣道契当世之事",当属于燕谈笔记之类,并无严密的哲学体系。今考兼取佛、老而又能于儒学体系中创造架构者,王安石可谓重量级的人物之一,而《宋元学案》将其置于末流,邓广铭则称其为"北宋儒家学派中高踞首位的人物",⑦恐不免过谤、过誉之嫌,惟梁启超称其学"内之在知命厉节,外之在经世致用"。⑧ 评价可谓精准。苏轼称王安石"少学孔、孟,晚师

① 赞宁《大宋僧史略》卷下《总论》,《大正新修大藏经》第 54 册,No.2126。

② 智圆《闲居编》第二十二《谢吴寺丞撰闲居编序书》,《卍新纂大日本续藏经》第 56 册,No.949。

③ 晁公武、赵希弁《昭德先生郡斋读书志·后志》,《四部丛刊三编》本。

④ 张伯端原著,薛道光、陆墅、陈致虚注《紫阳真人悟真篇三注》卷首《悟真篇序》,《正统道藏》本。

⑤ 晁迥《法藏碎金录》卷八、卷七,清文渊阁《四库全书》本。

⑥ 脱脱等《宋史·宋太初传》,北京:中华书局,1977 年,第 9423 页。

⑦ 邓广铭《王安石在北宋儒家学派中的地位——附说理学家的开山祖问题》,《北京大学学报(哲学社会科学版)》1991 年第 2 期。

⑧ 梁启超《王安石传》,长春:吉林人民出版社,2018 年,第 221 页。

瞿、聃"，①可见其晚年思想流向佛老。前辈学者在探讨宋代文人的生存状态时，通常会主张他们存在共同的生存模式，亦即青壮时以孔孟入世，晚休时以佛老出世。但这种划分往往流于片面，若细考其阅历，他们多数在年轻时就已经接触了佛老思想，只是在不同的阶段某种思想占据主流，而并非至晚年才流入佛老。王安石早年时已经对佛老充满好感，与二程一系斥责佛老溺坏儒者心术不同。王安石批评曾巩"读经之不暇"，曾巩怀疑王安石"所谓经者，佛经也，而教之以佛经之乱俗"，王安石复信强调"读经而已，则不足以知经，故某自百家诸子之书至于《难经》《素问》《本草》诸小说无所不读，农夫、女工无所不问，然后于经为能知其大体而无疑。盖后世学者与先王之时异矣，不如是不足以尽圣人故也"，认为"方今乱俗不在于佛，乃在于学士大夫沉没利欲，以言相尚，不知自治而已"。② 曾巩贬斥佛经乱俗，王安石则强调治学应无书不读，如此方能"尽圣人"，可见其并无门户之见，杂取诸家而不以为嫌。王安石曾云："成周三代之际，圣人多生儒中；两汉以下，圣人多生佛中。"③此语在当时也可谓惊世骇俗，为儒林中所未敢道者。王安石对董仲舒的体系毫无遵从之心，声称"天变不足畏，祖宗不足法，人言不足恤"，不仅彻底否定天人感应，而且反对固守祖宗成法，可谓与传统儒学格格不入。王安石的所作所为，当世人目之为"执拗"，但天人感应本与科学精神相悖，有识之士自然不会深信；社会在向前发展，祖宗成法难免会脱离实际，必须因时制宜。王安石云："盖天道远，先王虽有官占，而所信者人事而已。天文之变无穷，上下傅会，岂无偶合？"④王安石的观点并无问题，甚至代表着儒学的发展方向，但在帝制独裁时代，逢天变言事以批评失政，据祖宗成法以限制滥权，是有限的两种可以制衡皇权的方式，而且通常不会危及自身。王安石只关心是非对错，而极少考虑世俗的接受度与不利影响，因此在援引佛老入儒学时也毫无顾忌。王安石的学说有早期、中期、晚期的差异，今据其体系定型之后的观点而论之，此期也是他受佛老影响较深的阶段。王安石《原性》称"性者，五常之太极也，而五常不可以谓之性"，"性生乎情，有情然后善恶形

---

① 苏轼撰，孔凡礼点校《苏轼文集》卷三十八《王安石赠太傅》，北京：中华书局，1986年，第 1077 页。

② 王安石《临川先生文集》卷第七十三《答曾子固书》，《四部丛刊初编》景明嘉靖本。

③ 惠洪《冷斋夜话》卷十《圣人多生儒佛中》，明万历会稽商氏半埜堂刊《稗海》本。

④ 脱脱等《宋史·王安石传》，北京：中华书局，1977 年，第 10548 页。

焉,而性不可以善恶言也",《性说》称"夫言性,亦常而已矣","习于善而
已矣,所谓上智者;习于恶而已矣,所谓下愚者。一习于善,一习于恶,
所谓中人者。……皆于其卒也命之,夫非生而不可移也",《性情》称
"喜、怒、哀、乐、好、恶、欲,未发于外而存于心,性也;喜、怒、哀、乐、好、
恶、欲,发于外而见于行,情也。性者,情之本;情者,性之用。故吾曰:
性情一也","性生乎情,有情然后善恶形焉,而性不可以善恶言也"。①
王安石反对孟子的"性善论"与荀子的"性恶论",对韩愈主张的"性三品
说"也同样不满。王安石认为性的特性是"常",故无法以善恶分,因为
善恶皆为后天习得,可先恶后善,也可先善后恶,故并非常性。儒家的
五常(仁义礼智信)皆为善,故亦并非性。《礼记·礼运》称"何谓人情?
喜、怒、哀、惧、爱、恶、欲,七者弗学而能",王安石似乎从此句获得了灵
感,认为"弗学而能"者才是本性,故主张"性情一",二者为体用关系。
两种七情相对比,爱与好同义,喜与乐只是程度差异,惧亦是本能反应
之一,故而《礼记》的七情更为妥当,王安石当属偶然误记。王安石之论
几乎驳尽古人,对于二程"天理说"的冲击尤其剧烈,而其论性又不仅止
于此而已。王安石《答蒋颖叔书》云:"所谓性者,若四大是也;所谓无性
者,若如来藏是也。虽无性而非断绝,故曰一性所谓无性。曰一性所谓
无性,则其实非有非无,此可以意通,难以言了也。惟无性,故能变;若
有性,则火不可以为水,水不可以为地,地不可以为风矣。"②七情发而
见性,性是七情的本体,但此本体实为无,因无而能生有。王安石以佛
教唯识宗的"如来藏"概念比况性体,所谓的"无性"亦即佛教的"空性",
空能生万法而万法皆空,故空而不空、不空而空,所谓"虽无性而非断
绝"即此之转语。王安石援佛入儒,所建立起来的是"性情一如"论,一
如即如来藏的妙真如性,而性、情二者之关系,譬之为"烦恼即菩提",当
即烦恼而求菩提,菩提本不在烦恼之外。此体系逻辑上并无问题,但几
乎照搬了佛教的基本框架,很难再归类为儒学。既然否定了传统体系
的权威,重新确立了"性情一如"的框架,王安石在阐释儒学时更是率下
己意,不仅编撰《三经新义》(《周官新义》《诗经新义》《书经新义》),而且
将其颁布于学官,作为科举考试的教材。除了重新诠释经文,王安石还

---

① 王安石《临川先生文集》卷第六十八《原性》《性说》、第六十七《性情》,《四部丛刊初
 编》景明嘉靖本。

② 王安石《临川先生文集》卷第七十八《答蒋颖叔书》,《四部丛刊初编》景明嘉靖本。

撰写了《字说》一书,对文字重新加以训诂,推测其意乃欲令后人自习字之初即浸淫己说。据《扪虱新话》记载:"荆公《字说》多用佛经语。初作'空字'云:'工能穴土,则实者空矣,故空从穴从工。'后用佛语,改云:'无土以为穴,则空无相;无工以穴之,则空无作。无相无作,则空名不立。'"①《三经新义》《字说》二书,《宋史》评价"多穿凿傅会,其流入于佛、老。一时学者无敢不传习,主司纯用以取士,士莫得自名一说,先儒传注一切废不用",②虽有贬斥之意,但也可见当时影响力之大。王安石才力固富,又不忌佛老,但抛开前代旧儒以自立体系力犹未逮,其说盛行实凭借权势助之,故权势一去,二书渐次亡佚。程子云:"如介甫之学,他便只是去人主心术处加功,故今日靡然而同,无有异者,所谓一正君而国定也。此学极有害。"③此吾虽可商榷,但至少道出了部分真相。

　　宋代理学的崛起,是儒家体系的再次振兴,其中最关键的一点则是儒学自信力的回归,否则亦无须改造儒学,直接改以他学为官学形态即可。儒家自信力的回归,则必然伴随对异端的排斥,这也是学术体系独立的必然要求。正因此故,尽管宋代理学需要汲取他家营养以重塑架构,却不能大张旗鼓以昭示之,凡所借用之概念、方法必须借助儒家本有的词句装饰,方能令儒者广为接受。在上述的各种体系之中,以天文象数入者攀附《周易》,以史学入者攀附《春秋》,以格物致知入者攀附《大学》等四书,以三教合一入者则重新诠释五经,而其中最成功者则为程朱理学体系。程朱理学虽然一度被认定为伪学,但很快获得平反,并在元代时取得了官方正统地位,从此一发而不可收,笼罩明清学术数百年。除了诞生时代更早、沾溉后学更长的汉代注疏之学,后世能与程朱理学一较长短者,则惟有明代新崛起的阳明心学。

①　陈善《扪虱新话》上集卷三《荆公字说多用佛经语》,民国校刻《儒学警悟》本。
②　脱脱等《宋史·王安石传》,北京:中华书局,1977 年,第 10550 页。
③　程颢、程颐《二程遗书》卷二下《附东见录后》,清文渊阁《四库全书》本。

第二章

福建朱子学的传播与扩张

第一节　庆元党禁与朱熹归闽

　　大凡一种哲学或宗教体系想被长期确立为官方正统,需要满足至少两个基本条件:其一是必须经过广泛的传播,具备坚实的群众基础,其教义在多次易代之后,仍可以获得良好的传承;其二是必须在某一朝代或某一国家曾被确立为官学·此后或维持正统地位不变,或在朝代更迭之后,虽然一度失去正统地位,仍可成为后世官学的备选,直至重新被确立为正统。程朱理学相较关学、蜀学、婺学等其他体系,在传播范围方面远远超出,既有历史的偶然性,也与朱熹的个人努力密不可分。南宋绍熙五年(1194)六月,太上皇孝宗去世,光宗因与其父不和,以病为由不肯主持丧礼,知枢密院事赵汝愚等人与知阁门事韩侂胄联络,请太后垂帘主持丧礼,并在灵柩之前扶持皇子嘉王赵扩即皇帝位。宁宗赵扩登基之后,因褒奖拥立之功,命赵汝愚为右宰相,韩侂胄为枢密院都承旨,又册立韩侂胄的侄孙女为皇后。赵汝愚为理学信徒,举荐朱熹重新入朝,担任焕章阁待制兼侍讲。朱熹为宁宗讲解《大学》,多所发挥理学精义,认为"欲治人者,不可不先于治己;欲体道者,不可不先于知道。此则天下国家之达道通义·而为人君者尤不可以不审","盖民之视效在君,而天之视听在民,若君之德昏蔽秽浊而无以日新,则民德随之,亦为昏蔽秽浊而日入于乱。民谷既坏,则天命去之,而国势衰蔽,无复光华"。① 朱熹继承的是传统儒家"正君心以正民心"的模式,希望将宁宗培育成模范人主,上追尧舜,以实现宋朝太平大治。宁宗登基伊始,一度好学纳谏,似乎有明君气象,朱熹初问"陛下于臣妄说有所疑否",宁宗答曰:"说得甚好,无可疑。"② 但宁宗本身性格庸暗懦弱,缺乏识人之明,很快就对朱熹之学产生了猜疑之心,认为"始除熹经筵尔,今乃事事欲与闻",③"朱熹所言多不可用"。④ 彼时赵汝愚与韩侂胄争权,相互倾轧,故朱熹讲解之余多涉及时事,希望限制外戚擅权,又"与(彭)龟年

---

① 朱熹《晦庵先生朱文公文集》卷第十五《经筵讲义》,《四部丛刊初编》景明嘉靖本。
② 佚名《宋史全文》卷二十八《宋光宗》,清文渊阁《四库全书》本。
③ 李心传《道命录》卷第七上《晦庵先主罢待制仍旧宫观语词》,清《知不足斋丛书》本。
④ 楼钥《攻媿集》卷九十六《宝谟阁待制献简孙公神道碑》,清武英殿聚珍版丛书本。

约,共论韩侂胄之奸",①"侂胄大怒,阴与其党谋去其为首者,则其余去之易尔。所谓首者,盖指熹也。乃于禁中令优人效熹容止为戏,荧惑上听。熹时急于致君,知无不言,言无不切,亦颇见严惮。于是侂胄之计遂行"。②绍熙五年(1194)闰十月,朱熹被罢侍讲,改除提举南京鸿庆宫,此乃祠禄官,无职食禄而已,朱熹遂离京返闽,前后在朝仅四十六日。群臣多有上疏为朱熹鸣不平者,韩侂胄又指使其党诬蔑程朱理学为"伪学",继续施行严厉打压,赵汝愚也因而罢职。庆元二年(1196),监察御史沈继祖弹劾朱熹十大罪状,称其霸占已故友人家财、诱引尼姑二人以为宠妾等项,严斥"伪学猖獗,图为不轨",欲令朱熹声名狼藉。叶翥、刘德秀等人则利用主持科举考试的机会,上言伪学之弊端,"乞将语录之类并行除毁。是科取士,稍涉义理,悉见黜落"。③六月,度支郎中、淮西总领张釜奏云:"迩者伪学盛行,赖陛下圣明,罢斥奸回,登用贤哲,天下皆洗心涤虑,不敢复为前日之习。愿陛下明诏大臣,上下一心,坚守勿变,毋使伪言、伪行乘间以坏既定之规模。"④八月,太常少卿胡纮奏云:"比年伪学猖獗,图为不轨,近元恶殒命,群邪屏迹,而或者唱为调停之议,取前日伪学之奸党次第用之,望宣谕宰执,应伪学之党,曾经台谏论列者,权住进拟。"⑤连串打击之下,朱熹被彻底落职罢祠,自此闲居在家。庆元党禁之风愈演愈烈,庆元三年(1197)夏,侍郎刘珏上疏,称伪党已变为逆党,"今日之策,惟当销之而已",⑥上从之;冬,知绵州王沇乞置伪学之籍,虽然朝廷并未严格执行,但世间已哄传一份五十九人的伪学逆党名单,朱熹颇居前列。程朱理学被认定为伪学乃至逆党,对其传播是一种极大的障碍,但同时又是一次极大的机遇。群臣因为党争而学术分立,无论支持还是抵制朱熹之学,皆不能不对其有基础认识,而科举黜落、逆党削籍两计重拳,则可以唤起天下读书人的注意力,令此学无人不闻。

落职之后的朱熹,在返乡后筑竹林精舍(后改名沧州精舍),聚徒讲

---

① 　脱脱等《宋史·彭龟年传》,北京:中华书局,1977 年,第 11998 页。

② 　佚名《宋史全文》卷二十八《宋光宗》,清文渊阁《四库全书》本。

③ 　李心传《道命录》卷第七上《晦庵先生罢待制仍旧宫观语词》,清《知不足斋丛书》本。

④ 　佚名《宋史全文》卷二十九上《宋宁宗一》,清文渊阁《四库全书》本。

⑤ 　樵川樵叟《庆元党禁》不分卷,清《知不足斋丛书》本。

⑥ 　徐乾学《资治通鉴后编》卷一百三十宋纪一百三十《宁宗》,清文渊阁《四库全书》本。

学于其中,自称"永弃人间事,吾道付沧洲"。① 在生命的最后几年,除了偶然几次外出访友之外,朱熹均居住于考亭的沧州精舍,亲自撰写或委托弟子分撰《学校贡举私议》《韩文考异》《参同契考异》《书集传》《礼书》等著作,进一步扩大了其学术的影响力。朱熹晚年一直在福建从事著述与讲学活动,对于提升其个人形象也颇有帮助。对程朱理学的压制属于政治操作,故一旦敌对势力垮台,韩侂胄本人被"函首畀金",官方将其定性为奸臣,朱熹的学术与评价也随之激烈反弹,逐渐演变为崇高而正义。嘉定三年(1210)庚午夏五月,宁宗为朱熹平反,追赠为中大夫、宝谟阁直学士,其门人蔡元定亦特赠迪功郎。宋理宗登基之后,于宝庆三年(1227)丁亥春正月下诏:"朕每观朱熹所著《论语》《中庸》《大学》《孟子》注解,发挥圣贤之蕴,羽翼斯文,有补治道。朕方励志讲学,缅怀典刑,深用叹慕。可特赠太师,追封信国公,谥如故。"② 绍定三年(1230)庚寅秋九月,改追封徽国公。淳祐元年(1241)辛丑春正月,又诏周敦颐、程颢、程颐、张载、朱熹列于孔庙从祀。朱熹虽未能生见其学成为官方正统,但褒赉九原、哀荣千古,亦可慰藉其在天之英灵。宋度宗登基后基本上沿袭了这一政策.咸淳六年(1270)六月庚午诏:"《太极图说》《西铭》《易传序》《春秋传序》,天下士子宜肄其文。"③皇帝本人亲自推荐士子修读周敦颐、张载、程颐之文章,实际上等于确立了理学的正统地位,尽管此时南宋已经到了灭亡前夕,但这种已建立起来的群众基础却不会因朝代更迭而消失,并最终在元代结出了硕果。

北宋时杨时拜二程为师,不仅留下了"程门立雪"的佳话,也成为理学南渡的关键人物,并在数代后孳乳出以朱熹为首的闽学一脉。但北宋亡于金朝之后,北方仍然有二程的学脉传承,并一直持续至元代。元初泽州名儒郝经《宋两先生祠堂记》云:"明道先生令泽之晋城,为保伍、均役法,惠孤茕,革奸伪,亲乡间,厚风化,立学校,语父老以先王之道,择秀俊而亲教导之,正其句读,明其义理,指授大学之序,使格物、致知、诚意、正心、修身、齐家,笃于治己而不忘仕禄,视之以三代治具,观之以礼乐。未几,被儒服者数百人。达乎邻邑之高平、陵川,渐乎晋、绛,被乎太原,担簦负笈而至者日夕不绝,济济洋洋,有齐、鲁之风焉。……金

① 朱熹《晦庵先生朱文公文集》卷第十《水调歌头》,《四部丛刊初编》景明嘉靖本。
② 樵川樵叟《庆元党禁》不分卷,清《知不足斋丛书》本。
③ 脱脱等《宋史·度宗本纪》,北京:中华书局,1977年,第905页。

源氏有国,流风遗俗,日益隆茂。于是平阳一府冠诸道,岁贡士甲天下,大儒辈出,经学尤盛。虽为决科文者,六经传注皆能成诵。……经之先世高、曾而上,亦及先生之门,以为家学。传六世至经,奉承绪余,弗敢失坠。呜呼!绍兴以来,先生之道南矣,北方学者惟是河东知有先生焉。"①据郝经所述,程颢任晋城令时曾有讲学之举,令河东一带儒风大盛,自金至元初学脉一直未断。郝经之祖先曾亲学于程颢,子孙家学已历六世,所述情状当属可信,惟其声称"北方学者惟是河东知有先生",恐为春秋笔法,乃不欲彰显本朝之恶。盖郝经仕于元朝,先后被蒙古元帅贾辅和张柔聘请设馆,后来又深得忽必烈赏识,故在谈论理学兴衰之时,隐去了北方学术没落之缘由。上溯金元之际,蒙古军攻破汴梁,河朔理学士人因饱受战火蹂躏,从此一蹶不振。张之翰云:"壬辰,汴梁破,前进士不殁于兵、不莩于野、不殒于沟壑者固少。"②元好问亦云:"兵兴三十年,河朔之祸惨矣。盛业大德、名卿巨公之后,遭罹元元,遂绝其世者多矣。仅得存者,亦颠沛之不暇也。"③蒙古灭元之初杀戮惨烈,除医卜工匠之类稍受重视之外,儒生几乎皆被视为无用之人,"大夫、士、衣冠之子孙陷于奴虏者,不知几千百人"。④蒙古铁骑践踏,以及对儒学的轻视,才是导致北方学术寥落不兴的主要原因。

蒙古入主中原,无疑是对宋金儒学的严重摧残,但对程朱理学而言却是一次难得的机遇。中土彻底沦陷之后,士大夫原本的昂扬之气渐趋消沉,以收复中原作为驱动力的陈亮的功利之学顿失根基,从此一蹶不振;元人所编《宋史》对王安石变法持否定态度,新法的支持者多入《奸臣传》,连带王安石所撰《三经新义》诸书也随之失传,其学就此绝迹;张载的关学传者寥寥,《宋元学案》猜测"亦由完颜之乱,儒术并为之中绝乎",⑤残留者也已经洛学化,与二程之学合流;陆九渊兄弟之心学,在南宋曾与程朱理学双峰并峙,但入元后也衰落不堪,赵偕等人因读杨简遗著而私淑心学,"时人争笑窃议,且詈且排",⑥可见其处境之

① 郝经《陵川集》卷二十七《宋两先生祠堂记》,清文渊阁《四库全书》本。

② 张之翰《西岩集》卷十四《张澹然先生文集序》,清文渊阁《四库全书》本。

③ 元好问《遗山先生文集》卷第三十《冠氏赵侯先莹碑》,《四部丛刊初编》景明弘治本。

④ 李修生主编《全元文》卷五十九,南京:江苏古籍出版社,1999年,第217页。

⑤ 黄宗羲、黄百家撰,全祖望序录《宋元学案》卷三十一《吕范诸儒学案》,清道光刻本。

⑥ 赵偕《赵宝峰先生文集》卷首《门人祭宝峰先生文》,收入《续修四库全书》第1321册,第124页。

恶劣,元末大儒赵汸感慨"独陆氏之学则知之者鲜",①良有以也;其余蜀学、楚学之类,本来影响力既已不广,又在蒙古入侵的过程中遭受重创,同样元气大伤。而反观程朱理学,却因蒙古早期举行的"戊戌选试"保留下了足够多的传承者,并最终在元仁宗恢复科举之后,被确立为官方正统,亦可谓因祸得福。据《元史·选举志》云:"太宗始取中原,中书令耶律楚材请用儒术选士,从之。九年秋八月,下诏令断事官术忽斛与山西东路课税所长官刘中历诸路考试,以论及经义、辞赋,分为三科,作三日程,专治一科,能兼者听,但以不失文义为中选。其中选者复其赋役,令与各处长官同署公事。得东平杨奂等凡若干人,皆一时名士。"②考试正式举行在窝阔台汗十年(1238),儒人被俘为奴者亦令就试,其主匿弗遣者死,史称"戊戌选试",通常被视作元代科举考试的滥觞。据《元史·耶律楚材传》记载,"得士凡四千三十人,免为奴者四之一",③可知共有一千多名儒士凭借选试脱离了奴隶的身份,而且优异者被列为士籍,"复其赋役",即不再需要承担军旅、驿传、工人等赋役差遣,得以世修其业,家传其学。譬如为首的名士杨奂,后来"日与女儿辛愿、柳城姚枢、稷山张德直、太原元好问、南阳吴杰、洛西刘绘、缁川李国维、济南杜仁杰、解梁刘好谦讲贯古学,且以淑人,伊洛之间复蔚然矣",④足见有功于儒学复兴,惟所讲贯之"古学"尚不能确定必为程朱理学。另一位中选的名士许衡,"在魏友窦默、苏门友姚枢,相与论辩,探幽析微,诣者慑伏。凡伊洛性理之书,及程子《易传》、朱子《语孟集注》、《中庸、大学或问》、《小学》等书,言与心会。于所从游,教以进德之基,慨然思复三代庠序之法",⑤后被元世祖忽必烈任命为集贤大学士兼国子祭酒,对传播程朱理学居功至伟。中原地区原为洛学的根据地,"戊戌选试"保留下来的士籍又多属程朱学者,因此其学脉绵延不断,而南方抗元战事惨烈,崖山海战中陆秀夫背负末帝赵昺投海,十余万臣民尸体浮海殉难,故理学传承几近中断。此消彼长之下,元代的儒学中心北移,

① 程敏政《新安文献志》卷三十八《对江右六君子策》,清文渊阁《四库全书》本。
② 宋濂《元史·选举志》,北京:中华书局,1976年,第2017页。
③ 宋濂《元史·耶律楚材传》,北京:中华书局,1976年,第3461页。
④ 程钜夫《雪楼集》卷九《薛庸斋先生墓碑》,清文渊阁《四库全书》本。
⑤ 欧阳玄《圭斋文集》卷之九《元中书左丞集贤大学士国子祭酒赠正学垂宪佐理功臣大傅开府仪同三司上柱国追封魏国公谥文正许先生神道碑》,《四部丛刊初编》景明成化本。

而其他理学派系或被淘汰、或被弱化,惟有程朱理学一枝独秀。

姚燧《襄阳庙学碑》云:"圣元为制,凡士其名而儒其服,不糅之民而殊其籍,惟责田租、商征,自外身庸、户调皆复之,无有所与者,将百年于此矣。"①自"戊戌选试"至元仁宗重开科举的 70 余年间,"贡举法废,士无入仕之阶,或习刀笔以为吏胥,或执仆役以事官僚,或作技巧贩鬻以为工匠商贾",②但北方中选的士籍世修其业,其学术传承却未中断。元仁宗恢复科举,并未简单地效法前朝,而是废除了辞赋取士之法,完全以德行明经设科。行省奏疏云:"自隋唐以来,取人专尚辞赋,人都习学的浮华了。……俺如今将律赋、省题诗、小义等都不用,止存留诏、诰、章、表,专立德行明经科。明经内,四书、五经以程氏、朱晦庵注解为主,是格物、致知、修己、治人之学。这般取人呵,国家后头得人才去也。"③德行明经科完全以程朱注解为主,一方面是元代注重实际的风气使然,另一方面也是程朱理学占据主导地位后的必然结果。尽管如此,并不能无限夸大元代对儒学的重视。元代共举行了 16 次录取进士的廷试,俗称"元十六考",共录取进士 1139 人,数量十分稀少,其中有 10 次还集中在末代元顺帝时举行,共录取 700 人,约占总数的 61.46%。中间因为权臣伯颜擅权,还一度停废科举,禁止汉人、南人学习蒙古、色目文,可知蒙古王庭始终对汉儒充满戒心。然科举久废之后,儒生地位低下,生活困顿凄冷,一旦重开科举,即便录取人数稀少、入仕官运不昌,但其鼓动人心之效仍十分显著。儒生趋向既定,凭借先入为主的优势,自然难免会捍卫程朱理学而贬斥他学。譬如江西上饶人陈苑,世称"静明先生",是元代陆氏心学的重要代表人物,"是时科举方用朱子之学,闻先生说者,讥非之,毁短之,又甚者求欲中之",④由此可见一斑。

元代将科举的中式标准确立为程朱理学,等于宣布它才是朝廷的学术正统,而这一决定也为明清王朝所沿袭。前辈学者在阐释程朱理学获得正统地位的缘由时,通常指其理论体系更便于维护帝王统治,但元代朝廷虽然不无"以儒制儒"之意,却从未指望以程朱理学加强统治基础。陶宗仪《南村辍耕录》云:"今蒙古、色目人之为官者,多不能执笔

① 苏天爵《元文类》卷十九《襄阳庙学碑》,《四部丛刊初编》景元至正本。
② 宋濂《元史·选举志》,北京:中华书局,1976 年,第 2017 页。
③ 佚名《元典章》礼部卷四典章三十一《儒学》,元刻本。
④ 黄宗羲、黄百家撰,全祖望序录《宋元学案》卷九十三《静明宝峰学案》,清道光刻本。

花押,例以象牙或木刻而印之。宰辅及近侍官至一品者,得旨则用玉图书押字,非特赐不敢用。"①元代蒙古族官员多不通汉文,拒绝主动汉化,对程朱理学的精微大义自然也不感兴趣。终元一朝,蒙古族始终以征服者自居,所信赖者惟其铁骑军队而已,汉人饱受压迫,反抗之心潜藏已久,兼之传统儒学特别强调"华夷之辨",蒙古贵族也不可能对儒学彻底信任。因此缘故,元代采纳程朱理学为官学,只是对被征服民族的一种笼络手段,甚至是为了拯救政治危局才临时开出的药方。但帝制王朝的政策自有其惯性,明初君臣文化素质偏低,几乎全盘沿袭了元代的选举制度,是以程朱理学的地位并未动摇,反而获得了再次巩固。明朝建立之初,元朝仍未覆灭,而科举已施行多年,儒生素日所习皆为程朱理学,明太祖欲迅速选拔儒生人才以辅佐朝政,舍程朱理学之外亦别无选择。

第二节　朱熹在福建各地的刊书活动

　　学术知名度和传播范围的扩大,同样也需要承载义理的载体,盖前儒已逝,若无记录其思想的书籍不断流通,令后人得以按图索骥,自行体悟其说,则其体系势必动荡讹变,乃至趋于消亡。福建建阳在北宋时就已成为四大刻书中心之一,南宋以下,刊书之风更加兴盛。南宋祝穆《方舆胜览》云:"麻沙、崇化两坊产书,号为图书之府。"②叶德辉《书林清话》卷五亦云:"自宋至明六百年间,建阳书林擅天下之富,使有史家好事,当援《货殖传》之例,增《书林传》矣。"③相较京本、杭本、蜀本而言,建本并不以雕刊精美著称,而以书价低廉、发行量大、流通广泛居天下之最,很多书坊商贾为了牟利更多,不仅疏于校勘,甚至不惜粗制滥造,只求更快成书。《宋史·朱熹传》称朱熹"家故贫……箪瓢屡空,晏如也。诸生之自远而至者,豆饭藜羹,半与之共。往往称贷于人以给用,而非其道义则一介不取也",④故在聚徒讲学之余,朱熹亦编刊书籍

---

① 　陶宗仪《南村辍耕录》卷之二,《四部丛刊三编》景元本。

② 　祝穆《方舆胜览》卷十一《建宁府》,清文渊阁《四库全书》本。

③ 　叶德辉《书林清话》卷五《明人私刻坊刻书》,民国《郋园先生全书》本。

④ 　脱脱等《宋史·朱熹传》,北京:中华书局,1977年,第12767~12768页。

售卖,以贴补日常用度。张栻《答朱元晦秘书》云:"比闻刊小书版以自助,得来谕,乃敢信,想是用度大段逼迫。……今日此道孤立,信向者鲜,若刊此等文字取其赢以自助,切恐见闻者别作思惟,愈无灵验矣!"①张栻反对朱熹刊书之举,但朱熹并未听取此建议,盖朱熹编刊图书不仅为盈利而已,更具有强烈的卫道责任感,着眼于如何更准确、更有效、更全面地阐释孔、孟、周、程之道。据朱熹《建宁府建阳县学藏书记》所云:"建阳版本书籍行四方者,无远不至,而学于县之学者,乃以无书可读为恨。"②有鉴于此,乾道年间,朱熹在建阳主持刊印了《论孟精义》《二程遗书》《二程外书》《上蔡语录》《游氏妙旨》《庭闻稿录》《近思录》,淳熙年间又刊行《周子通书遗文遗事》《叙千古文》《韦斋集(附〈玉澜集〉)》《大学章句》《中庸章句》《南轩集》《小学》,绍熙年间又刊行四经(《易》《诗》《书》《春秋》)、四子书及《楚辞协韵》《集古录》等,可谓洋洋大观。然编纂、刊行书籍是一项集体活动,亦非朱熹一人之力可成。据《宋史·蔡元定传》云:"熹疏释四书,及为《易》《诗传》《通鉴纲目》,皆与元定往复参订。《启蒙》一书,则属元定起稿。"③以上开列诸书,有径据旧本翻刻者,有重新刊定已有板片者,有自行编刊成书者,有与好友、弟子合作刊行者,有他人主动刊行未定稿本者,有仅为新本题序者,要之朱熹皆参与其中,贡献难掩。观所选书目,朱熹不仅搜罗二程文集、校订周敦颐《通书》,其余所刊之书亦皆有助于发扬、辅弼周程理学,对于己方学术体系的构建居功甚伟。纵论朱熹所刊诸书,流通最广、影响最大者要属《四书集注》(即《四书章句集注》之省称)与《近思录》二者。明代吕柟《重刊四书集注序》云:"《四书集注》海内家传人诵,官以是举其政者也,士以是行其学者也。顾其板本多出南建书坊,天下之士自蒙稚以上皆仰鬻于书客。"④观吕氏此语,既可见《四书集注》一书影响力之久远,又可见福建近乎垄断此书刊售之情状。《四书集注》之中又以《论语集注》最为重要,这也是朱熹耗费心血最多、生前最为得意的作品。朱熹自云:"《论语集注》如称上称来无异,不高些,不低些。自是学者不

---

① 张栻《南轩集》卷二十一《答朱元晦秘书(十六)》,清文渊阁《四库全书》本。

② 朱熹《晦庵先生朱文公文集》卷第七十八《建宁府建阳县学藏书记》,《四部丛刊初编》景明嘉靖本。

③ 脱脱等《宋史·蔡元定传》,北京:中华书局,1977年,第12876页。

④ 吕柟《泾野先生文集》卷四《重刊四书集注序》,明嘉靖三十四年(1555)于德昌刻本,第19页。

肯用工看,如看得透、存养熟,可谓甚生气质。"①朱熹之所以如此推崇《论语集注》,与其独特的成书过程是分不开的。前辈学者在叙及此事时,往往将《四书集注》作为一个整体泛泛而论,而未能细究《论语集注》成书过程与其他三部书的不同;部分学者虽然注意到《论语集注》的特殊性,但只能强调朱熹在修改此书时所花的时间和心力,至于朱熹究竟进行了哪些方面的修改,其具体修改内容为何,则一律付之阙如。所幸世间仍有朱熹《论语集注》之残稿存世,而其中涂抹处颇多,考其修改后文字与今日之通行本几无甚差异,则所涂抹掉之文字显然为定本之前内容无疑。更令人庆幸的是,笔者经认真辨认,发现所涂抹掉之文字虽为墨迹所掩盖,但仍可逐一辨认,或可为上述问题的解决提供一定的可能性。

朱熹云:"《集注》乃《集义》之精髓。"②此语并非泛论,而是对于《论语集注》成书过程的准确描述。与《大学章句》《中庸章句》的独立成书不同,《论语集注》《孟子集注》自有其前身。可以说,若没有《语孟精义》乃至更早的《论语要义》,也就不会有《论语集注》一书的诞生。朱熹自称"某于《论》《孟》四十余年理会",这一数字实际上仍不足以反映出他对此二书所耗费的心血。隆兴元年(1163),朱熹三十四岁,是年编纂《论语要义》成书,此书虽佚,但《论语要义目录序》一文则存于其文集之中:

> 熹年十三四时受其说于先君,未通大义而先君弃诸孤。中间历访师友,以为未足,于是遍求古今诸儒之说合而编之,诵习既久,益以迷眩。晚亲有道,窃有所闻,然后知其穿凿支离者固无足取,至于其余或引据精密,或解析通明,非无一辞一句之可观,顾其于圣人之微意则非程氏之俦矣。隆兴改元,屏居无事,与同志一二人从事于此,慨然发愤,尽删会说,及其门人、朋友数家之说,补缉[辑]订正,以为一书,目之曰《论语要义》。盖以为学者之读是书,其文义、名物之详当求之注疏,有不可略者;若其要义,则于此其庶几焉。学者第熟读而深思之,优游涵泳,久而不舍,必将有以自得

① 黎靖德《朱子语类》卷第十九《论语一》,明成化九年(1473)陈炜刻本。
② 黎靖德《朱子语类》卷第十九《论语一》,明成化九年(1473)陈炜刻本。

于此。①

由此可知，朱熹最早于十三四岁时已从其父朱松受学《论语》，然所获不多。朱松去世时，朱熹方十四岁，纵使日日受学，总共时间也不过一年左右，或仅足开蒙之用。朱松去世时，令朱熹从好友刘子翚、刘勉之、胡宪三人受学，然单就《论语》一书而言，三人对于朱熹的帮助仍然很有限，甚至有些影响反倒是负面的。刘子翚、刘勉之分别在朱熹十八岁、二十岁时去世，惟胡宪去世时朱熹已三十三岁，故朱熹自云"于三君子之门皆得供洒扫之役，而事先生为最久"。② 三人皆重《易》学，《宋元学案》为之特列"刘胡诸儒学案"，全祖望案语称"三家之学略同，然似皆不能不杂于禅"，③洵为确论。二刘均摘取《易经》之语作为入学门径，而胡宪影响尤力，三家所云又大抵出入佛道两家，因此缘故，朱熹早年也沾染上一定程度的佛老气息，这对《论语》一书的解读自然会产生不利影响。《论语要义目录序》中所称"中间历访师友，以为未足"一段，当即谓此而言。

此后朱熹"遍求古今诸儒之说合而编之"，此段历史尚无学者考论，而以笔者推测，朱熹外兄丘义（字道济，号子野）切磋之功或不可没。朱熹跟随刘、胡学《易》，丘义于此亦颇用力，有《易说》一书传世。今《朱文公易说》存《答丘子野》书，探讨"观玩之别""筮短龟长之说"，往复颇有精义。而《论语要义》成书之前一年，朱熹曾为丘义所编纂《论语纂训》一书作序，其中称"凡古今《论语》训义，见录者十四家，而大抵宗程氏。盖熹外兄丘子野所述，子野亦以意附见。其是非取舍之说，熹读之，其不合于圣人者寡矣"。④《论语纂训》不仅成书在朱熹《论语要义》之前，而所收古训十四家，不可谓不博，较之朱熹后来所编纂《论语精义》所取，在数量上还要更胜一筹；丘义此书宗主程氏，其立场形成当在朱熹之前，朱熹要在"晚亲有道"（亦即从学李侗，详见下文）之后，才逐渐摆

① 朱熹《晦庵先生朱文公文集》卷第七十五《论语要义目录序》，《四部丛刊初编》景明嘉靖本。
② 朱熹《晦庵先生朱文公文集》卷第九十七《籍溪先生胡公行状》，《四部丛刊初编》景明嘉靖本。
③ 黄宗羲、黄百家撰，全祖望序录《宋元学案》卷四十三，清道光刻本。
④ 朱熹《晦庵先生朱文公文集》卷第七十五《论语纂训序》，《四部丛刊初编》景明嘉靖本。

脱刘、胡等人的影响,真正确立这一立场。朱熹"遍求古今诸儒之说合而编之",在时间点上与丘义编纂《论语纂训》的过程高度重合,朱熹既读其书,又认定"不合于圣人者寡矣",则不可能不受其影响。又,朱熹与丘义的友情保持了很久,今《晦庵集》中有《奉酬丘子野表兄饮酒之句》《丘子野表兄郊园五咏》等诗,而其后丘义境况不佳,朱熹还曾托人为其寻觅馆职:"告为托朋友宛转问之,便中见报。此兄近日为况益牢落,欲此甚急,幸千万留意!或托拙斋、深卿问之,尤佳。"①拳拳之意,淋漓纸上。直到朱熹年近半百,还特意过访丘义且题其居,中有"君居岘山西,高隐志不俗""往来数相过,主宾情意熟""兹游得良朋,道义推前辰"等语,②足见二人相得之情。

　　朱熹从学于李侗的时间,学者之间颇有分歧。然据朱熹自述:"绍兴庚辰年冬,予来谒陇西先生……以朝夕往来受教焉,阅数月而后去。"③陇西先生即指李侗,陇西为李氏郡望。绍兴庚辰即绍兴三十年(1160),是年朱熹三十一岁,其受学于李侗的时间当在此前后,这与《论语要义目录序》中所谓的"晚亲有道"吻合。李侗为程颐的再传弟子,朱熹经其指点,逐渐确立宗主程氏的立场,并认定其余各家《论语》注疏"于圣人之微意则非程氏之侔矣",遂有"尽删余说"而编纂《论语要义》之举。所参与其事者"同志一二人",当有丘义在内,不仅是因为二人过从甚密,平日切磋相益,还因为二人都有博取古今注疏的经历,且《论语纂训》成书恰在《论语广义》之前一年,而宗程的基本立场又彼此一致。

　　《论语要义》一书虽已不传,且从其序文内容来看,不妨视为《论语集注》之雏形抑或预演。尽管《论语要义》只取二程及其数位门人之观点,但朱熹谓《论语》之要义"于此其庶几焉",这一立场和具体所编选之文字必然沿袭到后来的《论语集注》之中。而朱熹同时承认"其文义、名物之详当求之注疏,有不可略者",则不啻承认,有必要编纂一部既可训诂名物、疏通文义,又可阐释圣人微意的全新书籍,以此一书而备两用。究其原因,一方面,《论语要义》取径过窄,所收不过数家,实有继续扩充之必要;另一方面,所谓的"全新书籍"虽然设想美好,但难度太大,必须

---

①　朱熹《晦庵先生朱文公文集·别集》卷六《林择之》,《四部丛刊初编》景明嘉靖本。
②　程敏政《新安文献志》甲志卷五一上《淳熙戊戌七月廿九日早发潭溪西登云谷取道芹溪友人丘子野留宿因题芹溪小隐以贻之作此以纪其事》,清文渊阁《四库全书》本。
③　朱熹《晦庵先生朱文公文集》卷第二《再题》,《四部丛刊初编》景明嘉靖本。

建立在对《论语》一书的全面把握之上才可能完成——不是全盘照搬或沿袭二程,还要意识到二程之不足,为之纠谬补缺,所以兼取前辈注疏也是很有必要的。需要特别强调的是,这种在注疏上的继续扩充,与"遍求古今诸儒之说合而编之"的杂取并包不同,而是站在宗主二程立场上的拣取补缀。正是以此为导向,才催生出了《语孟精义》一书。

在《论语要义》成书之后,朱熹又因其"训诂略而义理详",不便童蒙初学,于是编成《论语训蒙口义》一书,自称"本之注疏以通其训诂,参之释文以正其音读,然后会之于诸老先生之说以发其精微。一句之义系之本句之下,一章之指列之本章之左,又以平生所闻于师友而得于心思者间附见一二条焉,本末精粗、大小详略无或敢偏废也"。① 此书虽为童蒙所编,而朱熹亦谦称"将藏之家塾,俾儿辈学焉,非敢为他人发也",②然其不仅兼取前辈旧注,又包含有朱熹个人之见解,单以体例而言,已具备《论语集注》之雏形。从其序文来看,此书并未公开刊行,而其阅读对象为儿辈童蒙,内容难免失之浅显。

乾道八年(1172)春正月,朱熹编成《语孟精义》一书,是年朱熹四十三岁。此书既取二程之说以附本章之次,"又取夫学之有同于先生者与其有得于先生者,若横渠张氏、范氏、二吕氏、谢氏、游氏、杨氏、侯氏、尹氏凡九家之说,以附益之"。③ 在某种程度上,此书所含的《论语精义》不妨视为《论语要义》的增订本,是以前者书出而后者废而不传。盖至此年,朱熹对于二程理论之体悟更有增进,非比初窥门径之时,故而有刊行《语孟精义》之举。据乾道六年(1170)朱熹《答吕伯恭》所称:"熹旧读程子之书有年矣,而不得其要,比因讲究《中庸》首章之指,乃知所谓'涵养须用敬,进学则在致知'者两言,虽约其实,入德之门无逾于此。方窃洗心以事斯语而未有得也,不敢自外,辄以为献。"④《答刘子澄》又称:"程夫子曰:'涵养须用敬,进学则在致知。'此二言者,体用、本末无

---

① 朱熹《晦庵先生朱文公文集》卷第七十五《论语训蒙口义序》,《四部丛刊初编》景明嘉靖本。

② 朱熹《晦庵先生朱文公文集》卷第七十五《论语训蒙口义序》,《四部丛刊初编》景明嘉靖本。

③ 朱熹《晦庵先生朱文公文集》卷第七十五《语孟集义序》,《四部丛刊初编》景明嘉靖本。

④ 朱熹《晦庵先生朱文公文集》卷第三十三《答吕伯恭》,《四部丛刊初编》景明嘉靖本。

不该备。"①可知朱熹终于由博入约,找到了能将二程之理论贯穿到一起的主线。两年后所成书的《语孟精义》,所驳斥的主要是"外自托于程氏,而窃其近似之言以文异端之说者",希望"学者诚用力于此书而有得焉,则于其言虽欲读之亦且有所不暇矣",②足见其以二程嫡系自任之气势。

《语孟精义》初刻于建阳,由于水准迥出同类书籍之上,故书坊很快不告而翻刻牟利。据朱熹《答吕伯恭》云:"所扣婺人番开《精义》事,不知如何? 此近传闻稍的,云是义乌人。"③这也从侧面反映出《语孟精义》的影响之大。但《语孟精义》所收仍不够广,故八年后又有再次增订之事:"程、张诸先生说尚或时有所遗脱,既加补塞,又得毗陵周氏说四篇有半于建阳陈焞明仲,复以附于本章。豫章郡文学南康黄某商伯见而悦之,既以刻于其学,又虑夫读者疑于详略之不同也,属熹书于前序之左,且更定其故号《精义》者曰《要义》云。"④这次增订,不仅是内容上的扩充,而且名字也有所更改,《论语》部分已与此前的《论语要义》同名,亦可见二书内在之血肉联系。

大致与编纂《语孟精义》同时,朱熹也在着手《论语集注》的编纂工作。此过程据其亲传弟子陈淳所述:"文公《语》《孟》集注,初头遍阅诸家说,或一两段、或一两句、或一两字可耳,皆抄掇来,盈溢一箱中。 然后又旋旋磨刮,剪繁趋约,末稍到成个定本,凡几百番经手头过。"⑤这是一个漫长而渐进的过程,也是一个由广收到精炼,进而下己意做论断的过程,如陈淳所云:"凡文公之说,皆所以发明程子之说,或足其所未尽,或补其所未圆,或白其所未莹,或贯其所未一,其实不离乎程说之中。"⑥所谓"《集注》乃《集义》之精髓",即谓此而言。

朱熹对《论语集注》反复修改,"凡几百番经手头过",其力度之大、时间之久都非常惊人,即使在此书刊行之后仍然没有停止。据魏了翁所称:"王师北伐之岁,余请郡以归,辅汉卿广以《语孟集注》为赠,曰:

① 朱熹《晦庵先生朱文公文集》卷第三十五《答刘子澄》,《四部丛刊初编》景明嘉靖本。
② 朱熹《晦庵先生朱文公文集》卷第七十五《语孟集义序》,《四部丛刊初编》景明嘉靖本。
③ 朱熹《晦庵先生朱文公文集》卷第三十三《答吕伯恭》,《四部丛刊初编》景明嘉靖本。
④ 朱熹《晦庵先生朱文公文集》卷第八十一《书语孟要义序后》,《四部丛刊初编》景明嘉靖本。
⑤ 陈淳《北溪大全集》卷二十七《答陈伯澡七》,清文渊阁《四库全书》本。
⑥ 陈淳《北溪大全集》卷三十九《问子张司政章注》,清文渊阁《四库全书》本。

'此先生晚年所授也。'余拜而授之,较以闽浙间书肆所刊则十已易其二三,赵忠定公帅蜀日成都所刊则十易六七矣。"①然则书肆所刊本犹在成都本之后。

关于《四书集注》的初刻,束景南《朱子大传》认为朱熹"淳熙九年(1182)在浙东提举任上首次刊印《四书集注》","这个宝婺刻本,是朱熹首次把《大学章句》《中庸章句》《论语集注》《孟子集注》集为一编合刻,经学史上与'五经'相对的'四书'之名第一次出现,标志着《大学》《中庸》《论语》《孟子》四经在五经学之外作为独立的四书学体系在经学文化史上的出现与确立。淳熙十一年由广东帅潘畤和广西帅詹仪之在德庆印刻的《四书集注》,就是用的宝婺本"。②束景南对于宝婺本《四书集注》的意义评价甚高,而他的这一版本判断也为许多学者所承袭,譬如徐德明等人在考据《四书集注》版本时,首列宝婺本,而且标明出于束景南《朱子大传》,③可见此说流传之广。而实际上,束景南的这一结论很可能是由误读文献而来,所谓朱熹初刻的宝婺本并不存在,而詹仪之所刊既非翻刻宝婺本,亦非《四书集注》合刊,其中《论语集注》则是初次刊行,且并非朱熹本意。

朱熹《答宋深之》云:"且附去《大学》《中庸》本,《大、小学序》两篇,幸视至。《大学》当在《中庸》之前。熹向在浙东刻本见为一编,恐匀仓尚在彼,可就求之。"④束景南据此材料,认定"向在浙东刻本见为一编"即为朱熹淳熙九年(1182)在浙东提举任上首次合刊《四书集注》,并谓之为"宝婺本"。然此句语意甚明,所谓"见为一编"指《大学》《中庸》二书合为一编,而非四书合为一编。实际上,《论语集注》此时仍在反复修改之中,而朱熹尚未有刊刻之意。此后詹仪之遣人抄录其书,不告而刊,朱熹因而大惊,前后寄信数通与之反复论及,其一云:"熹向蒙下喻欲见诸经鄙说,初意浅陋不足荐闻,但谓庶几因此可以求教,故即写呈,不敢自匿。然亦自知其间必有乖缪,以失圣贤本指、误学者眼目处,故尝布恳,乞勿示人。区区此意,非但为一时谦逊之美而已也。不谓诚意不积,不能动人,今辱垂喻,乃闻已遂刊刻,闻之悯然,继以惊惧。向若

---

① 魏了翁《鹤山集》卷五十三《朱氏语孟集注序》,清文渊阁《四库全书》本。

② 束景南《朱子大传》,北京:商务印书馆,2003 年,第 813~814 页。

③ 徐德明《〈四书章句集注〉版本考略》,《华东师范大学学报(哲社版)》1998 年第 4 期,第 71 页。

④ 朱熹《晦庵先生朱文公文集》卷第五十八《答宋深之》,《四部丛刊初编》景明嘉靖本。

预知遣人抄录之意已出于此,则其不敢承命固已久矣! 见事之晚,虽悔莫追。……欲布愚恳,便乞寝罢其事,又恐已兴工役,用过官钱,不可自已。熹今有公状申使府,欲望书押入案,收索焚毁。其已用过工费,仍乞示下实数,熹虽贫破产还纳,所不辞也。如其不然,此辈决不但已,一身目前利害初不足道,正恐以是反为此道无穷之害耳。切乞更入思虑,不惮速改,千万幸甚!"①朱熹知书未改定、颇多谬误,恐贻误后学,不惜上公状为请,以求收板焚毁,纵然破产偿值也在所不惜,殊非谦虚客套之语。詹仪之不许,朱熹此后又连上公状,并寄信再次恳请,提出上中下三策:上策为削板焚之,中策为藏板不印,下策为修板改字。朱熹仍然希望詹仪之能采纳上策:"若能断然用熹所陈之上策,即案前此两次公状,举而焚之如反手耳。或恐前状未蒙书判付曹,今再纳一本,切望深察也。……《中庸》《大学》旧本已领,二书所改尤多,幸于未刻,不敢复以新本拜呈,幸且罢议,他日却附去请教也。……若《论语》《孟子》二书皆蒙明眼似此看破,则鄙拙幸兔今日之忧久矣。"②若如束景南所言,此前朱熹已自行合刊宝婺本《四书集注》,则朱熹实无必要接连上公状请求詹仪之毁板。而朱熹自云《大学》《中庸》"幸于未刻",盖此前已有朱熹"向在浙东刻本",故詹仪之此举并未重刊。按此,所谓詹仪之翻刻宝婺本《四书集注》之事并不存在,詹氏所刊亦惟其中《论语集注》《孟子集注》二书而已。

詹氏所刊《论语集注》,属于辛未改定之本,甚为违背朱熹本意。而詹仪之不同意毁板,只同意修板汀补,故朱熹又寄书再论:"熹前日拜书,并已校过文字。临欲发遣而略加点检,则诸生分校互有疏密,不免亲为看过。其间又有合修改处甚多,不免再留来使,助其口食,令更俟三五日,昨日始得了毕。……但《论语》所改已多,不知尚堪修否,恐不免重刊,即不若依旧本作夹注,于体尤宜。向见子直道晁景迂之说云:'先儒解经只作此体,是亦尊经之意。'若不再刊,不必议也;若但修改,亦乞专委通晓详细之人。"③修板之事或并未施行,以至于事过多年之

① 朱熹《晦庵先生朱文公文集》卷第二十七《答詹帅书》之一,《四部丛刊初编》景明嘉靖本。
② 朱熹《晦庵先生朱文公文集》卷第二十七《答詹帅书》之二,《四部丛刊初编》景明嘉靖本。
③ 朱熹《晦庵先生朱文公文集》卷第二十七《答詹帅书》之三,《四部丛刊初编》景明嘉靖本。

后,朱熹仍然不能忘怀,对弟子宣称:"《论语集注》盖某十年前本,为朋友间传去,乡人遂不告而刊。及知觉,则已分裂四出而不可收矣。其间多所未稳,煞误看读。"①"乡人"云云,盖特为避嫌隐晦之语,因詹仪之刊书之时,政治环境并不乐观。据朱熹与詹仪之书信所称:"贱迹方以虚声横遭口语,玷黜之祸上及前贤。为熹之计,政使深自晦匿,尚恐未能免祸。今侍郎丈乃以见爱之深、卫道之切,不暇以消息盈虚之理推之,至为刻画其书,流布远近,若将以是与之较强弱、争胜负者。熹恐其未能有补于世教,而适以重不敏之罪,且于门下亦或未免分朋树党之讥。盖未论东京禁锢、白马清流之祸,而近世程伯禹、洪庆善之事亦可鉴矣。"②詹仪之既是朱熹的好友,官阶又在朱熹之上,"不告而刊"亦是出于一番好意,故朱熹虽然不满此举,亦决不愿其因此遭祸,为之避嫌也就是情理之必然了。

詹仪之刊刻《论语集注》之后,朱熹仍在对此书反复修改,此后赵汝愚成都本、南康守曾集刊本、庆元五年(1199)建阳本相继刊行,后出转精。但直至朱熹晚年去世之前,仍没有放弃对此书的继续修改。由于后书出而前书废,故学者无从探讨朱熹前后修改本之差异,更无法窥见其编纂思想之演变轨迹。笔者今据朱熹《论语集注》稿本残卷而试论之:

《论语集注》残稿原为明代王鏊旧藏,分装为上下两册,上册为《先进》篇注稿,下册为《颜渊》篇注稿,尾有吴宽、唐寅题跋。此残稿流传至清代康熙时,上册《先进》篇已佚去,下册《颜渊》篇也分裂为两部分:前半部分自"目,条件也"至"未可遽以为易而忽之"止,共四十八行,其中前二十行为他人所抄,而有朱熹所改字,后二十八行则为朱熹真迹。此件经翁方纲、齐彦槐、吴云、罗振玉等人递藏,并由齐彦槐题签为《朱文公〈论语集注〉草稿真迹》。后半部分自"晁氏曰:不忧不惧"至全篇末,中间残缺自"以死守之"至"有若请但专行彻"一段文字,所存共一百七十行,其中"肌肤所受"至"而信之深矣"两行文字还存在装裱错位,当移前四行接续于"肤受谓"之后。此件清康熙时为陆毅所藏,又在吴宽、唐寅跋后增题跋语,以说明残稿内容及来源,其孙陆时化所著《吴越所见

① 黎靖德《朱子语类》卷第十九《论语一》,明成化九年(1473)陈炜刻本。
② 朱熹《晦庵先生朱文公文集》卷第二十七《答詹帅书》之一,《四部丛刊初编》景明嘉靖本。

书画录》曾对全文及跋语加以收录。此后又迭经陆心源、沈曾植之手，再由费念慈、康有为先后获睹题识，民国时才由朱士林题签《子朱子〈论语集注〉残稿墨迹》。民国七年（1918），商务印书馆搜集下册两部分合并影印为一册发行，由郑孝胥题签《朱熹论语注稿墨迹》，并于一年后再版。此次影印为黑白影印，原件的装裱错位情况已纠正。此后下册两种原件均流入日本，归京都国立博物馆收藏，但已佚去吴宽、唐寅题跋。2007年，吉林文史出版社据日本所藏原件彩色影印出版，题为《朱熹书论语集注残稿》，但装裱错位未纠正，卷末吴宽、唐寅等题跋未能补入，反而将上半部分翁方纲、齐彦槐、吴云的跋语挪至卷末，释读亦间有误字。除上述残稿之外，世间尚存《子罕》篇残稿十六行，清末时经朱栓之收藏，后归日本长尾雨山，今亦藏日本京都国立博物馆。此件国内不见著录，亦未曾刊印出版，笔者与日本京都国立博物馆联系，有幸获取到其高清扫描件。

朱熹《论语集注》残稿，流传有序，字迹与清内府所藏朱熹书翰文稿一致（如"弟""也"等字，吻合度极高），又经历代名家所赏鉴，其真实性当无疑问。最早对涂抹文字进行识别的是陆时化，他本身是《颜渊》篇后半部分的收藏者，其刊行于乾隆时的《吴越所见书画录》著录《朱文公颜渊注稿册》，已开始有意识地收录涂抹文字。其后陆心源《穰梨馆过眼录》亦著录《朱文公论语颜渊注稿册》，基本上因袭了前者的工作。但陆氏二人所见本已不全，而所识别涂抹处文字既不完整又颇多讹误，若无原件对照，则很难分辨订正，是以此项工作后继无人。民国时的影印本流传虽广，但由于只有黑白两色，故朱熹所涂抹掉之文字皆无法识别。2014年，顾音海曾撰文《朱熹〈论语集注〉残稿的几个问题》对此进行考叙，但其并未见陆氏之书，而将翁方纲跋语中的"近日《吴门所刻书画录》载《论语集注》稿廿九叶"误释为"近日吴门所刻书尽录载《论语集注》稿廿九叶"，并得出了"吴门所刻书中见有包括全部墨迹29页的论语集注手稿写刻本，分上下两册，上册为先进篇，下册为颜渊篇"的结论。[①] 实际上翁跋中《吴门所刻书画录》即指《吴越所见书画录》而言，所收二十九页仅为《颜渊》篇下半部分，且并非手稿写刻。不仅如此，顾氏并未见到《子罕》篇部分，只是推测其有存世可能，而在行文时还沿袭

---

① 　顾音海《朱熹〈论语集注〉残稿的几个问题》，《上海鲁迅研究》2014 年第 4 期，第 208～214 页。

了束景南"淳熙九年宝婺本"的错误结论。

笔者在前人的基础之上,结合传世的朱熹其他墨迹,对现存《论语集注》残稿的涂抹文字进行了耐心识别,除极个别字仍有疑问外,其余已全部辨析完毕。以《颜渊》篇为例,扣除《论语》原文后,注文共约三千五百字,涂抹文字约二百六十字,尚不包括纯添补文字。若再扣除他人所录二十行文字(注文约四百五十字),则涂抹文字约占到十分之一,改动幅度不可谓小。笔者将重要涂改文字分类罗列如下,从中亦可窥见朱熹的修改意图:

其一,改正语病。

"若不深极其病而泛告知以仁之大体,则必不能深思"涂改为"若不告之以其病之所切而泛以仁之大概语之,以彼之躁,必不能深思"。前句主语前后不一致,且"大体"一词兼有"大概"与"纲领"二意,有可能造成理解歧义,修改之后则无语病歧义。

"公以用不足而意欲加赋,而有若乃不喻其旨"涂改为"公以有若不喻其旨,故言此以示加赋之意"。前句句意强调"有若不喻",修改后则为"公误以为有若不喻",句意方准确无误。

"此《诗·小雅·我行其野》之篇",末"篇"字涂改为"词也"二字。盖《论语》正文所引仅为《我行其野》篇中之一句,可云"出于此篇",而不可云"即为此篇"。

其二,次序调整。

子夏曰:"商闻之矣:死生有命,富贵在天。"其下注文"子夏盖闻之夫子也"被涂抹掉,而于"商闻之矣"后添补注文"盖闻之夫子"。此句注文着重阐释"闻之"二字,故次序移前之后更为准确。

其三,精简删削。

"民以食为天,无食必死"涂抹掉"以食为天"四字。

"故言出而人信服之,不待其语之终而已由也"涂改为"故言出而人信服之,不待其辞之毕也"。

"不能用力于切己而专事虚名,故虚誉虽隆而实德从而丧矣"涂改为"不务实而专务求名,故虚誉虽隆而实德则病矣"。

"盖其切于为己,故善之也"涂改为"善其切于为己"。

"举直而可以错者,知之明也;能使枉者亦变而直,则是仁之化也"涂改为"举直错枉者,知也;能使枉者直,则仁矣"。

"若数数告之,非惟彼之不能,而不能□□其善,盖有反伤于人故而自取疏者矣；非惟自取疏者矣，彼不听而反以为伤己，则是自取辱矣耳，何益于友善哉"涂改为"若以数而见疏，则自辱矣"。

其四，语意更换。

"愚谓以人情而言，则民一日不食则饥，三日不食则死，人之常情也"涂改为"愚谓以人情而言，则兵食足而后吾之信可以孚于民"。

"质直者忠行之存诸中，好义者事理制于外，虑之详则接物审，能下人则德益尊，皆自修之事，故德修人信而必达矣"涂改为"内主忠信而所行合宜，审于接物而卑以自牧，皆自修于内、不求人知之事。然德修于己而人信之，则所行自无窒碍矣'。

其五，修饰措辞。

"仁者之心常存"涂改为"仁者心存而不放"。

"无倦，则能久行"涂改为"无倦，则始终如一"。

"虽赏民使之为盗，民亦耻而不肯矣"，末"肯矣"二字涂改为"窃"字。

"下文又详言之也"，末"之也"二字涂改为"如此"。

"樊迟之为人鄙而近利，故夫子言此以救之也"涂改为"樊迟粗鄙近利，故告之三者，皆所以救其失也"。

其六，避嫌改句。

"所谓悦而不绎者也"本为朱熹注文，但朱熹将此句涂抹掉，因其下所引杨氏注中有"盖悦而不绎者'之句，此显然因不愿掠美前人而避嫌。

其七，语气调整。

"圣人之言虽有高下浅深之不同，然究而行之，无不可以入德"涂改为"圣人之言虽有高下大小之不司，然其切于学者之身，而皆为入德之要"。

"为政者，国人之所则。若以专杀为事，则民何由而善乎？"涂改为"为政者，民所视效，何以杀为？欲善则民善矣。"

由上述涂改文字可知，朱熹对于《论语集注》手稿的修改十分细致，几乎涉及了所有可能的方面。类似的工作，在朱熹"于《论》《孟》四十余年理会"的过程中显然进行过很多次，其中甘苦不难想见。

与《论语集注》不同，《近思录》则是由朱熹、吕祖谦所共同编著的一本理学入门书籍，主要选取北宋周敦颐、张载、程颢、程颐等四名学者的言论编纂而成。《近思录》刊行后，流传很广，影响极大，"历代《近思录》续编、补编、仿编、注释、集解、札己等后续著述，总数多达百种以上，此外还有古朝鲜、日本学者的注释讲说著述百余种",①实际上已成为后世理学入门最主要的工具书之一。甚至可以说,宋代理学之所以能够深入人心,甚至一度成为仕林的主流意识形态,《近思录》之广为刊布实在功不可没。关于《近思录》的编撰缘由,朱熹在《后序》中描述的十分具体:

> 淳熙乙未之夏,东莱吕伯恭来自东阳,过余寒泉精舍,留止旬日。相与读周子、程子、张子之书,叹其广大闳博,若无津涯,而惧夫初学者不知所入也,因共掇取其关于大体而切于日用者,以为此编,总六百二十二条,分十四卷。……五月五日,新安朱熹谨识。②

朱熹作为《近思录》的实际编纂者之一,又是在事件刚结束不久时就进行记录,资料价值自然十分可靠。然而陈荣捷并不认可这种说法,于是特别指出:

> 所谓"旬日",乃约而言之,《吕东莱先生文集》页二上,谓其留止月余。《东莱吕太史文集》又谓其四月二十一日前往,留止月余。朱子《后序》成于五月五日,则留止月余之说,殊不可能。《东莱吕太史文集》之第十五章《入闽录》为吕东莱所自书逐日记录,明谓三月二十一日动程,四月一日抵朱子所居之五夫里,馆于书室。是则留止月余显然可信,大概记录者误三月为四月耳。③

持此观点的并非仅有陈荣捷一人,束景南在《朱熹年谱长编》中亦称:

> 《吕东莱年谱》:"淳熙二年四月二十一日,如武夷访朱编修元晦,潘叔昌从。留月余,同观关、洛书,辑《近思录》。"此"四月"当是"三月"之误,"留月余"者,盖从四月一日至五夫,至五月五日辑《近

---

① 严佐之《〈近思录〉后续著述及其思想学术史意义》,《文史哲》2014 年第 1 期,第 56 页。
② 陈荣捷《近思录详注集评》,上海:华东师范大学出版社,2007 年,第 328 页。
③ 陈荣捷《近思录详注集评》,上海:华东师范大学出版社,2007 年,第 328 页。

思录》成也。①

细品陈荣捷、束景南二人的观点，可以看出束氏基本上继承了陈氏的说法，同样认为有关吕祖谦的时间记载中存在着错误，但关于《近思录》的成书过程，两位学者间仍然存在着重要差别。陈荣捷认为朱熹所记的"留止旬日"只是一个约数，实际时间为"留止月余"，即《近思录》的编纂时间应为自四月一日至五月五日一段时间。束景南虽然同样认为吕祖谦"留止月余"，但他在计算《近思录》的编纂时间时，则是从五月五日倒推"旬日"，故又称："上推十日，则朱与吕由五夫潭溪至寒泉精舍在四月二十四日。"②导致陈、束二人产生这一分歧的根本原因，就在于如何对待朱熹所记"留止旬日"的态度上。束氏认为"留止旬日"是准确的，虽然吕祖谦与朱熹相处月余，但其余时间并没有留止在寒泉精舍编纂《近思录》；而陈氏则认定朱熹的"留止旬日"不准确，"留止月余"才是编纂《近思录》所消耗的时间。

杜海军的观点则又与陈、束二人不同，他并不认为《吕东莱年谱》的"四月"是"三月"之误，而认为"所云盖至寒泉精舍时间"，故考订云："（淳熙二年四月）二十一日，同至朱熹寒泉精舍，共阅关洛诸书，同编《近思录》。"③

笔者发现，陈荣捷、束景南、杜海军三位学者的解读都可能存在一些瑕疵。《东莱吕太史别集》中俣留有吕祖谦的不少书信，其中也涉及他此行的经历，可作为笔者之论据：

> 《与陈同甫》十："某留建宁凡两月余，复同朱元晦至鹅湖，与二陆及刘子澄诸公相聚切磋，甚觉有益。"④
>
> 《与邢邦用》一："某自春来为建宁之行，与朱元晦相聚四十余日，复同出至鹅湖。"⑤

---

① 束景南《朱熹年谱长编》，上海：华东师范大学出版社，2001年，第527页。
② 束景南《朱熹年谱长编》，上海：华东师范大学出版社，2001年，第527页。
③ 杜海军《吕祖谦年谱》，北京：中华书局，2007年，第155页。
④ 黄灵庚、吴战垒主编《吕祖谦全集·东莱吕太史集》，杭州：浙江古籍出版社，2008年，第472页。
⑤ 黄灵庚、吴战垒主编《吕祖谦全集·东莱吕太史集》，杭州：浙江古籍出版社，2008年，第500页。

《与潘叔度》十七：“某以五月半后同朱丈出闽，下旬至鹅湖，诸公皆集，甚有讲论之益，更三四日即各分手。”①

按，五夫里在崇安县内，寒泉精舍在建阳县内，崇安与建阳虽然同属于建宁府，且二县可由水路便捷相通，但毕竟距离甚远，并非一地。吕祖谦的建宁之行“凡两月余”，与朱熹在建宁“相聚四十余日”，此后两人亦未分离，而是于“五月半后”又一起结伴离开福建、去往江西，并于五月“下旬至鹅湖”，“更三四日即各分手”。吕祖谦留止建宁的最后时间点，当在五月十五日之后，而与朱熹最终在鹅湖分别的时间点，则已经远到六月初八日。② 吕祖谦自“四月一日抵朱子所居之五夫里”，至“五月半后同朱丈出闽”，与其所称“建宁之行，与朱元晦相聚四十余日”十分吻合。

杜海军认为《吕东莱年谱》中“四月二十一日”是指到达寒泉精舍之时间，是为强行撮合不同记载而做的努力，但显然并不符合历史事实：首先，《吕东莱年谱》称“四月二十一日，如武夷访朱编修元晦，潘叔昌从”，③而《入闽记》称“三月二十一日，早发婺州……潘叔昌实偕行”。④《入闽记》为吕祖谦亲笔所记，而《吕东莱年谱》则为其长子吕乔年整理，可靠性上自然前者更胜一筹。其次，《吕东莱年谱》按年编排，惯例要在主角改变所在地时予以注明，因此“如武夷”应指出发时间，而非到达时间。再次，“武夷”可作为建宁府代名词，却无法作为寒泉精舍或建阳县的代名词，因为武夷山旧属崇安县，距离建阳较远。即使“如”字解为“到达”而非“去往”，也只能指在崇安五夫里遇见朱熹，而此时间点可确定为四月一日，杜氏也是认可的。最后，若“四月二十一日”为到达寒泉精舍时间，那么下文的“留月余”将与朱熹“过余寒泉精舍，留止旬日”、吕祖谦“五月半后同朱丈出闽，下旬至鹅湖”均不符合。

① 黄灵庚、吴战垒主编《吕祖谦全集·东莱吕太史集》，杭州：浙江古籍出版社，2008年，第493页。

② 据《晦庵先生朱文公文集》卷四十九《答王子合》一：“前月末送伯恭至鹅湖……此月八日方分手而归也。”可知直至六月初八日，朱熹才跟吕祖谦分离。

③ 黄灵庚、吴战垒主编《吕祖谦全集·东莱吕太史集》，杭州：浙江古籍出版社，2008年，第744页。

④ 黄灵庚、吴战垒主编《吕祖谦全集·东莱吕太史集》，杭州：浙江古籍出版社，2008年，第235页。

陈氏、束氏认为《吕东莱年谱》中的"四月二十一日"当为"三月二十一日"之讹,无疑是相当有眼光的。如笔者此前所述,"三月二十一日"为吕祖谦的出发时间,"留月余"则是指在建宁府的时间,亦即"与朱元晦相聚四十余日"。吕祖谦离开建宁府的时间点是"五月半后",束景南认为"'留月余'者,盖从四月一日至五夫,至五月五日辑《近思录》成也",实际上是误将朱熹撰写《后序》的时间视为吕祖谦离开建宁府的时间点,略有小疵。

陈荣捷不肯相信朱熹"留止旬日"的记载,而坚持"《近思录》选材甚精,互议极详,断非十日间所能了事……大抵编辑《近思录》之工作,必起于五夫里"。[①] 笔者按,吕祖谦虽然在四月一日于崇安县五夫里见到朱熹,但此后即结伴游览景致、访问好友、考订乡约,并没有开始起手编纂《近思录》,此事要推迟至两人到达建阳县寒泉精舍之时。朱熹所谓"过余寒泉精舍,留止旬日",正是因为要叙述《近思录》的编纂起因,故而未涉及两人此前在崇安相会的事实。陈荣捷因为不相信《近思录》可在旬日内编成,故特别强调"留止旬日"为约数,以图将其编纂时间延长至"月余"。陈氏的这种看法,实际上是忽视了著书与编书间的差别。古人著书往往旷日持久,几经删改,甚至书稿拖到晚年或死后才会刊刻,这是因为著书立说须力求其不可磨灭者,以传之后世而不朽。编书则与此不同,其难处只在资料搜集与眼光精准,而编纂时所花的功夫只是在前人著作中圈出条目,然后再由自己或令他人抄撮成书,分成篇卷即可。《近思录》共六百二十二条,以十日记,朱熹、吕祖谦每人每天只需要从周、张、二程等人的书中圈出不足三十二条,工作量可谓相当轻松。《近思录》诚然"选材甚精,互议极详",但考虑到朱熹、吕祖谦的学力以及对周、张、二程等人的熟悉程度,这也是理所当然之事。朱熹在编纂《近思录》之前,已编次《二程遗书》及《二程外书》,作《太极图说解》《通书解》《西铭解义》等等,而"祖谦之学本之家庭,有中原文献之传",[②]他不仅参与了朱熹的这些前期工作,本身也著作颇丰。朱、吕二人编纂《近思录》,只是从他们本已非常熟悉的书中圈出有益初学之语句,甚至都不需要他们亲笔抄录内容(详见下文),十天的时间不是太短而是太长了。实际上,朱、吕二人在此期间不仅在编纂《近思录》,还同

---

① 　陈荣捷《朱子新探索》,台湾:学生书局,1988 年,第 551 页。

② 　脱脱等《宋史·吕祖谦传》,北京:中华书局,1977 年,第 12872 页。

时在进行另外一项工作,即删节《二程遗书》为《程子格言》(朱熹后欲改名为《微言》,此书虽成,但并未刊行),可见其游刃有余之从容程度。

程水龙据朱熹之《后序》,宣称淳熙二年(1175)五月《近思录》已有原稿本,又据此年八月十四日朱熹《答吕伯恭》中称"《近思录》近令抄作册子,亦自可观",①认为"可见此书初稿面世没几个月,抄本就已出现"。② 程水龙此论当属误读文献,而事关《近思录》成书过程,不可不辨。如笔者前述,古人编纂图书时惯例先圈定条目,待条目确定之后,书的内容也就同时确定,然后再逐一抄撮成书、分出篇卷,"近令抄作册子"即谓此事。《近思录》的编纂工作,朱熹、吕祖谦只负责择选条目,而不需亲自承担抄撮之烦琐工作,故留待后续而完成。朱熹此期编书甚多,寒泉精舍又是聚徒讲学的书院,抄书之事自然有弟子代劳,无须亲力亲为,故有"近令"之语。若朱熹最初已有稿本,则此事甚为多余。笔者还可以举出几条证据:首先,朱熹此信中还同时提及了"《遗书》节本已写出……往时商量,欲以《程子格言》为名,不如只作《微言》,如何",③可见与《近思录》同时编纂的《程子格言》,也是在此时方抄出。若最初编纂时此二书已有稿本,则除编纂所耗时外,还要增添抄录所花的时间,恐非旬日之间所能办。其次,淳熙三年(1176)四月朱熹《答吕伯恭》书中称:"《近思录》道中读之,尚多脱误,已改正送叔度处。……此本既往,无以应朋友之求假,但日望印本之出耳。"④可见直至次年,朱熹手中仍然只有一本《近思录》稿本,以至一旦交付刊刻,则无别本可借友朋。若如程水龙所称,稿本之外又有抄本,则自然不会出现此种窘迫情形。最后,若朱熹、吕祖谦一早就商定好处理意见,整理出初稿本,那也就不会出现此后又多次通过书信商讨体例、删补内容、调整条目顺序等事项了。实际上,从《近思录》被抄成册子,到最终定稿刊行,又耗去了几年之光阴,其根本原因就在于朱、吕二人最初只是各自圈定条目,而没有形成统一的处理意见。

---

① 朱杰人、严佐之、刘永翔主编《朱子全书·晦庵先生朱文公文集》,上海:上海古籍出版社,合肥:安徽教育出版社,2002年,第1460页。
② 程水龙《〈近思录〉版本与传播研究》,上海:上海古籍出版社,2008年,第9页。
③ 朱杰人、严佐之、刘永翔主编《朱子全书·晦庵先生朱文公文集》,上海:上海古籍出版社,合肥:安徽教育出版社,2002年,第1460页。
④ 朱杰人、严佐之、刘永翔主编《朱子全书·晦庵先生朱文公文集》,上海:上海古籍出版社,合肥:安徽教育出版社,2002年,第1467页。

《近思录》此书虽由朱熹、吕祖谦二人共同编纂而成,但后世往往只标朱熹之名,如陈荣捷所称:"注家唯江永并举朱、吕之名,其他均单提朱子。"①陈氏此说虽有可商榷之处,②但距离事实尚不太远。《四库全书总目提要》早已注意到这种情形,并特加评论道:"《宋史·艺文志》尚并题朱熹、吕祖谦类编,后来讲学家力争门户,务黜众说而定一尊,遂没祖谦之名,但称'朱子《近思录》',非其实也。"③按,《宋史》由元丞相脱脱和阿鲁图先后主持修撰,篇幅浩大而成书太速,其中《艺文志》又一向被视为"芜杂荒谬,不足为凭",④则其著录不受后人重视也在情理之中。笔者认为,造成这一状况的最初源头,并不在于《宋史·艺文志》之后的"后来讲学家",而应归咎于南宋的叶采。

据《邵武县志》载:"(叶采)初从蔡渊受《易》,已而往见陈淳,淳以其好躐高妙而少循序,痛砭之。自是屏敛锋铓,骎趋着实。"⑤蔡渊、陈淳都与朱熹有师生之谊,然则叶采辈分上当属朱熹的再传弟子,故学问上难免倾向于程朱理学。淳祐十二年(1252)正月,叶采有《进近思录表》奏上朝廷,其中称:"逮淳熙之初元,有朱熹之继作……名《近思录》,汇分十有四卷,六百二十二条。"⑥此前所刻《近思录》诸本,皆录有朱熹《后序》,其中明言与吕祖谦共编之意,又有朱熹特邀吕祖谦所作序(后世版本多谓之跋),作者向无异词。南宋陈振孙《直斋书录解题》也明言是朱、吕二人所共为,可见这是当时人的普遍认识。叶采在淳祐八年(1248)所作的《近思录集解序》中尚并称朱熹、吕祖谦二人之名,⑦四年后的上表中却只提朱熹,而不及吕祖谦,明显是一种刻意为之的做法。

---

① 陈荣捷《近思录详注集评》,上海:华东师范大学出版社,2007年,第3页。
② 今所见不少注本,均同时收录朱熹序、吕祖谦跋,卷首则仅题注解人姓名,而不及朱、吕二人姓名,是则并非如陈荣捷所称"单提朱子"。如李文照集解《近思录》(清写刻本)、茅星来《近思录集注》(《四库全书》本)、陈沆《近思录补注》(清道光刻本)等,均收朱序、吕跋,卷首则分别仅题"李文照集解""归安茅星来撰""后学陈沆补注"。
③ 纪昀总纂《四库全书总目提要》,石家庄:河北人民出版社,2000年,第2363页。
④ 纪昀总纂《四库全书总目提要》,石家庄:河北人民出版社,2000年,第2264页。
⑤ 张葆森纂、李正芳修《邵武县志》卷十四,清咸丰五年(1855)刻本,第16页。
⑥ 程水龙《〈近思录〉集校集注集评》上海:上海古籍出版社,2012年,第1099页。
⑦ 国家图书馆藏元刻明修本《近思录集解》,卷首有淳祐戊申年(1248)叶采《序》,其中称:"朱子与吕成公采撷四先生之书,条分类别,凡十四卷,名曰《近思录》。"淳祐戊申即淳祐八年,可见叶采并非不知《近思录》的编纂出于朱熹、吕祖谦二人之手。

叶采上表,是因为"皇帝陛下……俯询《集解》之就绪,遂命缮写以送官",因此才将"《近思录集解》一部十册,谨随表上进以闻"。① 叶采与杨伯岩是最早给《近思录》作注的两位学者,而且因为师承的关系,均被视为"亲承朱子绪论",②故二人的注本流传很广,而叶采注本尤甚,从宫廷至民间都大受推崇。在清中期江永的注本出现之前,叶采注本一直都是刊刻最多、发行量最大的《近思录》注本。杨伯岩的注本未题朱、吕之名,而叶采的注本卷首附刻《进近思录表》,这势必会让"后来讲学家"援以为据,"遂没祖谦之名"。有南宋叶采导源于前,再加上元代以后朱熹地位的日益攀升,无疑更加剧了人们的这一认识。

即使后世有部分学者注意到《近思录》的作者问题,但仍然更着力强调朱熹之贡献,而认为吕祖谦只是附庸。陈荣捷较早注意到叶采在《进近思录表》中单提朱子的现象,但同时又宣称:"然主动全属朱子,其排编与内容,均以朱子本人之哲学与其道统观念为依据,是则注家未为全误,盖有宾主之分也。"③直至今天,严佐之导读《朱子近思录》中仍称:"比较公允的说法是二人的作用有主次之别:《近思录》的编定是以朱熹为主,吕祖谦的助编并不妨碍《近思录》是一部典型的程朱学派的代表作。因为《近思录》的序次规模及其所体现的理论体系,只有'集理学之大成'的朱文公能与之合配。就此而言,称'朱子近思录'也并不为过。"④笔者所见,仅杜海军一人能一反前辈学者之评价,而大力表彰吕祖谦之贡献:"《近思录》的编纂,吕祖谦其功实伟,编辑思想、所选条目皆以吕祖谦为主导。"⑤

事实上,编书与著书有别,《近思录》纯系摘抄周敦颐等人的著作语句而成,无论朱熹还是吕祖谦,都没有、也不会将其当成自己的著作,这也是后世许多注本都干脆不题二人名字而只题注者姓名的原因。朱、吕二人编纂此书,只是为了便于初学者启蒙入门,本身有一种传播北宋四君子思想的责任感,而绝无半分"版权"保护意识。退一步讲,纵使真有所谓"版权",也应归于周敦颐等四君子,而非朱、吕二人。为古人争

① 程水龙《〈近思录〉集校集注集评》,上海:上海古籍出版社,2012 年,第 1099 页。
② 程水龙《〈近思录〉集校集注集评》,上海:上海古籍出版社,2012 年,第 1122 页。
③ 陈荣捷《近思录详注集评》,上海:华东师范大学出版社,2007 年,第 3 页。
④ 朱熹、吕祖谦撰,严佐之导读《朱子近思录》,上海:上海古籍出版社,2000 年,第 4 页。
⑤ 杜海军《吕祖谦年谱》,北京:中华书局,2007 年,第 158 页。

名分,本身是一种没有多大必要的做法。但从另一个角度来看,近世部分学者热衷于此,也并非全无意义。随着学术研究的日益深入,研究者已开始从内容取材方面加以分析,以探讨编纂者的学术脉络、价值取向等因素。然而要能够真正进行有效的分析,必须先要具备一个前提:我们要区分清楚《近思录》中的语句,究竟哪些是朱熹所择选的,哪些又是来自吕祖谦的圈选,倘若一概归于某一位,那所分析出来的结果必定会隐含着另外一位的影子。

在前辈学者①的研究基础之上,笔者尝试对《近思录》的内容取材加以更为细致的区分,划定其中属于吕祖谦贡献的部分:

其一,所收《伊川易传》内容共计 106 条。吕祖谦对于《伊川易传》用力颇深,在参与编纂《近思录》之前,曾"与一二同志"用旧藏尹和靖标注本与朱熹所订本相互参订,"既又从小学家是正其文字,虽未敢谓无遗恨,视诸本亦或庶几焉"。② 由此可见,吕祖谦对于《伊川易传》的研读与订正都是颇为自信的。而朱熹则明确反对《近思录》收录《伊川易传》的内容,"因论《近思录》,曰:'不当编《易传》所载。'问:'如何?'曰:'公须自见。'意谓《易传》已自成书。"③朱熹并没有明确给出不赞同收录《伊川易传》的原因,"《易传》已自成书"不过是弟子的揣测之词,不可尽信,如钱穆所称:"若谓自成一书即不载,则《太极图说》《正蒙》何以又载入而列之首卷? 此本朱子所不欲载,亦以东莱意载入也。"④

其二,卷九"介甫言律"1 条。据《朱子语类》:"问:'介甫言律'一条何意也? 曰:'伯恭以凡事皆具,惟律不说,偶有此条,遂谩载之。'"⑤

其三,《近思录》中有部分语句,朱熹在其他场合明确表示了反对意见,这些也大致可以确定为出于吕祖谦之手笔,此类情况计有 6 条:卷三"元祐中有客"一条为赞赏《唐鉴》之内容,至称"三代以后无此议

---

① 此处所称"前辈学者",主要为钱穆、陈荣捷、杜海军、程水龙、束景南等人。本文所引材料均注明原始出处,但部分材料已有其他学者率先引用,如下文所引钱穆"若谓自成一书"、朱熹"伯恭以凡事皆具"两条,杜海军《吕祖谦与〈近思录〉的编纂》一文已率先采用,结论亦与笔者相似。不敢掠美前人,特此注出。

② 黄灵庚、吴战垒主编《吕祖谦全集·东莱吕太史集》,杭州:浙江古籍出版社,2008年,第 112 页。

③ 黎靖德《朱子语类》卷第一百五《朱子二》,明成化九年(1473)陈炜刻本。

④ 钱穆《朱子新学案》,成都:巴蜀书社,1986 年,第 845 页。

⑤ 黎靖德《朱子语类》卷第九十六《程子之书二》,明成化九年(1473)陈炜刻本。

论",①而朱熹云:"《唐鉴》议论弱,又有不相应处,前面说一项事,末又说别处去。"②同卷"《春秋》之书"一条,称《春秋》"在古未有,乃仲尼所自作,惟孟子能知之",③而朱熹云:"《春秋》所书……本据鲁史旧文笔削而成。今人看《春秋》,必要谓某字讥某人,如此则是孔子专任私意,妄为褒贬。"④卷九"井田卒归"一条,是倡赞"井田""封建"之文字,而朱熹云:"封建实是不可行……封建、井田……在今日恐难下手,设使强做得成,亦恐意外别生弊病,反不如前。"⑤卷十一"古者八岁入小学"一条,所述"在校之养"制度,朱熹明确表示反对:"恐不然。此段明州诸公添入,当删。不然,则注其下云'今按,程子之言未知何所据也'。"⑥卷十四"孔明庶几礼乐"一条,朱熹云:"孔明也粗。若兴礼乐,也是粗礼乐。"⑦同卷"文中子"一条,本是极为褒誉王通之言辞,而朱熹则对王通颇多斥责:"毕竟是王通平生好自夸大……然王通所以如此者,其病亦只在于不曾仔细读书。"⑧

以上合计共有 113 条,我们可以认为已有较可靠的证据证明它们出于吕祖谦之圈选。值得注意的是,第三种情况下的 6 条均为史料内容。考虑到吕祖谦本身为史学名家,而朱熹则较少涉及这一领域,若认为《近思录》中包含的史料内容大多甚至全部出自吕祖谦之手,恐怕不会偏离事实太远。

吕祖谦的作用,不仅体现在所主张收录的内容上,还体现在所删节的内容以及所否决收录的内容上。前者如:"问'一故神',曰:'横渠说得极好,须当仔细看。但《近思录》所载与本书不同,当时缘伯恭不肯全载,故后来不曾与他添得。'"⑨后者如:"末云:'吾之心,即天地之心。吾之理,即万物之理。一日之运,即一岁之运。'这几句说得甚好,人也会解得,只是未必实见得。向编《近思录》欲收此段,伯恭以为怕人晓不

① 陈荣捷《近思录详注集评》,上海:华东师范大学出版社,2007 年,第 135 页。
② 黎靖德《朱子语类》卷第一百三十四《历代一》,明成化九年(1473)陈炜刻本。
③ 陈荣捷《近思录详注集评》,上海:华东师范大学出版社,2007 年,第 138 页。
④ 黎靖德《朱子语类》卷第八十三《春秋》,明成化九年(1473)陈炜刻本。
⑤ 黎靖德《朱子语类》卷第一百八《朱子五》,明成化九年(1473)陈炜刻本。
⑥ 黎靖德《朱子语类》卷第八十四《礼一》,明成化九年(1473)陈炜刻本。
⑦ 黎靖德《朱子语类》卷第一百三十六《历代三》,明成化九年(1473)陈炜刻本。
⑧ 黎靖德《朱子语类》卷第一百三十七《战国汉唐诸子》,明成化九年(1473)陈炜刻本。
⑨ 黎靖德《朱子语类》卷第九十八《张子书之一》,明成化九年(1473)陈炜刻本。

得,错认了。"①可想而知,类似的情形应当在编纂的过程中会时常出现。

由笔者上述的论据来看,吕祖谦对于《近思录》的成书起到了非常重要的作用。虽然吕祖谦的贡献未必如杜海军所宣称的那么重大,但也绝不会像陈荣捷、严佐之所认为的那样微弱。可以断言,如果没有吕祖谦的参与,我们今天所见到的《近思录》面貌将会大为不同。

尤为值得注意的一点是,《近思录》的取材成书中还包含有其他人的处理意见。《近思录》中有三条涉及举业内容,杜海军曾通过分析吕祖谦、朱熹对于科举的不同态度,认定收录这三条应属于吕祖谦的意见,而据笔者考证,它们应当归入张栻的名下。据朱熹《答张敬夫》书云:"《近思》举业三段及横渠语一段并录呈,幸付彼中旧官属正之,或更得数字,说破增添之意尤佳……兼又可见长者留意此书之意。"②在《答吕伯恭》书中也提及:"钦夫寄得所刻《近思录》来,却欲添入说举业数段,已写付之。"③按,敬夫、钦夫均为张栻之字,由此两书中言辞可确证,《近思录》中的三段举业文字是张栻所要求添入,与吕祖谦无关。学者在分析《近思录》的内容取材及编纂思想时,对这一特例应加以留意。

《近思录》本质上只是一本摘抄前人语句而成的入门读物,条目增多几条或减少几条本来无关大局,但无论朱熹还是吕祖谦显然都没有等闲视之,而是投入了大量的精力,历经几年时间反复讨论修改,甚至于在刊刻成书之后仍在继续补修订正。这种异乎寻常的热情,显然标志着《近思录》一书中凝结着朱、吕二人的某些重要的价值取向,而他们试图要通过内容选材、条目排序等手段体现出来,以感染每一位认真求学的读者。在大致区分开朱熹、吕祖谦对于《近思录》内容的贡献之后,笔者也尝试对他们各自的价值取向进行分析归纳:

吕祖谦最重要的贡献在于坚持《伊川易传》与史料的选取,此两项皆能弥补朱熹之不足。朱熹虽然研读《易经》,但始终主张"如《易》,某便说道圣人只是为卜筮而作,不解有许多说话。但是此说难向人道,人不肯信。……今人却道圣人言理。而其中因有卜筮之说,他说理后,说

---

① 黎靖德《朱子语类》卷第九十七《程子之书三》,明成化九年(1473)陈炜刻本。

② 朱杰人、严佐之、刘永翔主编《朱子全书·晦庵先生朱文公文集》,上海:上海古籍出版社,合肥:安徽教育出版社,2002年,第1391页。

③ 朱杰人、严佐之、刘永翔主编《朱子全书·晦庵先生朱文公文集》,上海:上海古籍出版社,合肥:安徽教育出版社,2002年,第1476页。

从那卜筮上来做什么？若有人来与某辩，某只是不答。”[①]朱熹认定《易经》只是卜筮之书，并不赞同对《易经》的义理做过多阐发，这点与此前的儒学传统并不相符。笔者认为，这才是朱熹不肯在《近思录》中收录《伊川易传》的真正原因，而非此前弟子所猜测的“《易传》已自成书”。吕祖谦看到了《伊川易传》在阐释义理上的价值，所以不顾朱熹反对，坚持要收录《伊川易传》，但他在取材时却有所侧重，并没有引入牵强附会、过度解读之邪风。吕祖谦的谨慎也很快换来了朱熹的认同，朱熹在之后评价道：“《易传》自是成书，伯恭都摭来作《阃范》，今亦载在《近思录》。某本不喜他如此，然细点检来，段段皆是日用切近功夫而不可阙者，于学者甚有益。”[②]此外，吕祖谦对于史料之看重，则是终其一生的坚定信仰。吕祖谦在《左氏博议》中称：“文、武、周公之泽既竭，仲尼之圣未生，是数百年间中国所以不沦于夷狄者，皆史官扶持之力也。”[③]在吕祖谦的眼中，史官不仅具有扶持中华文明的巨大作用，还能同时提供孕育、滋养未来圣贤所必需的养分。这种旗帜鲜明的立场，必然会促使他在《近思录》中增添若干史料条目，以引领初学者重视史学根底。而朱熹身上却有明显的轻视史学的倾向，认为“史是皮外物事，没紧要”，甚至宣称：“史是什么学？只是见得浅。”[④]朱熹对于《近思录》中的史料条目多持反对态度，可见在这一点上，朱熹虽然尊重了吕祖谦的意见，但其实并没有真正达成共识。

概言之，吕祖谦在《近思录》的编纂中存在“求全”的倾向，他试图让《近思录》成为一本包含一切治学领域的纲领性图书。正因为如此，他才坚持要补上“介甫言律”一条以求“凡事皆具”，而朱熹显然并不赞同这种做法，虽然他最后接受了吕祖谦的意见，但一句“遂谩载之”还是能清楚看出他的心迹。

与吕祖谦相比，朱熹编纂《近思录》的目的性似乎更为鲜明一些。

---

① 黎靖德《朱子语类》卷第六十六《易二》，明成化九年(1473)陈炜刻本。

② 黎靖德《朱子语类》卷第一百一十九《朱子十六》，明成化九年(1473)陈炜刻本。

③ 黄灵庚、吴战垒主编《吕祖谦全集・左氏博议》，杭州：浙江古籍出版社，2008年，第183页。

④ 黎靖德《朱子语类》卷第十一《学五》、卷第一百二十二《吕伯恭》，明成化九年(1473)陈炜刻本。

朱熹服膺二程之学,乃至称之为"道丧千载,两程勃兴",^①又称"故承议郎程颢与其弟崇政殿说书颐,近世大儒,实得孔孟以来不传之学",^②可谓推崇备至。南宋之时周边外患不息,党争内耗严重,官方缺少强有力的主流意识形态,而朱熹自居二程学脉,又从二程上溯至张载、周敦颐,再往前跨越直承孔、孟,从而建立起了自己的正学谱系,也因此产生了一种想要弘传北宋四君子思想的迫切的责任感。正如朱熹在《后序》中所描述的那样,此四君子之书"广大闳博,若无津涯,而惧夫初学者不知所入也",^③故而就有了再编纂一本更为精简的入门教材的需要。除了弘扬正学的责任感外,朱熹还很可能面临一种现实上的需要。寒泉精舍是朱熹创办的第一座书院,到淳熙二年(1175)为止,已逾五年之久。无论是在书院中公开讲学,还是日常间传道授业,客观上都很需要一本颇有力的教材,以供师生间相互讨论。朱熹对于入门教材的重视,可能也与他自己的为学经历分不开。朱熹称:"某是自十六七时下功夫读书,彼时四旁皆无津涯,只自恁地硬着力去做。至今日虽不足道,但当时也是吃了多少辛苦,读了书。"^④朱熹因为年少时不能迅速觅得入门路径,不得不"硬着力去做""吃了多少辛苦",是以当自己学问有成之后,他自然希望弟子们能够少走弯路。《近思录》编成刊刻之后,朱熹不仅经常劝说问学者阅读,而且时常随信奉送此书,盛意拳拳。在与亲传弟子的日常问答中,也会频繁地看到朱熹对《近思录》中的具体条目进行阐释,以引领弟子们明辨慎思,追求理学之真谛。由于《近思录》本身所具备的精炼性与权威性,再加上朱熹本人的大力提倡,这部本意仅供初学者入门的读物得以在后世风行天下,不仅成为周程之学的最佳载体,也成为程朱理学十分重要的宣传利器。

① 朱杰人、严佐之、刘永翔主编《朱子全书·晦庵先生朱文公文集》,上海:上海古籍出版社,合肥:安徽教育出版社,2002年,第4064页。

② 朱杰人、严佐之、刘永翔主编《朱子全书·晦庵先生朱文公文集》,上海:上海古籍出版社,合肥:安徽教育出版社,2002年,第572页。

③ 陈荣捷《近思录详注集评》,上海:华东师范大学出版社,2007年,第328页。

④ 黎靖德《朱子语类》卷第一百四《朱子一》,明成化九年(1473)陈炜刻本。

第三节　西山学派与著作刊行

　　南宋庆元党禁之时，朱子学一度遭受重大打击，不仅包括朱熹本人在内的大量成员都被列为"伪学逆党"而遭受迫害，相关学术著作也遭受查禁而不能流通。由于党禁后期存在扩大化的倾向，除朱子学之外，陆氏心学、永嘉学派也同样遭受到了不同程度的打压，曾经学派林立、思想自由的局面一去而不复返。《宋史》云："自侂胄立伪学之名以锢善类，凡近世大儒之书皆显禁以绝之。德秀晚出，独慨然以斯文自任，讲习而服行之。党禁既开，而正学遂明于天下后世，多其力也。"①真德秀还曾主持刊行《近思录》《小学》等程朱理学著作，据黄榦《复李公晦书》云："真文所刊《近思》《小学》皆已得之，后语亦得拜浚。'先《近思》而后四子'，却不见朱先生有此语；陈安卿所谓'《近思》，四子之阶梯'，亦不知何所据而云。朱先生以《大学》为先者，特以为学之法，其条目、纲领莫如此书耳。若近思则无所不载，不应在《大学》之先。"②李公晦与真德秀为师友，故以真氏所刊《近思录》等书寄予黄榦，但黄榦对"后语"不以为然，故有批驳之举。"先《近思》而后四子""《近思》，四子之阶梯"二语，的确出自朱熹，但朱熹此处所谓四子指北宋四子（周敦颐、二程、张载），而非先秦四子（孔子、孟子、曾子、子思）。朱熹《书近思录后》云："读周子、程子、张子之书，叹其广大闳博，若无津涯，而惧夫初学者不知所入也。因共掇取其关于大体而切于日用者，以为此编。……诚得此而玩心焉，亦足以得其门而入矣。如此，然后求诸四君子之全书，沈潜反复，优柔厌饫，以致其博而反诸约焉。"③朱熹之意本自清晰，《近思录》摘取北宋四子之著作而成书，故堪作入门阶梯，但入门之后仍需求取四子全书。黄榦将"四子"误认为先秦四子，故强调不可先《近思录》而后《大学》，可谓风马牛不相及。按此，则可见真德秀在刊行《近思录》时，仍能准确把握朱熹本意，而黄榦虽然是朱熹之门人及女婿，反而对

① 脱脱等《宋史·真德秀传》，北京：中华书局，1977年，第12364页。
② 黄榦《勉斋先生黄文肃公文集》卷第六《复李公晦书》，元刻延祐二年(1315)重修本。
③ 朱熹《晦庵先生朱文公文集》卷第八十一《书近思录后》，《四部丛刊初编》景明嘉靖本。

此书之意图不甚了了。

真德秀(1178—1235),本姓慎,因避宋孝宗讳而改真姓。初字实夫,后改字景元,攻媿先生楼钥又为其改字希元。自号西山,谥号文忠,学者多称西山先生、真文忠公。建宁府蒲城县人。庆元五年(1199)登进士乙科,特授南剑军判官,开禧元年(1205)中博学宏词科,改调闽帅府,又召为太学正。嘉定元年(1208)迁太常博士,上殿奏三札,论和议不可恃及严选狱官等项,务实恳切。旋除秘书省正字,次年除校书郎,寻兼沂王府教授。嘉定三年,迁秘书郎,兼学士院权直。其间多有奏札,针砭时政,直言警拔。次年除著作佐郎,又兼礼部郎官。寻除军器少监,权直学士院。后又摄位吏部侍郎,侍宁宗祭祀于南郊。六年,擢起居舍人,屡进史书故实,劝上理政敬民。旋充金国贺登位使,行至盱眙,逢北方乱,留两月,不克成礼而返。凡山川险易、边民疾苦,皆识于册,归日奏情状于上,谓岁币可绝,上从其议。时权相史弥远方以爵禄縻天下士,遂力请去,出为江东转运副使。江东旱蝗,奏乞蠲阁夏税秋苗、拨米赈济,劾罢赈灾不力官员,又亲至广德以便宜发廪振给,活者甚众。十一年,海盗犯泉州,遣发官兵收捕,旬月之间海道顿清,因功特转一官。十五年,诏除宝谟阁待制、知潭州、湖南安抚使。理宗即位,召赴行在,除礼部侍郎兼直学士院、兼侍读,又诏兼同修国史、实录院同修撰。在职屡进鲠言、举进贤良,遭史弥远党羽排挤,遂屡请辞官,不获许,终因劾奏而落职罢祠。绍定六年(1233),史弥远薨,礼部郎中洪咨夔奏请起用真德秀等,遂除显谟阁待制,知福州、福建安抚使。端平元年(1234),又除权户部尚书。至行在入见,除翰林学士、知制诰兼侍读,进呈所纂《大学衍义》,并为理宗讲读《大学章句》,于经义多所发明。此年,除参知政事,进资政殿学士、提举万寿观兼侍读,乞致仕,寻卒,终年五十有八。

德秀幼年家贫,十五而孤,然能强力为学,用功不辍。门人刘克庄所撰《行状》称其“入小学,夜归,尝置书枕旁,灯膏所薰,帐皆墨色”,[①]足见其刻苦程度。入仕之后,又尽读朱文公诸书,发挥天理人心之妙,至有及门而不尽得者。权相史弥远气焰熏天之时,德秀能率先引而去

---

① 刘克庄《后村先生大全集》卷一百六十八《西山真文忠公》,《四部丛刊初编》景旧钞本。

之,并称"吾徒须急引去,使庙堂知世亦有不肯为从官之人",①其捍卫名教之风节历历在目。其后德秀曾在家乡浦城筑西山精舍,日与詹体仁、黄叔通等亲友讲学论道。詹体仁为朱熹亲传弟子,德秀与之切磋磨砺,学力日新。德秀虽弗获亲炙于朱文公之门,然自谓受其罔极之赐,资深守固,异说不能入。庆元党禁后,程朱理学得以迅速复盛,德秀与有力焉。盖德秀能诚意正心,体悟理学之精神,又能亲身践履,奖掖后进,慨然以斯文自任,故令见者心服、闻者倾心。《宋史·真德秀传》称其"立朝不满十年,奏疏无虑数十万言,皆切当世要务,直声震朝廷。四方人士诵其文,想见其风采。及宦游所至,惠政深洽,不愧其言,由是中外交颂",②可谓朱子后学之表率。蔡衍鎤称:"闽学之倡也,始于龟山;其盛也,集于朱子;其末也,振于西山。"③

真德秀与魏了翁一起被视为南宋朱子学的殿军,也是确立朱子学正统地位的关键性人物。真德秀虽未能亲炙于朱熹之门,然自谓受其"罔极之赐",且早年又有从朱熹亲传弟子詹体仁游学的经历,故一向被视为继朱熹之后的理学正宗传人。真德秀所著《大学衍义》得到了历代君臣的认可,"宋理宗谓德秀曰:'卿所进《大学衍义》一书有补治道,朕朝夕观览,便合就今日进讲。'及讲毕致词,忻然嘉纳。元仁宗见《大学衍义》,谓侍臣:'治天下,此一书足矣!'因命王约节译刊行,以赐臣下。至治中,翰林尝译之而进呈。泰定中,吴澄又以此而进讲。其时尊而信之者,号称盛治;说而不绎者,亦致小康",④"(明太祖)尝问以帝王之学何书为要,宋濂举《大学衍义》,乃命大书揭之殿两庑壁",⑤后明宪宗初御经筵,张宁亦上疏请求进讲《大学衍义》,足见此书自宋至明始终流通不衰。由于《大学衍义》的影响太大,兼之真德秀对于朱子学的极度推崇,乃至宣称"吾州子朱子之学,万世之学也",⑥因而《宋元学案》评价其"依门傍户,不敢自出一头地,盖墨守之而已",⑦此后学界形成了一

---

① 脱脱等《宋史·真德秀传》,北京:中华书局,1977 年,第 12959 页。

② 脱脱等《宋史·真德秀传》,北京:中华书局,1977 年,第 12964 页。

③ 蔡衍鎤《操斋集》卷七《吴朝宗闻过斋集序》,清康熙刻本。

④ 张宁《方洲集》卷一《乞进讲大学衍义表》,清文渊阁《四库全书》本。

⑤ 张廷玉等《明史·宋濂传》,北京:中华书局,1974 年,第 3786 页。

⑥ 真德秀《西山先生真文忠公文集》卷第二十九《送全永叔序》,《四部丛刊初编》景明正德刊本。

⑦ 黄宗羲、黄百家撰,全祖望序录《宋元学案》卷八十一《西山真氏学案》,清道光刻本。

种真德秀固守朱子学、缺少主动创新的印象。尤其在清代考据学兴起之后，褒奖魏了翁的经学而贬低真德秀的理学，更成为一种明显的趋势。而事实上，德秀既涉猎经史，又有经济之才，平生著述颇多，《大学衍义》只是真德秀《西山读书记》乙记的上编部分，而且作为进呈帝王御览的图书，其体例并不适合罗列诸家异说、撰录大量的个人创见，故而以陈述程朱学派的定论为主。真德秀的经学思想则主要保留在《西山读书记》一书中，此书"既博且精，凡诸经、诸子、诸史、诸儒之书之所当读、当讲者皆在焉，乃有载籍以来奇伟未尝有之书也"。① 真氏对此书亦十分自信，尝语门人："此人君为治之门，如有用我者，执此以往。"②《西山读书记》本分甲、乙、丙、丁四记，据开庆元年（1259）德秀门人汤汉《序》称："西山先生《读书记》惟甲、乙、丁为成书。甲、丁二记近年三山学官已刊行。乙记上则《大学衍义》是也，其下卷未及缮写而先生没，稿藏于家，学者罕见之。汉来建安，请于先生嗣子仁夫右司，传钞以来，手自校定，厘为二十二卷。"按此，则乙记上即为《大学衍义》一书，此书德秀于端平元年（1234）献诸朝廷，早已别本单行；甲、丁二记在开庆元年之前即已先刻成，乙记下则最后刊行，而丙记则未有成书。故《西山读书记》全本凡六十一卷，其中甲记三十七卷，首论性、心、情，为一篇之纲领，继之以论学，以做求道入德之门，凡自"天命之性"至"鬼神"又各分小类，结构合理，颇具匠心；乙记下二十二卷，载虞夏至唐李德裕间名臣贤相事业，略仿编年之体，以正己、格君、谋国、用人四目考论其人，盖欲令辅君之法见诸行事，而古今兴乱治忽之故犁然可睹；丁记二卷，上卷论出处大义，下卷分论处贫贱、处患难、处生死、安义命、审重轻诸目，与上卷互相发明，以见君子与时进退之道。凡全书所论，概先以大字罗列经史原文，又以小字注文罗列诸家言论，间亦陈述己见，于条末下按语以品评之。凡所征引名言绪论·大抵以程朱为主，然不甚拘泥于门户之见，如张栻、吕祖谦、苏轼、王安石等人皆有所采，观点相互出入者亦并载之。凡诸家往复辩难书信，亦择其精粹而载入，可供剖析彼此立论之差异，对准确把握古人之立场大有帮助。从《西山读书记》的丰富内容来看，真德秀并未一味墨守朱子的学说，而是凡前辈学者意见不能统一之处都逐一罗列，并具体指明其与朱子观点不合之处，并标明"再详之"

---

① 陈栎《定宇集》卷七，清文渊阁《四库全书》本。
② 脱脱等《宋史》，北京：中华书局，1977年，第 12963 页。

"俟再考"云云。真德秀的学术态度也较为达观,即使佛教、道教、文人群体中有堪供采撷的只言片语,他也广加摘录,因而一直蒙受"不能攘斥佛老"①之讥。但这也从另一侧面反映了他的治学取径,相较传统的朱子学者更有所突破的特点。在本体论、性理、事功、道统等若干重要理论体系上,真德秀都对朱子学进行了重新建构或革新修正,进一步发展和弘扬了朱子的学说。《四库全书总目提要》称此书"在宋儒诸书之中,可谓有实际者矣",②诚不为过论。胡居仁《居业录》卷三云:"自孟子后千四百年,无人见得此道分明。董子见其大意,孔明天资有暗合处,韩退之揣见仿佛,至程、朱方见得尽。自朱子后,无人理会得透彻,真西山庶几。"③全祖望《题真西山集》亦称:"乾淳诸老之后,百口交推,以为正学大宗者,莫如西山。"④可以说,真德秀并非一位朱子学的墨守成规者,而是促使朱子学系统化、官方化的关键人物。

《西山读书记》甲、丁二记在开庆元年(1259)之前即由三山学官刻成,乙记下则由汤汉最后校定刊行,而丙记则未有成书。三山为福州别称,今宋本乙记下、丁记卷末皆有"监雕:迪功郎福州福清县县学主学张植;提督:奉议郎通判福州军州事兼西外宗正丞黄岩孙;提督:奉议郎特添差福建安抚司参议官仍厘务涂演"三行题记,可知除甲记、丁记之外,乙记下亦由三山学官负责刊刻事宜,汤汉只是稿本的校订者。乙记上即《大学衍义》一书,此书真德秀于端平元年(1234)献诸朝廷,早已别本单行,习惯上并不包括在《西山读书记》之内。譬如《四库全书总目提要》中所载江西巡抚采进本"《读书记》六十一卷",亦只含甲记三十七卷、乙记下二十二卷、丁记二卷,而不计《大学衍义》。

宋淳祐七年(1247)王稼称:"郡庠刊《西山读书记》成,学者争诵之。"⑤郡庠即府学,此所谓刊成云云,时间在汤汉传钞之前,故尚不包括乙记下。但乙记下、丁记既然皆由张植等人负责雕刊,则其存板当在一处。按此,《西山读书记》于开庆元年(1259)在福州全部刊成之后,板片一直存放于福州府学,一方面因此书体例详明,于先儒授受源流无不胪晰,甚便治学问道,另一方面也因其卷帙浩繁,双行小字注文过多,翻

---

① 全祖望《鲒埼亭集外编》卷三十一《题真西山集》,清嘉庆十六年(1811)刻本。

② 纪昀总纂《四库全书总目提要》,石家庄:河北人民出版社,2000年,第2376页。

③ 胡居仁《居业录》卷三《圣贤第三》,清文渊阁《四库全书》本。

④ 全祖望《鲒埼亭集外编》卷三十一《题真西山集》,清嘉庆十六年(1811)刻本。

⑤ 王稼《序》,载陈淳《北溪字义》卷首,上海图书馆藏明正德三年(1508)寿藩刻本。

刻实属不易,故自南宋至明代,虽然偶有选刊本出现(如选刊甲记若干卷或单独刊印乙记下),但全本则一直使用此套板片重新修补刷印。笔者所见国家图书馆、北京大学图书馆、吉林省图书馆、台湾"中央"图书馆等处所藏福州刊递修本,主体板片无论字体及板裂状况皆可吻合,可知皆同出一源,惟刷印时间则互有差异。据北京大学、台湾"中央"图书馆所藏宋、元、明三朝递修本考察,可以确认《西山读书记》至少有十次补板:

第一次、第二次补刊发生在南宋晚期,具体时间不详,但应距离初刊时未久。其一,样例如甲记卷二第 8 页,卷三第 29 页,卷七第 31 页,卷八第 15、16 页等;其二,样例如甲记卷十五第 11 页等,版心狭窄,无下鱼尾。以上两种补刊板片均于版心最下方记该页字数,与前后板片特异,当为补刊工匠计酬之用。原本刊于福州,字体近柳体字,是典型的闽刻风格,而此两次补板则为工整欧体字,属典型的杭州刻本风格。联系汤汉的仕途履历,开庆元年(1259)乙记下刊成之后,其由提举福建常平任上被召为礼部郎官兼太子侍读,此后大部分时间都在福建与京城(杭州)两地为官,很容易让人推出《西山读书记》的板片随汤汉运至杭州国子监,故采用了杭州刻工补刊个别板片的结论。然而这一结论并不可靠,因为杭州国子监的板片入元后储存在西湖书院,但据元代胡师安等人所编《元西湖书院重整书目》,并未记载收藏《西山读书记》一书及其板片。笔者推测板片自刻成之后始终收藏在福州府学,直至元军攻破杭州之后,南宋小朝廷重新定都福州,大量杭州刻工扈从而至,因而承担了一定量的补板工作。丘濬(又作邱濬)《大学衍义补》称"尚幸十三经注疏板本尚存于福州府学",[1]王鏊《震泽长语》亦称"今犹见于十三经注疏,幸闽中尚有其板",[2]可佐证福州府学直至明代成化年间仍储有大量宋元板片,并未因朝代更迭而迁移毁弃。

元代是补刊重刷的高峰期。有 4 次补刊在版心下方明确标注了年份,分别为大德五年(1301)补刊(样例如乙记下卷一第 44 页、卷六第 50 页),大德十年(1306)补刊(样例如乙记下卷十七第 53 页),延祐五年(1318)补刊(样例如甲记卷二十七第 1、15~24 页),元统二年(1334)补刊(样例如甲记卷二十六第 1、15、18 页)。其中延祐五年(1318)补刊

---

① 丘濬《大学衍义补》,北京:京华出版社,1999 年,第 806 页。
② 王鏊《震泽长语》卷上,国家图书馆藏明刊本,第 1 页。

第二章　福建朱子学的传播与扩张

板片数量最多,可知原板片至此时已出现了大量的损坏。考虑到延祐年间正是元代科举重新开启的时期,不排除这次大规模的补刊活动背后有科举利益的推动。

此外,另有 3 次补刊未标注年代,但根据板式、字体判断,应当发生在元末明初。其一,样例如甲记卷七第 20 页,卷三十五第 23、26 页,字体与前后板片迥然有别,兼之原本为白口,此页则为上黑口,版心最下方又题写刻工姓名"何敬""戴添"等。又,样例如甲记卷三十五第 24、25 页,乙记卷一第 69 页,上下大黑口,版心最下方题刻工姓名"范"等,与前者略有差异,或为同期不同刻工所补刊板片。其二,样例如甲记卷十七第 31、32 页,乙记下卷六第 63、64、65 页,卷十八第 19、20 页,板式、字体亦皆与原本迥然有别,书名题写在上鱼尾上方,且行文潦草倾斜,一望即知为不善书之工匠所补刊者。其三,样例如乙记下卷七第 53 页,各种错漏讹字达 46 处,全书罕见。此页上鱼尾之上记板片字数,下鱼尾之下记刻工名"禾"字,字体也与前后板片特异,应为识字不多的工匠所补。

入明之后,《西山读书记》的板片最终入藏南京国子监。至明代嘉靖元年(1522),板片迎来了最后一次大规模的补刊,样例如甲记卷三十七第 3 页,乙记下卷八第 65、66 页等,皆于上鱼尾上题"嘉靖元年补刊",下鱼尾之下则记页码和板片字数。嘉靖《南雍志》记载了板片在国子监的储存状况:"《真西山读书记》六十卷,存者二千八百面。……今但有甲三十七卷,丁二卷,乙上《大学衍义》四十三卷、下《读书记》二十二卷,丙缺。"①按,"六十卷"当为六十一卷,即甲记、乙记下、丁记之和,因乙记上《大学衍义》别出,未计入卷数。据笔者统计,《西山读书记》正文页面合计 2701 面,然则经过嘉靖元年的补刊,此书的板片已基本完整,2800 面应包括残损的板片与补刊的新版片在内,故存在重复之数。

上述 10 次补刊活动,仍只是笔者所考辨出的较明显者,此外又有若干板片亦有补刊嫌疑,但因为采用了与底本一致的行款、板式,字体风格亦略相似,故无法下断语。而补板之中,又有一补再补者,譬如甲记卷十第 28 页,台湾"中央图书馆"所补即上述杭州刻本风格者,而国家图书馆藏宋刻元修本此页则为臆补,内容不连贯,属上述"行文潦草

① 黄佐《南雍志》卷十八,民国二十年(1931)影印明嘉靖二十三年(1544)刻增修本,第 33 页。

倾斜者"。又如甲记卷三十二第 24 页,台湾"中央图书馆"藏两种版本,但字形及内容却有明显差异,可见初次补板之后又有再次补板修正。

今世间所传全本《西山读书记》均存在缺页或补板现象,无一例外。国家图书馆所藏宋刻元修本《西山读书记》六十一卷,今所见最晚所补板片标注为元统二年(1334),北京图书馆出版社 2006 年出版《中华再造善本》即据此本加以景印(以下简称"再造本")。再造本卷首有"安乐堂藏书记""海源阁""杨绍和曾敬观天禄琳琅秘籍""东郡宋存书室珍藏"藏书印,知其曾为怡王府藏书,后归杨氏海源阁,并最终入藏国家图书馆,洵为珍稀之善本。但再造本仍存在十分严重的缺页现象,据笔者统计,所缺页凡合计二十七板五十四面,个别残缺者(如破洞、缺角等)尚不计在内。今列表如下:

表 2-1　再造本缺页统计

集数	卷数	缺页状况
甲记	卷一	第 27、28 页各残半板
	卷三	第 15、16 页各残半板
	卷四	第 5 页残半板 第 11 页残半板 第 22 页缺整板
	卷十	第 4 页缺整板
	卷二十	第 19、20 页缺整板;底本有第 20 页,但实为第 21 页重出
	卷二十六	第 15 页缺整板;底本有第 15 页,但实为第 17 页重出
	卷二十八	第 5、6 页各残半板 第 23、24 页缺整板 第 28 页缺整板
	卷三十六	第 12 页缺整板
	卷三十七	第 3 页缺整板
乙记下	卷一	第 47、48 页缺整板
	卷三	第 13、14 页缺整板
	卷八	第 65、66 页缺整板
	卷九	第 43、44 页各残半板
	卷十一	第 69、70 页缺整板;底本有第 69 页,实为卷十二第 69 页重出

续表

集数	卷数	缺页状况
乙记下	卷十四	第 36 页缺整版
	卷十六	第 11 页缺整板
	卷十七	第 49 页缺整板
	卷二十	第 46 页缺整板

上述大量缺页并非无从弥补,除甲记卷十第 4 页、卷二十六第 15 页及卷二十八第 23、24 页之外,宋、元、明三朝递修本均已补刊板片,与原版行款、内容皆衔接一致。亦即,再造本缺页之中的绝大部分,在明代嘉靖元年(1522)已重新补刊板片,补足了原本的内容。再造本另有若干虽然不缺页,但是板裂、漫漶过于严重的页面,三朝递修本也进行了替换。

清代以来,此书罕见流传,偶有藏本,又珍同拱璧。李光地曾购得两部,补缀残缺,一部献于康熙帝,一部藏家中。乾隆初雷鋐读书中秘馆阁,诸公托其寻觅是书,然此书时为宫廷秘藏,寻又选入天禄琳琅,遂充乾隆皇帝珍玩之物,雷鋐亦无从得见,故无以应求。约在同时,真德秀裔孙真鼎元、真元杰遍加搜访,自称"于吴越间迭购古本二,其一则开庆汤汉刊,其一则咸淳乙丑(1265)陈氏所梓","陈刷脱简,商之同研李君萼等,集厥采用书目,互相磨校,有证者补,无文仍阙,厘为四十卷,寿之梨枣"。此本即真氏祠堂本,牌记称"乾隆四年(1739)重镌",卷首附乾隆八年雷鋐序。此本刊成后亦多次重印,遂有咸丰七年(1857)、同治三年(1864)等补板重刷本。真氏祠堂本变乱原书体例,将丁记上、下两卷分别列入第三十四、第三十三卷,其余条目亦有移动重排乃至削除不录者,且全书并无乙记下二十二卷内容。按此,鼎元所见两种"陈刷脱简"之古本,当为甲记、丁记之后刷本,彼实未尝见乙记下古本。真氏祠堂本虽有校补之功,然于古本漫漶处往往率加己意补缀,以求句意连贯,遂引发了时人对祠堂本变乱宋本体例的激烈批评。譬如《天禄琳琅书目后编》云:"见在盛行祠版,乃以丁记二卷羼入甲记为第三十三、三十四卷,又勾甲记为三十八卷以足四十之数,而乙记下不刊,颠倒遗漏。"①类似的批评虽然无误,但若站在真氏裔孙的立场上判断,这却是

---

① 彭元瑞《天禄琳琅书目后编》卷五,清光绪刊本,第 11 页。

一种很无奈的选择。真氏裔孙所得宋代咸淳乙丑(1265)陈氏所梓之本,今已散佚,无从详考,此前的历代藏书目录中亦从未提及,但据其刊行时间判断,仅在汤汉刊行全本之后六年,此时全本板片并未毁弃(如前所述,全本板片直至明代仍留存于世,总数量超过两千七百片,而且多双行小注,工程庞大),则陈氏所梓当非全本而是选编本,这也正是清代仍可觅得此书,历代却从未记录有另外一套全本的原因。至于真氏裔孙所得第二种汤汉所刊古本,虽无具体描述,但笔者仍可大致推断,其所得应当为一残本,且刷印时间应在明代嘉靖之前。笔者寻找的关键证据在甲记卷三十二第 24 页.此页由于先后两次补板,造成了细微的文字差异,所补板片版心下皆题"延祐五年刊"及刻工名姓"林",惟再造本铲削"延祐五年刊"字样,只留有"林"字。今按,同卷第 21~24 页版心皆题"林"字,而第 24 页版心、字体不同,然则"林"当为底本原刻工名姓,而非补刊刻工。笔者比勘台湾"中央图书馆"所藏叶恭绰旧藏六十一卷本(以下简称"台全本")与再造本的此页板片,由于再造本重描过板框,故乍看之下似有差异,但细查则文字形态、栏线板裂吻合一致,可知同出一板。台湾"中央图书馆"另藏抱经楼旧藏甲记三十七卷本(以下简称"台甲本"),此页版心亦注明"延祐五年刊",但台全本、再造本"而美厚复不不常厌足"之"不不",此本作"尔不",显然是在重新补板时修正了错讹之处。祠堂本亦作"尔不",可推知其底本刷印时间应在台全本、再造本之后。再造本最晚的补板时间为元统二年(1334),则祠堂本之底本的刷印时间不会早于此年。又,台甲本即前述三朝递修本,已有嘉靖元年(1522)补刊页面,故其刷印时间应晚于祠堂本的底本。概言之,真氏裔孙所得汤汉之刊本,其刷印时间应介于元统二年至嘉靖元年之间,此期内并无较大规模的补刊活动,故其底本仍保留有大量的缺页及漫漶页面。

《西山读书记》六十一卷全本,在明代中期时已极为罕见。刊行于万历年间的《内阁藏书目录》,记录内阁共收藏《西山读书记》十种,但皆为缺卷残本,其中竟然无一完璧。清代李光地在康熙晚年万寿节时进呈一部《西山读书记》,其札子内称:"真德秀《读书记》乃其平生攻苦积累所成,颇为前儒推重。然访之德秀浦城旧乡,久无此板,故此本皆系前人写补,间亦残缺一二,无从钞足。若禁苑未备此书,似亦可供乙夜之览也。"①以李光地重臣之身份，又属进呈皇帝万寿节贺礼，竟犹无从觅得全本，其珍稀之程度可以想见。《天禄琳琅书目后编》载此内府所藏本，缺丁记，甲记又缺五卷，亦可相佐证。以真氏裔孙之力，要觅得完整之古本，其概率极低。祠堂本刊行流通之后，《四库全书》又据以抄录，并未觅抄真氏裔孙的两种古本，也可从侧面印证真氏裔孙所得不全。祠堂本《重镌西山真文忠公读书记本末后》称："第汤锓虫晦，陈刷脱简，商之同研李君尊等，集厥采用书目，互相磨校，有证者补，无文仍阙，厘为四十卷，寿之梨枣。"所谓"陈刷脱简"云云，从侧面佐证了笔者的结论，亦即其底本应存在大量残缺，而"汤锓虫晦"之语，似乎底本的保存状况亦不甚佳，困难之上更添障碍。由于底本的先天不足，祠堂本既无法刊行乙记下二十二卷，就只能合刊甲记三十七卷与丁记二卷。而甲记最末一卷原本只有 9 页，与其他诸卷厚度并不相埒，故祠堂本将甲记三十七卷、丁记二卷重编为四十卷本，至少在卷数上属于十分自然的选择，无足深怪。从常理而言，真氏等人既为真德秀裔孙，又于康熙时即已开始整理刊行《真西山全集》，自无删削祖先著作而不刻之理。

祠堂本出现之后，前后多次刷印，虽有若干缺陷，但终归瑕不掩瑜，比珍稀的宋版递修本更为易得，也让大部分后代学者借此获知了真德秀的正己、谋国之法。祠堂本的影响力本局限于福建一隅，但《四库全书》又据以抄录入库，则将其影响力扩展至全国，对传播真德秀的学术思想更有助益之功。惟四库馆臣在校勘底本时，采用了与祠堂本几乎完全一致的"臆改"方式。凡祠堂本改动之处，若文句通顺，则《四库全书》本依样保留；若文句不畅，则《四库全书》本酌情改字，绝大多数亦是修改为字形、字音相近之字。祠堂本间或有仍缺之处，《四库全书》本亦未核查所引原书补足，而是依样留缺。譬如祠堂本卷三十五第 33 页（对应再造本甲记卷三十二第 25～26 页），共有 5 处文字残缺，合计残缺 38 字，《四库全书》本皆注明"中阙"而未补。前三处转引自张耒《书宋齐丘化书》，此篇《苏门六君子文粹》《宋文选》《文章辨体汇选》三书皆收，而此三书皆有《四库全书》本；后二处转引自《朱子语类》，而此书亦有《四库全书》本。四库馆臣竟连本馆所同编之书亦懒于参校，仅一味踵袭而抄录之，可谓不能尽心其事者。

概言之，《西山读书记》于开庆元年（1259）在福州全部刊成之后，一

---

① 李光地《榕村集》卷三十一《万寿节进书札子》，清文渊阁《四库全书》本。

方面因此书体例详明,于先儒授受源流无不胪晰,甚便治学问道,另一方面也因其卷帙浩繁,翻刻实属不易,故自南宋至明代,主要使用旧板片重新修补刷印,直至清代祠堂本、《四库全书》本出,才勉强满足了学者的阅读需求,由此也可以看出此书在福建的受欢迎程度。

真德秀被视为朱子学的殿军人物,其贡献不仅在于他总结和推广程朱学说,还在于他培养出了大批的朱子后学人物,而这些人也成为福建朱子学传承不绝的重要力量。《道南一脉》云:"真西山守泉时,作尊行堂招云山郑先生、梅坞林先生、信斋杨先生三人,朔望开诸郡守,帅子襟以听。"①真德秀终其一生不忘讲学,他所创立的"西山真氏学派",以家乡所筑的西山精舍为主要活动场所,其后学成员包括王应麟、马光祖、金文刚、孔元龙、吕良才、吕敬伯、刘炎、陈均、周天骏、徐元杰、刘克庄、程掌、徐几、汤千、刘汉传、王天与等人,是朱子学脉中最重要的支脉之一。当前学界对"西山真氏学派"的研究严重缺乏,据孙先英《西山真氏门派及其学术特点》一文统计,"真氏门弟子大概可信者有 41 人","福建和江西居多"。②元代文运不昌,长期不举行科举,故而以儒学知名者少,此类后学人物往往无著作传世,影响亦偏于当地,故而难以详考其生平事迹,但他们在学术传承上的维持、过渡之功同样功不可没。

第四节　福建朱子学的发展历程与地域差异

宋代以来,福建文风极盛。宋代福建进士 7038 人,《宋史》收录福建名人 179 人,其中《道学传》《儒林传》载福建籍 17 人,《宋元学案》中福建立案学者 178 人,以上四者数据皆居全国第一,而福建建阳又是宋代"四大刻书中心"之一,故陈必复《林尚仁〈端隐吟稿〉序》称:"担簦负笈来试于京者常半天下,家有庠序之教,人被诗书之泽,而仕于朝为天子侍从亲近之臣、出牧大藩持节居方面者亦常半。而今世之言衣冠文物之盛,必称七闽。"③朱熹出生于南剑州尤溪(今属福建省尤溪县),又

---

① 黄文炤《道南一脉》卷首《凡例》,日云内阁文库藏旧写本,第 2 页。

② 孙先英《西山真氏门派及其学术特点》,《船山学刊》2009 年第 4 期,第 89 页。

③ 陈起《江湖小集》卷三十三《林尚仁端隐吟稿》,清文渊阁《四库全书》本。

长期在福建同安、建阳、漳州等地居住、为官及讲学,因而福建一地保留着深厚的朱子学传承,类似黄榦、蔡沈、陈淳、真德秀等人皆可谓一时瑜亮。《道南一脉·诸儒列传》云:"瓯自定夫立雪程门,载道南来;紫阳绍罗、李之脉,卜居是乡,而建学振振起。刘逸之一门四先生,共振其绪;胡五峰同姓五先生,群畅其风,而皆诞于崇安一邑。猗与嗣是,而建阳蔡季通父子兄弟,蒲城真西山师友门徒,后先映发,益浚其流。百年间,幔亭九曲之内,学院充斥其间。老师宿儒,递主讲席;小子后生,咸禀洛教。自书契以来,未有贤人骈迹若是之蒸蒸者。虽媢嫉秉钧,迁谪禁锢;胡运猖獗,干戈载途,丹山碧水之地犹然弦歌不辍。"①福建名士辈出,又吸引全国各地的学者入闽,令闽地成为程朱理学的授受、交流中心。以福州长乐县名士黄榦(号勉斋)为例,据《黄勉斋文集序》云:"晦翁朱夫子倡道东南,士之游其门者无虑数百人,独勉斋先生从游最久,于师门最为亲密。……当事者忌而挤之,先生遂无复用世意,退居田里,编礼著书,巴蜀江湖之士皆来受学,推衍文公之道以传诸奕世。"②黄榦得朱子亲传,故巴蜀江湖之士不远万里赴闽就学,当时之盛状由此可窥一斑。据陈荣捷《朱子门人》统计,朱子门徒(含私淑)"计福建一百六十四人,浙江八十人,江西七十九人,湖南、安徽各十五人,江苏、四川各七人,湖北五人,广东四人,河南、山西各一人","朱子整生十九住在福建,生徒自然以福建为最"。③ 此外,建阳所辖的麻沙、崇化两地又是著名的雕版印刷中心,大量的朱子学论著(尤其是科举类书籍)被印刷发行,也进一步巩固了朱子学在当地的统治地位。尽管朱子的门徒来自全国各地,但朱子学却被后世称为"闽学",并不仅仅是因为福建籍的学者数量最多。清代蒋垣云:"濂、洛、关、闽皆以周、程、张、朱四大儒所居而称。然朱子徽州人,属吴郡,乃独以闽称,何也? 盖朱子生于闽之尤溪,受学于李延平及崇安胡籍溪、刘屏山、刘白水数先生。学以成功,故特称闽,盖不忘道统所自。"④朱子生长于闽,受学于闽,学术活动亦主要在闽,故谓其学术为闽学,实在恰如其分。南宋的伪学之禁与最终解除,已令朱子学的影响波及全国,再加上如此众多的各地门徒,以及朱子、真德秀等人所刊行的大量本宗派书籍,闽学的主要架构遂逐渐趋

---

① 黄文炤《道南一脉》卷六,日本内阁文库藏旧写本,第 10 页。
② 张伯行《正谊堂文集》卷七《黄勉斋文集序》,清乾隆刻本。
③ 陈荣捷《朱子门人》,上海:华东师范大学出版社,2007 年,第 9 页。
④ 蒋垣《八闽理学源流》卷一,清抄本。

向完备。

元代虽然是儒学地位下降的时代,但却是朱子学被正式确立为官方正统的时代。皮锡瑞《经学历史》云:"朱学统一,惟南方最早。金、元时,程学盛于南,苏学盛于北。北人虽知有朱夫子,未能尽见其书。元兵下江、汉,得赵复,朱子之书始传于北。姚枢、许衡、窦默、刘因辈翕然从之。于是元仁宗延祐定科举法,《易》用朱子《本义》,《书》用蔡沈《集传》,《诗》用朱子集《传》,《春秋》用胡安国《传》,惟《礼记》犹用郑注,是则可谓小统一矣。"①南宋与金朝长期对立,书籍流通十分不便,如赵翼《瓯北诗话》所称:"南宋人诗文则罕有传至中原者。疆域所限,固不能即时流通。"②另据元代苏天爵《默庵先生安君行状》云:"国初有传朱子《四书集注》至北方者,溽南王公雅以辨博自负,为说非之。"③由此可见,朱子的《四书集注》等著作最早在元初时才传入北方,而且应当只是个别现象,此论大致与"元兵下江、汉,得赵复,朱子之书始传于北"相吻合。元朝消灭南宋,虽然是南方朱子学者之不幸,但却让理学诸书的流通再无障碍,对朱子学说的扩展与传播十分有利。此后朱子学大兴,宗其学者遍于全国,凡应科举者必以朱子为宗,但福建的地域优势却不复存在,其数量和文风都较南宋有所逊色。若究其缘由,元代的民族压迫与科举限制当为罪魁祸首。元代将国民划分为四等,一等蒙古人,二等色目人,三等汉人,四等南人。福建是抗元战斗的最后省份之一,赵昰即在福州即皇帝位,率领南宋流亡君臣继续抵抗,故在元军攻破福建之后,其百姓被归为南人。元仁宗皇庆二年(1313)下诏恢复科举,此后蒙古人、色目人与汉人、南人分开考试,而无论乡试还是会试,蒙古人和色目人都只考两场,汉人和南人则必须考三场,试题难度也差异很大。据《元史》记载考试程序:"蒙古、色目人:第一场经问五条,《大学》《论语》《孟子》《中庸》内设问,用朱氏《章句集注》,其义理精明、文辞典雅者为中选。第二场策一道,以时务出题,限五百字以上。汉人、南人:第一场明经、经疑二问,《大学》《论语》《孟子》《中庸》内出题,并用朱氏《章句集注》,复以己意结之,限三百字以上;经义一道,各治一经,《诗》以朱氏为主,《尚书》以蔡氏为主,《周易》以程氏、朱氏为主,已上三经兼用古注

① 皮锡瑞《经学历史》不分卷,清光绪思贤书局刻本。
② 赵翼《瓯北诗话》续卷十二《南宋人著述未入金源》,清嘉庆湛贻堂刻本。
③ 苏天爵《滋溪文稿》卷二十二《默庵先生安君行状》,民国"适园丛书"本。

疏,《春秋》许用三传及胡氏传,《礼记》用古注疏,限五百字以上,不拘格律。第二场古赋、诏、诰、章、表内科一道,古赋、诏、诰用古体,章、表四六,参用古体。第三场策一道,经、史、时务内出题,不矜净藻,惟务直述,限一千字以上成。蒙古、色目人愿试汉人、南人科目,中选者加一等注授。蒙古、色目人作一榜,汉人、南人作一榜。"①蒙古人、色目人的考试难度低而录取人数多,试题只有经问五条、时务策一条,而且经问只从四书出题,以朱子《四书章句集注》作为标准答案,但在录取人数的分配上,乡试总共选拔 300 人参与会试,蒙古人、色目人则与汉人、南人各占 75 人。元朝科举虽然名为选拔治世儒生,但更注意维护蒙古人、色目人的上层统治地位,仍对选用汉人、南人加以程序限制,其用心灼然可见。至于为何元朝废弃了宋、金两朝成熟的科举方案,而改为全面推重朱子学,前辈学者多从朱子学本身寻找内在原因,这固然很难证伪,而且也极有可能是重要因素之一,但似乎因果之间并不具有必然的联系。笔者主张元朝之所以采纳朱子《四书章句集注》作为科举教材,很大程度上是为了给蒙古人、色目人降低难度,盖此二类人在学习儒家经典时存在语言和环境障碍,纷杂的五经古注和体量庞大的《十三经正义》难度过大,故不考五经而改考四书,不用正义而改用章句。既然蒙古人、色目人采用了朱子章句,汉人、南人也必然要以朱子学为主,如此才能保证官学思想的一致性。换言之,朱子学在元代被确立为科举正统,更直接的原因是《四书章句集注》相较《五经正义》或《十三经正义》的简洁性,而不是其内容中所蕴含的性理大义。蒙古人、色目人只考经问五条,仍停留在记忆层面,并无义理发挥,至于时务策一道更是与朱子学毫无关系,亦可佐证元朝统治者所看重的并非理学思想层面。尽管如此,汉人、南人却不得不跟随蒙古人、色目人的模式,不仅需要采用程朱理学作为评判标准,还需要加大难度,以更为苛刻的标准筛选下层被征服的民众,避免冲击到上层征服者的利益。譬如延祐四年(1317)江浙乡试第二科诗义,第三名施霖的答卷,覆考许教授应析批云"说合朱子,文粹意明,诚本经之翘楚者";第二十六名钱以道的答卷,许教授又批云"义合朱氏,文更明洁,本经未易多得"。② 按此可见,南人考生的作答是否与朱子经义相符,已成为科举能否中式的主要标准。福建

---

① 宋濂《元史·选举志》,北京:中华书局,1976 年,第 2019 页。
② 《新刊类编历举三场文选诗义》第二卷,元刻本,第 1~2 页。

早期划归江浙行省,此省共占 28 个名额,已经是南人名额最多的省份,但福建需要与其他地区一起竞争;后来福建单独建行省,情形更加不容乐观,名额分配到福建一地不过杯水车薪。据明代黄仲昭《八闽通志·选举》记载,元代福建共考中进士 36 名、举人 70 人,而清代陈寿祺《重纂福建通志·选举》记载进士数量为 73 名,民国陈衍《福建通志》记载进士数量为 114 人,三者数量相差较大。但后两书所载讹谬较多,譬如皆载福建仙游人林济孙、林亨为状元,但元代十六科状元有籍可查,并无二人在内,况且记载他们中状元的年份为至元六年(1340)、至正三年(1343),此两年朝廷并未举行科考。作为宋代进士人数第一的省份,元代福建所有的进士人数甚至不及蒙古人、色目人的一科人数,文运之寥落由此可见。

尽管朝廷出仕之途拥塞,但民间闽学的传承却从未停歇。《道南一脉·诸儒列传》云:"元初熊勿轩出,益阐考亭晚年之奥突。上国章缝一时避难者咸依之,道南之脉迥然复炽。"①熊禾(号勿轩)于南宋时举进士,授汀州司户参军,入元后不仕,名士胡一桂、詹君履等人皆从之游,谢枋得亦特意过访,相与讲论夫子之道。熊禾筑洪源书堂、创鳌峰书堂,以周、二程、朱、张五贤为道统正派,当地从学者累百,州县咸尊以师礼。《闽中理学渊源考》称"熊、陈二公为有元一代大儒","闽中元代之学,二公为首倡之",②则是以陈普与熊禾齐名共论。熊禾见"宋鼎既移,决意卷藏,朝廷三使辟为本省教授,不起。开门授徒,岿然以斯道自任,四方及门岁数百人,馆里之仁峰僧舍至不能容。建州刘纯父聘主云庄书院,熊勿轩留讲鳌峰"。③陈普生平与熊禾类似,都以宋代遗民自居,也都以讲明程朱理学为业,问学弟子众多,在当地影响较大。元代福建朱子学传承的主要场所是书院,这也是延续自宋代的书院讲学之风,譬如南平除熊禾所创鳌峰书院、洪源书堂之外,还有湛卢书院、化龙书院、西山书院、屏山书院、文定书院、崇仁书院等,宁德有城南书院、仙蒲书院、东山书院等,其他各地亦复如是。讲学须有教材,因而书院也往往是当地刊书的主力军。顾炎武《日知录》云:"闻之宋元刻书皆在书

---

① 黄文炤《道南一脉》卷六,日本内阁文库藏旧写本,第 10 页。
② 李清馥著,何乃川、李秉乾点校《闽中理学渊源考》,北京:商务印书馆,2018 年,第 462 页。
③ 李清馥著,何乃川、李秉乾点校《闽中理学渊源考》,北京:商务印书馆,2018 年,第 483 页。

院,山长主之,通儒订之,学者则互相易而传布之,故书院之刻有三善焉:山长无事而勤于校雠,一也;不惜费而工精,二也;板不贮官而易印行,三也。"①元代福建书院刊书留存至今者,譬如鳌峰书院刊印《勿轩易学启蒙图传通义》,洪源书堂刊印《易学启蒙通释》,屏山书院刊印《止斋先生文集》《方是闲居士小稿》,云庄书院刊印《新编古籍事文类聚》等,板式皆较为精美,与顾炎武的论断相符。脱离了仕途功利的羁绊,书院的学术传承虽然人数减少,但治学目的反而更为纯粹,也更看重个人体悟而非世间名气。元代福建朱子学虽然名士不多,但不乏出身下层而品行高洁者。明初邵铜《闻过斋集序》称:"至朱夫子集群贤之大成,益讲明于后,道德人人之深,世号'海滨邹鲁'。又如胡文定、致堂、五峰、籍溪、蔡西山父子、刘白水、屏山、黄勉斋、陈北溪、真西山、潘瓜山、熊勿轩诸贤彬彬辈出,文行表表,皆可师法。故闽之士习,不以浮文胜质为先,而以躬行实践为急。俗尚之淳,清修苦节,有东汉名贤之风。"②邵铜所罗列闽中名士,朱熹(夫子)、胡安国(文定)、胡寅(致堂)、胡宏(五峰)、胡宪(籍溪)、蔡元定(西山)父子、刘致中(白水)、刘彦冲(屏山)、黄榦(勉斋)、陈淳(北溪)、真德秀(西山)、潘柄(瓜山)皆为南宋时人,元代仅熊禾(勿轩)一人,这也与笔者此前的论断相符。表面繁荣与内在纯粹往往不可兼得,此扬则彼抑,祸兮福所倚,学术气运也概莫能外。

元末政局混乱,朝廷派遣的福建行省平章政事普化帖木儿与实权掌控者福建廉访金事般若帖木儿相互争权,番商组织的"亦思巴奚军"也参与了混战,战火持续十余年,焚掠甚惨,波及惠安、仙游、莆田、福清、福州等地。此后福建行省参政陈友定崛起,击溃"亦思巴奚军",割据福建全境,并与朱元璋的军队相对抗。朱元璋登基称帝之后,陈友定仍忠于元朝,率军与明军相攻杀,事败后身死,福建全境皆平。十几年兵戈不休,使福建当地的文化事业饱受摧残,麻沙书坊即在元末遭兵火波及而焚毁,仅剩崇化书坊独立支撑。据明弘治刊本《八闽通志》记载:"建阳县麻沙、崇化二坊,旧俱产书,号为'图书之府'。麻沙书坊元季毁,今书籍之行四方者,皆崇化书坊所刻者也。"③动乱之际,书籍流通困难,讲学难以为继,故自元末至明初,福建的朱子学颇为落寞。明代

---

① 顾炎武《日知录》卷十八《监本二十一史》,清乾隆刻本。

② 李清馥著,何乃川、李秉乾点校《闽中理学渊源考》,北京:商务印书馆,2018年,第494页。

③ 陈道《八闽通志》卷二十五《建宁府》,明弘治刻本。

陈鼎《东林列传》卷二《高攀龙传》云:"我太祖高皇帝即位之初,首立太学,命许存仁为祭酒,一宗朱氏之学,令学者非五经、孔孟之书不读,非濂、洛、关、闽之学不讲。成祖文皇帝益张而大之,命儒臣辑五经、四书大全及性理全书,颁布天下。饶州儒士朱季友诣阙上书,专诋周、程、张、朱之说,上览而怒曰:'此儒之贼也!'命有司声罪杖遣,悉焚其所著书,曰:'毋误后人。'于是邪说屏息,迨今二百余年。庠序之所教,制科之所取,一禀于是。"①明代自立朝之初,即沿袭元朝的科举做法,正式确立朱子学为官学。截至明代中期以前,朱子学几乎处于一统天下的状态,如黄佐《眉轩存稿序》所云:"成化以前,道术尚一,而天下无异习。学士大夫视周、程、朱子之说如四体然,惟恐伤之。"②甚至可以说,这种垄断地位也是由朝廷认可并着力维护的:一方面,朝廷敕编了《四书大全》《五经大全》《性理大全》等书作为官方正统教材,"一宗朱氏之学",学校所讲授、科举所中式又皆以与朱子学说相合为准,所谓"庠序之所教,制科之所取,一禀于是";另一方面,公开反对或诋毁程朱理学的著作又可能遭到朝廷查禁,譬如朱季友即被永乐皇帝"声罪杖遣,悉焚其所著书",此类虽属个案,但儒林士人亦可借此窥见朝廷之风尚。然而,尽管明初朱子学盛况空前,福建朱子学却并没有立即恢复繁荣,而是仍长期处在低潮期,如黄文焕所云:"方今天子右文重道,轶越百代,随地邹鲁,极海程朱。其间明宗闽教,如河东、江右、浙粤,智灯朗朗,乃我道南之区,犹然匿照也。"③黄文焕为明代泉州府同安县人,有感于福建朱子学不昌,故撰《道南一脉》一书,搜罗自杨时以下的闽地学者,至其所见殁世者为止,共收录287人,各附生平小传,又杂采其主要言论,真可谓"绪言毕采,遗行具摭"。④此书对于考察福建朱子学全貌极有帮助,但仅日本内阁文库藏一旧写本,国内学者利用不便,故前辈学者少有论及。目前此书已由国内影印出版,故逐渐进入当代学者视野。据黄文焕所述,"明宗闽教"的主要代表区域为河东、江右、浙粤三地,这些也都是明初的发达地区,盖经济发展与文化繁荣多成正比,这一规律在科举时代尤为准确。在宋元时期,福州、漳州为重要的造船中心,泉州又是首屈一指的海运港口,几十个国家的香料、瓷器贸易都由此地出入,使

① 　陈鼎《东林列传》卷二《高攀龙传》,清文渊阁《四库全书》本。
② 　黄佐《眉轩存稿序》,载黄宗羲《明文海》卷二百三十九序三十,清涵芬楼钞本。
③ 　黄文焕《道南一脉》卷首《八闽理学总论》,日本内阁文库藏旧写本,第2页。
④ 　何为远《序》,载黄文焕《道南一脉》卷首,日本内阁文库藏旧写本,第1页。

臣朝贡的货物也多搭福建商船而来，故而福建经济十分繁荣。但元末明初之际，由于乱军余党与倭寇海盗频繁滋扰，明太祖洪武四年(1371)谕大都督府臣"朕以海道可通外邦，故尝禁其往来……尔其遣人谕之，有犯者论如律"，洪武十四年(1381)再次下令"禁濒海民私通海外诸国"，洪武二十七年(1394)又下令："缘海之人往往私下诸番，贸易香货，因诱蛮夷为盗，命礼部严禁绝之。敢有私下诸番互市者，必置之重法。凡番香、番货，皆不许贩鬻，其现有者限以三月销尽。"①明初推行海禁政策，福建的经济支柱产业遭到重创，民众在战乱之余，重之以生计窘迫，导致学术热情减退，因而"乃我道南之区，犹然匮照也"。据《道南一脉》收录福建各府人员名单，除延平四先生(杨时、罗从彦、李侗、朱熹)之外，统计列表如下：

表 2-2　《道南一脉》收录福建各府人员统计

地区	宋代	元代	明代	总人数	备注
建宁府	42	11	1	64	
延平府	9	0	2	11	
福州府	40	3	7	50	
兴化府	23	3	11	37	
泉州府	20	4	25	49	
漳州府	7	1	15	23	
邵武府	27	1	2	30	叶寅附入，目录无
汀州府	2	0	3	5	
福宁府	12	1	2	15	不含龚刿、杨简，有名无传
合计	182	24	68	284	

表 2-2 中元代学者稀少，而且很多都是由南宋入元的遗民，譬如熊禾、丘蔡等人，终生不仕元朝，将其归入元儒也只是为了时代区分的方便。其中建宁府宋代人数居首位，入元后更是大大领先于其他地区，这与它的独特地位有关。南宋孝宗赵昚初封建安郡王，绍兴三十二年(1162)登基之后，建州随之升为建宁府，府治在建安，这也是福建第一个府，故称"八闽首府"。建宁府既是福建书坊最多之地，也是朱熹长期

---

① 《明太祖实录》卷七十、卷一百三十九、卷二百三十一，上海：上海书店出版社，2018年，第 1307、2197、3374 页。

生活之地,故宋代学风独冠全闽。入元后,建宁府一度隶属江浙行中书省,至元十五年(1278)改建宁府为建宁路,属福州行中书省,至元十七年(1280)再改为建宁路总管府,元顺帝至正二十二年(1362)又置建宁分省,其地位一直在持续攀升。元代建宁府所辖武夷山地区是贡茶产区,而福建最著名的刻书中心麻沙、崇化二坊皆属建宁府建阳县,现存元刻本的牌记出自建宁府者仍有数十种之多,故此地学风在元代尤著。

入明之后,泉州府、漳州府强势崛起,学者数量分别以 25 人、15 人领先全闽,一改元代的颓势,这也与当地的经济状况息息相关。明初海禁政策执行甚严,福建的海外贸易损失惨重,导致经济水平下滑,也影响到各地的文运。明成祖朱棣篡位夺权后,方孝孺及其弟子被诛杀,泉州府同安县首位进士、御史李容因为是方孝孺门人,也因此遭难,此事对当地民风震动极大。林希元《先府君明夫先生行状》云:"吾乡自御史李容以官得祸,人皆逃儒即农,儒术遂废。有习觅举业者,群聚訾之,故自正统以来未有仕进者。"① 经济衰退兼之民风丕变,让泉州府在明初经历了一段衰退期,这反而给漳州府的发展提供了机遇。大约自正统、景泰年间开始,漳州月港逐渐成为走私贸易的主要出入港口,甚至堪称东南沿海最为繁荣、规模最大的弘商港口。漳州月港因形如偃月而得名,此处远离行政中心,地形港汊曲折,虽然是九龙江的入海处,但本非深水良港,大的贸易货船需要等候潮信以小船拖引,先至圭屿,再经厦门方能成行。也正因如此,月港反而成为走私贸易的最佳之处,据明代黄光昇《昭代典则》称,"闽人通番,皆自漳州月港出洋"。② 最迟至成化、弘治年间,大批漳州居民已因走私而致富,"输中华之产,驰异域之邦,易其方物,利可十倍。故民乐轻生,鼓枻相续,亦既习惯,谓生涯无逾此耳。方其风回帆转,宝贿填舟,家家赛神,钟鼓响答。东北巨贾,竞骛争驰,以舶主上中之产,转眄逢辰,容致巨万"。③ 正德年间,广州港又被关闭,"有司自是将安南、满剌加诸番舶尽行阻绝,皆往漳州府海面地方私自驻扎,于是利归于闽,而广之市井萧然矣"。④ 概言之,漳州月

---

① 林希元《同安林次崖先生文集》卷十四《先府君明夫先生行状》,清乾隆十八年(1753)陈胪声诒燕堂刻本。

② 黄光昇《昭代典则》卷二十八《世宗肃皇帝》,明万历二十八年(1600)周日校万卷楼刻本。

③ 《海澄县志》卷十五《风土志·风俗考》,清乾隆二十七年(1762)刻本。

④ 万表《皇明经济文录》卷二十八《兴利除害事》,明嘉靖刻本。

港在清初之前繁盛不衰,这也是此地文运崛起的幕后基础。泉州港的地理条件远比月港优越,但在明初海禁时被重点关注,成化八年(1472)泉州市舶司亦迁往福州,故原本泉州的贸易额皆转向了漳州月港走私。"闽省土窄人稠,五谷稀少。故边海之民,皆以船为家、以海为田,以贩番为命",①漳州、泉州历来就有海上贸易之风俗,港口虽禁而人心思动,据王忬《条处海防事宜仰祈速赐施行疏》云:"漳、泉地方,如龙溪之五湾、诏安之梅岭、晋江之安海诚为奸盗渊薮,但其人素少田业,以海为生,重以不才官吏科索倍增、禁网疏阔,无怪其不相率而为盗也。"②另据《明世宗实录》载浙江巡按御史潘仿言:"漳、泉等府憨猾军民私造双桅大船下海,名为商贩,时出剽劫,请一切捕治。"③漳州府、泉州府的走私活动日益猖獗,乃至勾连倭寇,"私造双桅大船,擅用军器、火药,违禁商贩,因而寇劫"。④ 迫于这种屡禁不止、日益严重的走私形势,在隆庆年间,朝廷下令开放月港海禁,登记商户信息后给予船引,民间贸易实现了合法化。月港开禁之后,船引数量仍有限额,获益最大的显然是漳州府与泉州府的商户。以"晋江之安海"为例,据何乔远《镜山全集》载:"安平一镇在郡东南陬,濒于海上,人户且十余万,诗书冠绅等一大邑。其民嗇,力耕织,多服贾两京都、齐汴吴越岭以外,航海贸诸夷,致其财力,相生泉一郡人。"⑤从事于学问者多无所产出,故需财力以供读,安平港的贸易财力"相生泉一郡人",此说或许有所夸大,但亦应反映了部分真相。《闽中理学渊源考》称"隆、万后,吾乡宿望老成接踵相起",⑥若以时间点而论,几乎与海上贸易的开禁同时,文运与经济的关联性可见一斑。明末郑芝龙海盗集团坐拥战船数千艘,最终击溃荷兰东印度公司舰队,几乎完全控制了海路。郑芝龙生长于泉州,其手下将领亦多泉州人,故早年虽然时常劫掠福建、广东地区,但对泉州秋毫无犯,"所

---

① 《明神宗实录》卷五十四,上海:上海书店出版社,2018 年,第 4864 页。

② 《明经世文编》卷二百八十三《条处海防事宜仰祈速赐施行疏》,明崇祯平露堂刻本。

③ 《明世宗实录》卷五十四,上海:上海书店出版社,2018 年,第 1333 页。

④ 《明经世文编》卷二百八十三《条处海防事宜仰祈速赐施行疏》,明崇祯平露堂刻本。

⑤ 何乔远撰,张家壮、陈节点校《镜山全集》,福州:福建人民出版社,2015 年,第 1370 页。

⑥ 李清馥著,何乃川、李秉乾点校《闽中理学渊源考》,北京:商务印书馆,2018 年,第 752 页。

到地方但令报水,而未尝杀人。有彻贫者,且以钱米与之"。① 泉州经济在海盗寇掠中未受损害,而郑芝龙后来接受福建巡抚熊文灿的招安,返回泉州老家定居,"府第安平镇,去泉州城南三十里。后筑城于安平,海稍直通卧内。其守城兵自给饷,不取于官,旗帜无明,戈甲坚利。凡贼遁入海者,檄付芝龙,取之如寄,故八闽以郑氏为长城",②"从此海氛颇息,通贩洋货,内客外商皆用郑氏旗号,无徼无虞,商贾有廿倍之利"。③ 明末李光缙《史母沈孺人寿序》云:"吾温陵里中家弦户诵,人喜儒,不矜贾。安平镇独矜贾,逐什一趋利。"④泉州各地风气有差,恰能以贾济儒,以儒倡学,故明代学者人数位居八闽之首,良有以也。

　　福州府在入明之后,学风颓势明显,与宋代已不可同日而语。究其所由,盖因明初福州府各地推行的墟地徙民之政策。洪武五年(1372),倭寇烧掠福州府建宁等地,烧毁民屋,乃至劫掠官粮,危害极大。明太祖督造战船巡视,但因海岸线绵长,滨海居民多与倭寇相通,是故猝难备御,乃决意实施海禁,同时推行墟地徙民之政策。据福州府福清县人林扬所上《奏蠲虚税疏》云:"(陛下)发德音,下明诏,徙之内地,以康其生……不意奉命之臣不能上体圣意,下悉民情,文移星火,势急雷霆,三日之内驱臣等登舟,焚臣等房屋,圻臣等基址。臣等仓卒,舟楫难完,遗其器物,撇其畜养,粮食不能尽随,资财多致失落,兼风涛大作,人力莫支,覆没之余,死亡过半。"⑤林扬等居民被迫墟地内迁,但此后生计无着,"官田不敢贸易,官屋无人承买,虽欲负瓦荷椽、伐桑易镪,其可得耶",而官府一应赋税照旧征收,"遂使播弃遗黎,十死而无一生,十亡而无一存。拊心顿足,追思迁徙之时,不如沦胥以葬鱼腹之为愈耳。臣思陛下昔日仁恩,怜臣等僻居被寇,转于内地,本欲安而全之,不意今日业去粮存,科征如故,实乃死而亡之"。⑥ 明初生民惨烈之状一至于此,其文运必然大受影响。成化八年(1472)泉州市舶司迁往福州,看似属于重大利好消息,但此时海禁未开,市舶司的权力相当有限。即使隆庆年

---

① 曹履泰《靖海纪略》卷一,收入《丛书集成初编》第 3226 册,上海:商务印书馆,1936年,第 3 页。
② 王世贞《新刻明朝通纪会纂》卷七《隆式》,清初刻本。
③ 彭孙贻撰,李延罡补《靖海志》卷一,清钞本。
④ 李光缙撰,曾祥波点校《景璧集》,福州:福建人民出版社,2012 年,第 183 页。
⑤ 《福清县志》卷十,清康熙十一年(1672)刻本,第 7 页。
⑥ 《福清县志》卷十,清康熙十一年(1672)刻本,第 8 页。

间月港海禁开放之后,情况也并未好转太多,据万历年间兵部题奏云:"福建市舶专隶福州,惟琉球入贡一关白之,而航海商贩尽由漳、泉,止于道、府告给引文为据。"①福州在海外贸易上的得利,只有琉球入贡一项而已,较漳州、泉州远远不及。又,明初林扬等人"旧居福清县海坛山,地周围八百里,田地七百八十四顷",②迁徙之后旧地遂荒废,滨海地区只有卫所、巡检司、水寨等官兵驻扎。据万历二十三年(1595)福建巡抚许孚远奏云:"福州海坛山开垦成熟田地八万三千八百有奇,量则起税,民已输服。兹山密迩镇东,为闽省藩篱;既成屯聚,必资城守。"③按此,则明初海坛山荒废之地,在重开海禁之后已重新开垦,福州农耕之力亦渐次恢复。从事于农耕虽然获利不多,但也可以支撑族内个别优秀子弟从事于儒学,故文运日益兴起。福州本为八闽总会之地,宋代衣冠文物远胜于漳州、泉州等地,入明之后虽然不复往昔之盛,但仍是各省书籍的汇总发售枢纽,几乎全国所刊书籍皆可于福州购得。据《国朝典汇》记载,宣德四年(1429)正月,衍圣公孔彦缙欲遣人以钞往福建市书,咨于尚书胡濙。胡濙奏闻,帝曰:"福建鬻书籍无禁,先圣子孙欲广购,亦何必言?审度而后行,亦见其能慎。其令有司依时值为买纸摹印,工力亦官给之。"④孔子嫡裔欲不远千里赴福建购求书籍,而君王亦不以为异,可见彼时福建雕版业之兴旺乃君臣所共知之事实。西班牙人门多萨在万历年间来华,一度留居于福州驿馆,据其亲笔所述云:"修士拉达和他的同伴,当他们从中国回到菲律宾时,携带了很多谈各种事物的印刷书籍,他们是在福州购买的,书籍是在中国各地印刷。然而其中大多数印于湖广,那里印刷最精。据他们报告说,如果不是总督干扰,他们会购买更多的书,因为中国人有大图书馆,价钱便宜。"⑤门多萨所谓的"大图书馆",应该是福州出售书籍的大书坊,其中所售不仅有建本,还有来自湖广等地的书籍,由此可见明代中期之后福州书籍流通之情形。此外,福州书院的刊书活动也在嘉靖朝之后崛起,譬如五经书院所刊有《通志略》《杜氏通典》《十三经注疏》《皇明进士登科考》等图书,共学书院所刊有《白沙绪言》《困辨录》《讲堂课选》《圣学图说》《观生

---

① 项笃寿《小司马奏草》卷六,明刻本。
② 《福清县志》卷十,清康熙十一年(1672)刻本,第7页。
③ 《明神宗实录》卷二百八十四,上海:上海书店出版社,2018年,第5265页。
④ 徐学聚《国朝典汇》卷一百二十三《礼部》,明天启四年(1624)徐与参刻本。
⑤ 门多萨《中华大帝国史》,北京:中华书局,1998年,第121页。

堂草》等图书,隐然有超越建阳书坊之势头。福州虽然明初发展受阻,但后发优势明显,故明代学者人数 7 人,仍位列全闽第四。

黄文炤《道南一脉》的统计仍不能算全面,不仅在世的学者没有计入,已故而事迹不清的学者也并未立传,故上述列表只能做有限之参考。总括言之,明初朱子学虽然盛行天下,但福建的朱子学相对全国而言却并不昌盛。元末的科举限制与军阀混战,明初的墟地徙民及海禁政策,二者前后相贯联,严重伤害了福建经济的元气,致使福建儒学一蹶不振。明代福州府大臣叶向高云:"吾闽延平、建溪后,斯道岂不明且行? 迩来言学者董如旅星,海内百以为闽学之失传,闽之人亦自安于佝偻株守,若鱼之水而鸟之林,栖息游泳而相妄,几乎不著不察之弊矣!"① 叶向高"闽学之失传"之批评,非谓福建从事朱子学者"董如旅星",而是卓然树立者实在太少。作为闽学的起源地,福建一直缺少学术创新的动力,"自安于佝偻株守"之语的确难辞其咎。但在明中期以后,由王守仁所开创的阳明心学迅速崛起,并以反朱子的形象扩散至全国各地,福建的朱子学地位尽管依旧牢不可破,但也不得不应对新学说的冲击。面对这一"危机",福建朱子学却意外地焕发出了生机,成为坚持此学最久、最抗拒新学术入侵的堡垒之一。阳明心学在江苏、浙江、贵州甚至关中摧枯拉朽,但却从来没有占领过福建,这恰恰应归功于此地朱子学者的"株守"特性。

有明一代,福建进士总数 2374 人,排名仅在江、浙之后,而且出现了一批世家望族,譬如"三代五尚书,七科八进士"的福州林元美家族,七世九进士的柯潜家族,以及共出 11 位解元的黄寿生家族等。读书、刻书风气之盛,又直接导致了福建藏书家的崛起,大量的藏书也成为沾溉闽地学林的重要源泉。中国私家藏书文化自明代以下进入全盛期,福建藏家可与江、浙鼎足而三,但在知名度与研究深度上,却远远逊色于后两者。江浙一带藏书家人才辈出,彼此之间交流互动频繁,一大批饶有趣味的文人掌故也吸引了学界的注意,因而一直是中国藏书史的研究重点。相比之下,福建自宋元时代科举、刊书的文化中心,地位逐渐有所没落,声色皆不及上述发达地区。叶昌炽《藏书纪事诗》收录藏书家 739 人,以江浙为主体,其中常熟一地即占 10%,而所收福建籍藏书家则凤毛麟角,不仅只有几位顶尖的藏书家,而且皆是与江浙藏书家有所交流者。江浙藏

---

① 黄文炤《道南一脉》卷首《八闽理学总论》,日本内阁文库藏旧写本,第 2 页。

书之盛毋庸置疑,但福建成员数量之少,则与实际状况严重不符,显示主流学界对福建藏书家缺乏足够认识,甚至可能存在一些偏见。吴则虞《续藏书纪事诗》是继叶氏之后收录藏书家最为完备者,所收各地藏书家408人,其跋文自述所阙失之藏书家,而将"龚显曾(《藤花吟馆书目》,抄本)"列入"见其藏书记而不足称为藏书家者",又将"龚樵生《亦园藏书目录》"列入"知其人,知其书目之名,而书目未之见者"。实则龚显曾(号咏樵)亦即龚樵生,为福建泉州藏书大家,藏书多达7万余卷,"卖文买书书满家,宋元精椠卑麻沙"(陈棨仁《寿咏樵太史四十初度》),不仅多宋元善本,还曾购得天一阁旧藏本200余册,汲古阁抄本、四库底本亦所在多有,又曾补录金代《艺文志》438种,且以木活字大量排印乡邦文献(今存世10余种,版心下题"诵芬堂藏本"或"诵芳堂正本"字样),较之《续藏书纪事诗》中所列席藏书家亦当居上品。另外,龚显曾藏书地名为"薇花吟馆""亦园",而"藤花吟馆"则是为其贺寿之陈棨仁的斋名,吴则虞既未能与福建藏书家交游,而又张冠李戴他人藏书记,进而贬低龚显曾"不足称为藏书家",也从侧面反映出近代以来的学人仍对福建藏书状况缺乏认识。据笔者粗略统计,明代福建藏书家总数量将近百家,其中徐惟起的红雨楼、陈第的世善堂等,放眼全国亦堪称翘楚。

福建刊书与藏书文化的兴盛,才是元明两代真正孳乳朱子学的源泉。朱子虽然曾长期在福建讲学,福建也被公认为是闽学的起源地,但明代福建朱子学的传承者却很难归入授受谱系。绝大多数朱子学者,其学术思想并非源于朱熹弟子、门人的代代传授,而是通过自行阅读《二程遗书》《四书章句集注》《近思录》《西山读书记》等图书而体悟习得,相比外省学者并不具有天然优势。从《道南一脉》记载的明朝前期学者的履历来看,他们的治学路径大多依赖于年轻时的苦读,而非师徒间的问答讲授,这点与宋代学者差异很大。笼罩在闽学起源地的光环之下,福建的朱子学反而更感拘束,也更缺少创新的动力,而建本刊行的程朱理学著作,大多又经过朱熹及其门人的编纂删定,因而也具有了不容置疑的神圣性。《闽中理学渊源考》云:"明代盛时,理学大明,前辈言北方之学起自渑池曹氏、河津薛氏,南方之学发自康斋吴氏,而闽中则虚斋先生实倡之。"①蔡清(号虚斋)被王慎中誉为"明兴以来,尽心于

---

① 李清馥著,何乃川、李秉乾点校《闽中理学渊源考》,北京:商务印书馆,2018年,第601页。

朱子之学者,虚斋先生一人而已",是明初福建公认的唯一理学大家,"泉南一时人物之盛,皆先生所造就也"。① 蔡清之学"首以穷经析理为事,非孔孟之书不读,非程朱之说不讲。其于传注也,句谈而字议,务得朱子当日所以发明之精意",②可见其刻意株守程朱之状。要之,在阳明学入闽之前,能够给予朱子学异化刺激的只有陆九渊的心学与佛教的禅学,而三者已趋向于合流。这种合流是以朱子学占据绝对优势而实现的,其特征具体表现为以下两点:

其一,朱子理论中原本的佛教因素被彻底接受,并被视为儒家正宗或儒家本有之微义,而被朱子所批判的佛教教义,则被放大为佛教的共同特征或本质特征。朱子本人对佛教了解较为肤浅,对佛教大、小乘之间的分别,以及不同教派宗旨上的分别,均不能很好把握,故只抨击一点而不计其余。随着朱子学权威性的确立,朱子的这种作风也为明代的福建学者所继承,而且走得更远。佛教在明代日益式微,其影响力远不如唐宋两代,故多依附于儒家以传教,已无与理学争胜之心。面对理学家的批判,僧人往往援引程朱理学中受佛教影响的文字,借以证明与佛教要义不相悖,进而阐释三家归一之旨,为佛教赢得生存空间。譬如明代僧录左觉义释清上人尝语其徒云:"道一也。天下之为道者,曰老,曰释,曰儒。儒者常非释老,而释老二氏又常自以为是,不少屈,每与之相抗、相诋訾,自不相容,此不知何也。吾尝读儒者之书,有曰'无极而太极',与吾之所谓'万法归一,一归何处'者似矣;'读书不如静坐',与吾之所谓'不立文字,直指明心,见性成佛'者似矣;'毋意,毋必,毋固,毋我',与吾之所谓'真空色相,事事无碍'者似矣。夫既似矣,然又有所谓'似是而非,一毫千里'者,岂将儒者之说谬哉? 不然,必有所见也。"③明代僧人群体世俗化倾向严重,精研佛典者甚少,喜读儒书者却不乏其人,与之形成鲜明对照的是,以王守仁为代表的理学家却不断从佛典、道典中寻找养分,继续改革朱子理学。之所以出现这种吊诡的现象,既是儒释道三家学术合流的结果,也是朱子学统治地位确立之后,各家被迫采取的应对之举。

---

① 李清馥著,何乃川、李秉乾点校《闽中理学渊源考》,北京:商务印书馆,2018 年,第603 页。
② 李光地《榕村集》卷十三《重修蔡虚斋先生祠引》,清文渊阁《四库全书》本。
③ 黄宗羲《明文海》卷三百二十三《赠禅老清上人授僧录左觉义序》,文渊阁《四库全书》本。

　　其二,原本与朱子学路径强烈对立的陆九渊兄弟的心学体系,其对抗性日益削弱,最终转变为相辅相成。这种转变由朱子学者中亲陆一派所发起,而遭到了个别朱子学者的反对,但反对程度并不能算激烈,因为"道一"之说已深入人心。明代最早倡导朱陆同一的专著是程敏政的《道一编》,顾炎武《日知录》云:"程篁墩因之,乃著《道一编》,分朱陆异同为三节:始焉如冰炭之相反,中焉则疑信之相半,终焉若辅车之相依。朱陆早异晚同之说,于是乎成矣!"①程敏政(号篁墩)并未否认朱、陆之间的对立,但认为这种对立只发生在两人早年间,最终则殊途同归,相辅相成。程敏政生在朱子之乡,自称"独喜诵朱子之书,至行坐与俱,寝食几废,窃幸稍窥一二,以自得师云尔",②并非陆氏心学的拥趸。明初朱子学几乎一统天下,与之尖锐对立的学说皆无容身之所,程敏政之所以要为陆氏之学张本,是认为坚信"宇宙之间,道一而已","道问学固必以尊德性为本,而陆学之非禅也明矣",③不肯因为拥护朱子学而抛弃陆氏心学中的合理成分。程敏政的做法遭到了同县汪循、程曈等人的抨击,程曈甚至特意撰《闲辟录》一书,驳斥了程敏政颠倒事实的做法,声称要"秉夫子之旌旗,捣陆氏之巢穴"。④ 程曈同样拥护朱子学,但认为朱熹"溯其流,穷其源,折衷群言,集厥大成",⑤故只需要防备正学变异,以免被陆氏之"邪说"混杂。程敏政、程曈的不同做法,仍只是朱子学内部派系的争端,双方都未质疑朱子学的绝对正统地位。换个角度思考,之所以会出现这样的争论,恰巧说明朱、陆的对立性在减弱,反之则不会有朱子学者去倡导同一之论。程敏政是王守仁的会试座师,他所主张"朱子晚岁乃深有取于陆子之说"的观点也影响到了后者,故王守仁后来又编纂《朱子晚年定论》一书,力证朱子晚年已后悔支离之病,转而向心学靠拢。王守仁编纂此书的目的,不仅仅是调和朱、陆之争,更是为阳明心学的传播消除舆论障碍。王守仁的倾向更为激进,但手法却更为高明,《朱子晚年定论》只是有选择性地摘取对心学有利的朱子言论,自

---

① 顾炎武《日知录》卷十八《朱子晚年定论》,清乾隆刻本。

② 程敏政《篁墩集》卷五十五《答汪金宪书》,明正德二年(1507)刻本。

③ 程敏政《篁墩集》卷十六《道一编目录后记》、卷三十八《书朱子答陈肤仲书》,明正德二年(1507)刻本。

④ 朱杰人、严佐之、刘永翔主编《朱子全书》第27册,上海:上海古籍出版社,合肥:安徽教育出版社,2002年,第813页。

⑤ 程曈撰,王国良、张健点校《新安学系录》,合肥:黄山书社,2006年,第1页。

已不加一词,故朱子学者也无从辩驳。尽管个别学者指出书中所选的朱子言论并非皆出自晚年,但只要是出自朱子本人,仍具有相当的说服力,最低也能证明朱子早已有悔意。王守仁之书一出,大量的朱子学者被吸引至阳明心学的阵营,甚至连《道南一脉》的作者黄文焘也同样包含在内。黄文焘云:"晦翁《晚年定论》……书原错出全集,披沙拣金始自姚江,编贝贯珠备于海门。……此姚江、剡溪所以为吾侪罔极之恩也。"①《朱子晚年定论》对于朱子学的异化刺激,远比陆氏心学本身更为强烈,是以此书风行之后,朱、陆之争逐渐让位于朱、王之争。

福建莆田人宋端仪为朱子学者,"以程氏师友渊源,朱子已有《录》以示后学,而朱子门人亦多哲士,尚未有表著之者",②特撰《考亭渊源录》一书,显然欲捍卫朱子学正统。《考亭渊源录》只成草稿,故莆田林润(字若雨,号念堂)命薛应旂重编梓行之,据隆庆二年(1568)薛氏序云:"迨今理学大明之后,乃复有训诂支离之议。正德间,阳明王公尝辑朱子之定论,以发明其造诣之精一,而倚傍门户、未窥堂奥者辄又二三其说,甚则诡异以徼近名,附和以希速化。迩数年来,盖又难言之矣,此念堂公于兹编有不容但已也。"③所谓"二三其说"云云,即叙述王守仁《朱子晚年定论》刊行之后所引发的论争。薛应旂早年为程朱学者,中途接受阳明心学,晚年又重新回归程朱理学,其隆庆三年(1569)《书考亭渊源目录后》云:"一旦闻阳明王公之论,尽取象山之书读之,直闯本原而工夫易简,正如解缠缚而舒手足,披云雾而睹青天,喜悦不胜,时发狂叫,遂以为道在是矣。如是者又三十年,然每一反观,居常则觉悠悠,遇事未见得力,及遍观朋侪,凡讲斯学者率少究竟。……先是,阳明王公辑《朱子晚年定论》,若考亭有得于象山;今观象山晚年教人读书……其有得于考亭者盖实多也。道本一致,学不容二,两先生实所以相成,而非所以相反也,具在录中,学者当自得之。其诸一二叛徒,固孔门之伯寮、程门之邢恕也,何足论哉!"④薛应旂与黄文焘类似,都有接受《朱子晚年定论》的阶段,只是黄文焘始终坚信,而薛应旂晚年则因怀疑阳

---

① 黄文焘《道南一脉》卷二,日本内阁文库藏旧写本,第45~46页。
② 过庭训《本朝分省人物考》卷之七十四"宋端仪"条,明天启刻本。
③ 宋端仪初稿,薛应旂参修,林润校正《考亭渊源录》卷首《重编考亭渊源录序》,明隆庆三年(1569)刊本,第1~2页。
④ 宋端仪初稿,薛应旂参修,林润校正《考亭渊源录》卷首《书考亭渊源目录后》,明隆庆三年(1569)刊本,第10、12页。

明心学，走向了朱陆同一论。薛应旂的质疑较为温和，而明代陈建《学蔀通辨》、冯柯《求是编》、王尹《道学回澜》等著作，皆对《朱子晚年定论》大加抨击，虽然名为辩证朱、陆之异，实则针对阳明心学，谓其欲颠覆正学。盖嘉靖帝不喜阳明心学，故亦有若干学者趋时而动。清初学者李颙云："《学蔀通辨》，陈清澜氏有为为之也。是时政府与阳明有隙，目其学为禅，南宫策士每以尊陆背朱为口实，至欲人其人、火其书，榜谕中外，通行禁抑。渠遂曲为此书，逢迎当路，中间牵强傅会，一则曰'禅陆'，再则曰'禅陆'，借陆掊王，不胜词费。学无心得，门面上争闲气，自误误人。"[1]但朝廷的风尚摇摆不定，隆庆帝为王守仁平反，诏赠新建侯，万历帝又令其从祀孔庙，故褒贬双方你来我往，呶呶不休。朱子学阵营因此彻底分化，一部分学者同情或接受了阳明心学，将阳明心学归入朱子之后的正学谱系，抑或是对朱子学弊病的裨补完善；另一部分学者则激烈反对阳明心学，将其贬低为空疏之禅学，希望回顾传统的程朱理学。在朱、王尖锐对立的背景之下，陆氏心学之异就此被忽视或原谅，即便朱子学者重新强调朱、陆之异，也皆认可陆氏自成一派，虽然与朱子治学路径不同，也不失为醇儒之一。简括言之，朱子学者中的保守一派，宁可接受陆九渊兄弟的分庭抗礼，也无法接受王守仁的入室操戈。

　　明代最能"株守"朱子学的福建，在阳明心学入闽之后，所面临的正是这样一种困境：朱子学的发展已遭遇瓶颈，长期停滞不前，是拥抱、借鉴全新的阳明心学，以换取地域学术的繁荣与发展，还是打压、贬斥新兴的阳明心学，以捍卫朱子学原本的体系与荣光？从历史文献的记载来看，福建的朱子学者显然并未做好迎接新学说的准备，最初有些漠然无视，中期若即若离，晚期则闭门自守，反应始终较江浙等文化中心区域慢了半拍。而明代福建的阳明学传承要从朱子学的夹缝中突围而出，相较于《明儒学案》中其他的王学派系则有其特殊性，若能厘清这一过程，将有助于福建朱子学研究的进一步细化，也将为阳明学的地域性研究提供新的样本与范式。探究明代福建阳明学与朱子学的冲突与嬗变，一方面可以揭示明代福建朱子学的流变状况，尤其是在面对阳明学"入侵"后的应对策略与理论重塑，另一方面也可以准确还原福建阳明学的形成模式，以及在以朱子学为绝对主流的环境中所不得不发生的变异与妥协。

----

① 　李颙《二曲集》卷十六《答张敦庵》，清康熙三十三年(1694)刻后印本，第 1 页。

第 三 章

阳明学的重构与遗憾

第一节　白沙之学与阳明心学之关系

　　明代朱子学与阳明心学之间存在一个重要的过渡阶段,亦即陈献章的"白沙之学"。一方面,白沙之学是在阳明心学诞生之前影响力最大的学术体系,据《南越笔记》"白沙先生"条云:"南归,从学日益众。于是天下无不知有陈白沙也。有司屡荐,勉起赴京,以母老、身病上疏,诏许之,授翰林检讨。得家居,以绍明圣学为己任,及门如辽东贺钦之、嘉鱼李承基、番禺张诩、增城湛若水、东莞林光,皆绍江门之绪。"①陈献章是岭南从祀孔庙第一人,而进士姜麟在其生前即以"活孟子"誉之,足见其生前、身后名气之盛,"天下无不知有陈白沙"之言恐非虚语。另一方面,白沙之学自成体系,上承程朱之学,下启阳明心学,创新性颇为突出,亦饱受近禅之讥。《明史·陈献章传》云:"献章之学,以静为主。其教学者,但令端坐澄心,于静中养出端倪。……静坐久之,然后见吾心之体隐然呈露,日用应酬随吾所欲,如马之御勒也。"②《明史》之语,截取自陈献章与赵瑶之书信,本为陈氏自述为学经历之语,故此说可信。当时白沙之学虽然影响很大,但正如陈献章本人所称:"终不能少变以同乎俗,是以信己者少,疑己者多"。③《道南一脉》云:"世之弹白沙者多矣,曰:静中乌有端倪,用处总无实际。"④而赵瑶亦告知陈献章有毁之者:"有曰自立门户者,是流于禅学者,甚者则曰妄人率人于伪者。"⑤面对近禅之讥,陈献章本人对此也有清醒的认识,故答赵瑶云:"佛氏教人曰静坐,吾亦曰静坐;曰'惺惺',吾亦曰'惺惺'。调息近于数息,定力有似禅定。所谓流于禅学者,非此类欤?"⑥陈献章承认自己学说与禅

---

① 李调元《南越笔记》卷四,收入《函海》第二十四函,第13页。
② 张廷玉等《明史·陈献章传》,北京:中华书局,1974年,第7262页。
③ 李清馥著,何乃川、李秉乾点校《闽中理学渊源考》,北京:商务印书馆,2018年,第590页。
④ 黄文炤《道南一脉》卷十二,日本内阁文库藏旧写本,第16页。
⑤ 李清馥著,何乃川、李秉乾点校《闽中理学渊源考》,北京:商务印书馆,2018年,第590页。
⑥ 李清馥著,何乃川、李秉乾点校《闽中理学渊源考》,北京:商务印书馆,2018年,第590页。

学有相似性,但并不认为源于禅学,原因是这种"端坐澄心"的做法与程朱一脉相承。据《河南程氏外书》卷十二云:"谢显道习举业已知名,往扶沟见明道先生,受学志甚笃。明道一日谓之曰:'尔辈在此相从,只是学某言语,故其学心口不相应。盍若行之?'请问焉,曰:'且静坐。'伊川每见人静坐,便叹其善学。"①又据朱熹《答何叔京书》之二云:"李先生教人,大抵令于静中体认大本未发时气象分明,即处事应物自然中节。此乃龟山门下相传指诀。"②从程颢至杨时再至李侗,学只是学言语,行则是静坐,依赖静坐体察以求心口相应、应物中节,这是一脉相承的做法。两相比较,陈献章只是将"大本未发时气象"明确为"心之体",除此之外几无差异。陈献章自信己学与程朱并不相悖,故尽管面对当世讥讽,仍袒露心迹云:"仆尝读程子之书,有曰:'学者当审己何如,不可恤浮议。'仆服膺斯言有年矣,安敢争天下之口而浪为忧喜耶?"③白沙之静坐法门,若追溯其儒学之根源,即《中庸》"喜怒哀乐之未发谓之中,发而皆中节谓之和。中也者,天下之大本也;和也者,天下之达道也"两句,以体悟大本未发之时为因,以发而自然中节为果。《中庸》原文只是陈述内外两种情形,并未明确内外为因果关系,但联系《大学》《论语》等书,得出这一逻辑并不违背孔门宗旨。但将"未发之中"定性为"吾心之体",将静坐调息作为体悟心体的方法,则不折不扣是源自佛教心法。陈献章虽可将此法归为程朱嫡系,但由程朱而上溯,则同样源出佛教,正如王畿所称:"孔门教人之法见于礼经,其言曰:辨志、乐群、亲师、取友,谓之小成;强立而不反,谓之大成。未尝有静坐之说。静坐之说起于二氏,学者殆相沿而不自觉耳。"④佛教、道教皆有静坐之法,但调息云云则显然源出佛教,盖道教诞生于东汉末年,其吐纳法门也是受佛教影响而产生。唐代佛风大昌,士大夫阶层已然普遍流行静坐之法,故时至宋代,诸儒"相沿而不自觉"。朱熹虽然强调"静坐非是要如坐禅入定,断绝思虑,只收敛此心,莫令走作闲思虑,则此心湛然无事,自然专一",⑤但佛教的坐禅原本次第分明,自欲界定至色界之四禅、无色界之

---

① 程颢、程颐《河南程氏外书》第十二《传闻杂记》,明弘治陈宣刻本。

② 朱熹《晦庵先生朱文公文集》卷第四十《答何叔京》,《四部丛刊初编》景明嘉靖本。

③ 李清馥著,何乃川、李秉乾点校《闽中理学渊源考》,北京:商务印书馆,2018年,第590页。

④ 王畿撰,吴震编校整理《王畿集》,南京:凤凰出版社,2007年,第720页。

⑤ 黎靖德《朱子语类》卷第十二《学六》,明成化九年(1473)陈炜刻本。

四定,定力则逐渐提升,朱熹所谓"收敛此心"只是欲界定的阶段,所谓"断绝思虑"则是无色界中的非想非非想处定。后来王守仁之静坐,则又较朱熹、陈献章更为深入,"自谓尝于静中,内照形躯如水晶宫,忘己忘物,忘天忘地,与虚空同体,光耀神奇,恍惚变幻,似欲言而忘其所以言,乃真境象也"。[①] 观王守仁自述境界,则已至少臻至色界之四禅。若客观评价,只可说理学诸贤采纳静坐之法的目的与佛教不同,却不可说静坐之法并非源自佛教。然则陈献章蒙受禅学之讥,并非无妄之灾,而其将"喜怒哀乐未发之中"定位为"吾心之体",则比程朱等人更为贴近佛教。孟子称"心之官则思,思则得之,不思则不得也",是将心视为思索之主体,将思索视为心之功能,而陈献章主张"端坐澄心,于静中养出端倪",则是以为心体本虚静,发而中节则属用。由此前行,则"格物致知"即转变为"端坐致虚",由外求变为内求,与朱子学有明显区别,而与后来的阳明心学较为相近。白沙之学传入福建之后,因与朱子学不合,因而遭到了杨应诏(字邦彦)等人的反对。《道南一脉》云:"邦彦于近世学者无所许可,尤不喜陈白沙之学,引其言曰:'其未形者,虚而已矣。虚,其本也;致虚,所以立本也。'致虚二字,此是何说? 分明是空、是佛。天下万事万物皆归于实,释氏乃以一虚而欲穿纽管摄之、贯通之,有是理乎? 又引白沙赠虚上人诗,有曰:'年来虽演法华教,只与无言是一般。'吁! 六经皆不免有言,白沙直欲无言,何也?"[②]杨应诏本人是坚定的朱子学维护者,故其言论直击白沙学之核心,虽然致虚未必就无可取之处,要之则与朱子学不合。除了批判白沙之学,杨应诏还同时反对陆氏心学、阳明心学,属于程朱理学正统的守护者。与之相反,莆田陈茂烈则往见陈献章,甘执弟子礼。献章告以"学须静一",陈茂烈佩其言终身,尝云:"白沙之学而疑其禅,非真知白沙者也。人一心也,其用一耳。士以记诵辞章竞科名,日趋于下矣,向上将谁主耶?"[③]陈茂烈为白沙之学辩护,主张它是一种向上的学问,反对将心用于外求,而这恰是它不同于朱子学的特质。白沙之学在福建的境遇,实际上为后来阳明心学的入闽做了预演,也激发了部分学者主动去追求理论创新的勇气。

黄宗羲《明儒学案》云:"有明之学,至白沙始入精微,其吃紧工夫全

---

① 　王畿撰,吴震编校整理《王畿集》,南京:凤凰出版社,2007 年,第 33 页。

② 　黄文焵《道南一脉》卷六,日本内阁文库藏旧写本,第 8 页。

③ 　李清馥著,何乃川、李秉乾点校《闽中理学渊源考》,北京:商务印书馆,2018 年,第561 页。

在涵养,喜怒未发而非空,万感交集而不动,至阳明而后大。两先生之学,最为相近,不知阳明后来从不说起,其故何也。"又称:"先生之学,以虚为基本,以静为门户……而作圣之功,至先生而始明,至文成而始大。向使先生与文成不作,则濂洛之精蕴,同之者固推见其至隐,异之者亦疏通其流别,未能如今日也。或者谓其近禅,盖亦有二:圣学久湮,共趋事为之末,有动察而无静存,一及'人生而静'以上,便邻于外氏。此庸人之论,不足辨也。"① 黄宗羲本人为阳明后学,而陈献章、王守仁"两先生之学,最为相近",是故面对"近禅"之讥,他对白沙之学亦多所维护。黄宗羲认为明代理学"至白沙始入精微",其学"以虚为基本,以静为门户",可谓真知灼见。在陈献章之前,已有薛瑄的"河东之学",其学强调笃实践履以复性,门徒数量与传承跨度都蔚为大观,但仍未超脱朱子学之窠臼以臻至"精微"之境。按,黄宗羲所谓"入精微",谓必须由外求天理转入体悟心性,就此而言,白沙之学与阳明心学的确十分相似,况陈献章的弟子湛若水(号甘泉)又是王守仁的论学好友,故二学之间应存在一定的联系。黄宗羲很诧异王守仁很少提及陈献章,屈大均同样也有此疑问:"阳明之学,多繇甘泉启发,而阳明亦未尝数言甘泉之师为白沙,则又何故?"② 今按,王守仁三十五岁时,与湛若水"一见定交,共以倡明圣学为事"。(《阳明先生年谱》载其事于三十四岁,今从湛若水"岁在丙寅"之说。)据湛若水《奠王阳明先生文》:"嗟惟昔昔,岁在丙寅。与兄邂逅,会意交神。……言圣枝叶,老聃、释氏。予曰同枝,必一根柢。同根得枝,伊尹、夷、惠;佛于我孔,根株咸二。……奉使安南,我行兄止。兄迁太仆,我南兄北。一晤滁阳,斯理究极。兄言迦、聃,道德高博,焉与圣异,子言莫错。我谓高广,在圣范围;佛无我有,《中庸》精微;同体异根,大小公私;敦叙彝伦,一夏一夷。"③ 王守仁三十五岁时结识湛若水,此时已经历龙场悟道,学问已有所用力处,只是教法尚未彻底完善,故多受湛若水启发。尽管如此,双方学问仍有关键性分歧,王守仁主张老聃、释迦牟尼可视为圣人枝叶,湛若水则认为佛教与孔教"根株咸二",不可混为一谈。至湛若水奉使安南时,王守仁已然四十岁,仍宣称老聃、释迦牟尼"道德高博",与圣人不异,而湛若水则认为儒家、佛

---

① 黄宗羲著,沈芝盈点校《明儒学案》,北京:中华书局,2008 年,第 79~80 页。
② 屈大均《翁山文外》卷二《陈文恭集序》,清康熙刻本。
③ 吴光、钱明、董平、姚延福编校《王阳明全集(新编本)》,杭州:浙江古籍出版社,2010 年,第 2028~2029 页。

家同体异根,《中庸》要比佛理更为精微,可见双方分歧仍未消除。阳明心学杂取佛、道,并借此对儒家的核心理论进行再诠释,从而将其导向经世济用的功用性,其近禅倾向远比白沙之学更甚。据王守仁自称:"晚得友于甘泉湛子,而后吾之志益坚,毅然若不可遏,则予之资于甘泉多矣。甘泉之学,务求自得者也,世未之能知其知者,且疑其为禅。诚禅也,吾犹未得而见,而况其所志卓尔若此。……吾与甘泉友,意之所在,不言而会;论之所及,不约而同,期于斯道毙而后已者。"[①]王、湛二人,皆卓然于世,难觅知己,且所主张之新学问,世人皆目之为禅,但湛若水之似禅,在于继承了其师陈献章主张"静坐观心"的路数,并以"随处体认天理"拓益之,是形式上的相似,他本人仍然严守儒、佛之辨;王守仁之似禅,则是将佛、道视为儒家之本来所有之物,为圣人枝叶,并择取儒、道二家之核心概念,以诠释儒家经典之言语,是核心上的一致,他本人则主张三家本一。在外人看来,白沙之学与阳明心学十分相近,但在王守仁、湛若水本人而言,双方只是互相借鉴,而并未混同为一。王守仁与湛若水之关系如此,故对湛若水之师陈献章更加缺乏理解。陈献章一生遵从程朱,白沙之学即从朱子学催生、演化出来,而王守仁早年同样是朱子学的坚定信奉者,后来所创阳明心学则是对朱子学的驳正。朱子是宋代理学的集大成者,其主要框架是通过格物致知以向外存取天理,后人面对如此完善的体系,若欲再加创新之力,势必要转向内心体悟。白沙之学与阳明心学的相似性,一方面是义理学问演进之必然,另一方面也是共同受到了佛教之影响,而双方之间却未必有很深的渊源。黄宗羲称"阳明后来从不说起"云云,亦并非实情,王守仁的确很少谈及陈献章,但并非从不说起,今所见魏时亮《大儒学粹》卷八载:"阳明先生曰:'白沙先生学有本原,恁地真实,使其见用,作为当自迥别。今考其行事,事亲信友、辞受取予、进退语默之间,无一不概于道,而一时名公硕彦,如罗一峰、章枫山、彭惠安、庄定山、张东所、贺医闾辈,皆倾心推服之,其流风足征也。'"[②]此语既可见王守仁对陈献章颇为推许,亦可感知两人并无深交,仅为追慕前辈之语。近世学者多昧于此,只依据理论体系上的相似忄生,就认定王守仁必受陈献章之深刻影

---

① 吴光、钱明、董平、姚延福编校《王阳明全集(新编本)》,杭州:浙江古籍出版社,2010年,第246页。

② 魏时亮《大儒学粹》卷八上,收入《四库全书存目丛书》子部第11册,第467页。

响,此纯系想当然之语。譬如冯友兰云:"白沙卒于明孝宗弘治十三年,时王阳明二十余岁。甘泉卒于明世宗嘉靖三十九年,与阳明时相辩论。阳明之学,虽亦自得,然亦必受此二人之影响也。"①朱维铮亦云:"陈献章,是王守仁学说的真正教父","广东,正是王学的策源地"。② 更有甚者则为束景南之论,声称王守仁幼年尝亲见陈白沙与林俊日日讨论学问,并早已对白沙之学心悦而诚服。因此事为宋明理学转变之大关键,故笔者今日不得不详细考辨之。

束景南《王阳明年谱长编》一书,2017 年 11 月由上海古籍出版社出版,书中搜集王守仁相关生平资料甚多,是近年来分量较重的一部著作。束氏对此也颇为自信,声称"破除五百年来未解之错案、悬案、迷案","填补五百年来不明之阳明生平'空白''空缺'","破除五百年来流行之误说",而其中关键的一条称:"关于阳明与白沙之关系,向来不明。本谱考订白沙于成化十九年(1483)荐召至京师,住西长安大街大兴隆寺半年,与王华、阳明比邻。阳明尝亲见白沙与林俊日日讨论学问。"③又称:"林俊膺白沙心学,讨论多有得,故阳明对林俊'渊博之学''心悦而诚服',实亦隐含了对白沙之学之心悦诚服。二十年后阳明作文高度评价'白沙先生学有本原,恁地真实,使其见用,作为当自迥别',如此心悦诚服即源于此时也;又五年后阳明入京师,亦寓居大兴隆寺,与湛甘泉在大兴隆寺中讲学,盖即有意仿当初白沙与林俊在大兴隆寺中讲学也。"④若束氏所论属实,则此事不仅关系王守仁与陈白沙之交往,也直接关系到阳明学的思想源头,证明王守仁在十二岁私塾期间即已"对白沙之学之心悦诚服",与早年信奉朱子学大致同时,而且此论发前人所未发,其学术价值不可估量。但笔者细绎此事经过,深感束氏之论错讹处甚多,立论仍不够坚实,其不合之处主要有三:

一、与陈白沙行履不合

束景南的论证过程大致可分为三步:第一步,是论证陈白沙于成化十九年(1483)荐召至京师时,与林俊"日日在一起讲学",⑤因而两人的

① 冯友兰《中国哲学史》下卷,上海:华东师范大学出版社,2000 年,第 286 页。
② 朱维铮《走出中世纪(增订本)》,上海:复旦大学出版社,2007 年,第 75、77 页。
③ 束景南《王阳明年谱长编》,上海:上海古籍出版社,2017 年,第 3 页。
④ 束景南《王阳明年谱长编》,上海:上海古籍出版社,2017 年,第 47 页。
⑤ 束景南《王阳明年谱长编》,上海:上海古籍出版社,2017 年,第 47 页。

住所应该相邻。第二步,是论证王华、王守仁的住所与林俊相邻,而王守仁与林俊兄弟皆有交往,乃至对林俊之学问"心悦而诚服"。第三步,是由王华与陈白沙同为翰林院职官,推断两人必有交往,再由王华、王守仁赞同陈白沙学术的言论,佐证两人必然参与了陈献章、林俊的讲学之会。上述三条并非并列关系,而是环环相扣、层层推进,形成了一条完整的证据链。但这同时也意味着,若有任何一步论证出现差错,所得出的结论都将难以立足。而据笔者考证,上述三步的论证过程均存在若干处讹误,所引用的文献证据也同样经不起推敲。

郑岳《故荣禄大夫太子太保刑部尚书见素林公行状》(以下简称《林俊行状》)称:"陈白沙公甫以荐至京,公日与讲明理学,而造诣益纯。"① 杨一清《荣禄大夫太子太保刑部尚书见素林公俊墓志铭》(以下简称《林俊墓志铭》)采纳此说,文字略有改动:"陈白沙先生以荐至京,公日与讲学,大有所得。"②其"日与讲学"之语,又被《皇明人物考》《西园闻见录》《闽中理学渊源考》等书援引,但上下文句基本雷同,显然属于同一来源。束景南称:"白沙是次应诏入京,在京待半载有余,其所以能日日与林俊讲论学问,盖因白沙亦寓居长安西街之大兴隆寺……若与林俊非比邻而居,两人断不可能日日在一起讲学。"③按此,束氏将"日与讲学"当作实语,并将其作为陈白沙、林俊比邻而居的重要证据,尽管这一逻辑略显奇怪:为何双方并非比邻而居,就无法日日一起讲学?从常理推断,即使双方的住所远至一个时辰的路程,似乎也不妨碍完成每日讲学之举。但束氏既由"日与讲学"而认定陈白沙、林俊比邻而居,又援引张诩《白沙先生行状》"先生不得已遂起,至京师……祭酒某先生,同省人也,素忌先生重名,及至京师,使人邀先生主其家。已而先生僦居庆寿寺某寓之后,因修述阴令所比诬先生"之句,称"疑《白沙先生行状》中所云'庆寿寺某寓'即指林俊寓所"。④ 束氏所引《白沙先生行状》文字依据中华书局1987年版《陈献章集·附录二》,此本所用底本为清康熙四十九年(1710)何九畴刻本,又参校了清乾隆碧玉楼刊本。今核张诩《白

---

① 郑岳《山斋集》卷十四《故荣禄大夫太子太保刑部尚书见素林公行状》,清文渊阁《四库全书》本。

② 焦竑《国朝献征录》卷四十四刑部一《荣禄大夫太子太保刑部尚书见素林公俊墓志铭》,明万历四十四年(1616)徐象枟曼山馆刻本。

③ 束景南《王阳明年谱长编》,上海:上海古籍出版社,2017年,第46~47页。

④ 束景南《王阳明年谱长编》,上海:上海古籍出版社,2017年,第46~47页。

沙先生行状》一文最早附录于万历四十年(1612)何上新刊本《白沙子全集》之后,题为《翰林院检讨白沙陈先生行状》(以下简称"何本行状"),万历之前各种刻本的陈白沙全集中均未附收此文。但据弘治刻本徐纮辑《皇明名臣琬琰录·后集》卷二十二所收张诩《翰林院检讨白沙陈先生行状》(以下简称"徐本行状"),其对应文句则作:"先生不得已,起至京师……某,先生省人也,素忌先生重名。及至京师,使人邀先生主其家。已而先生僦居庆寿寺,某衔之。后因纂修《实录》,阴令所比诬先生。"①今考文中所指同省人为丘濬,广东省琼州府人,成化十六年(1480)加礼部侍郎,掌国子监事。成化二十三年(1487)升礼部尚书,掌詹事府事,后又充任《明宪宗实录》副总裁。何本行状、徐本行状的文字差异极大,若据前者,则是陈白沙"僦居庆寿寺某寓之后",丘濬就令人在修述中诬陷陈白沙;若据后者,则是陈白沙"僦居庆寿寺",丘濬怀恨在心,后来才在纂修《明宪宗实录》时趁机报复。相较之下,徐本行状不仅时代更早,文字更为流畅,其余内容也更为翔实,显然更为可信。譬如徐本行状中所收陈白沙奏疏均录全文,而何本行状则删削大半,凡此类情形颇多。丘濬任《明宪宗实录》副总裁在成化二十三年之后(即成化朝之后),且彼时早已晋升礼部尚书,亦可佐证徐本行状记载无误。盖徐本行状"某衔之"之"衔"字漫漶而似"御"字,何本行状以为不通而擅改为"寓"字,遂连下为句。束景南依据当代整理本,并猜测"'庆寿寺某寓'即指林俊寓所",故而陈白沙与林俊毗邻,是以误上加误。

《明宪宗实录》中评价陈白沙"于理学未究""务自矜持以沽名""一时好事妄加推尊""虽其乡里前辈,素以德行文章自负者,亦疑之,谓献章不过如是之人耳,何其标榜者之多也""闻者莫不非笑"云云,②既与史书体例不甚合,又显然有挟私报复之嫌。无论此语是否为丘濬授意而书,但其既任《明宪宗实录》副总裁,恐怕难辞其咎。丘濬嫉恨陈白沙之事,在明代指责者即已不乏其人,但同时亦有主张丘濬无辜者。黄佐《大学士丘公濬传》云:"癸卯,陈白沙至京,与谈不合。人谓公沮之不得留用,时犹未入阁也,安有沮之之事乎?"③黄佐生年较晚,比陈白沙年轻 62 岁,比丘濬年轻 69 岁,并非事件亲历者,故虽然承认丘、陈两人

---

① 张诩《翰林院检讨白沙陈先生行状》,载徐纮辑《皇明名臣琬琰录·后集》卷二十二,国家图书馆藏明弘治刻本,第 9 页。

② 《明宪宗实录》卷二百四十四,上海:上海书店出版社,2018 年,第 4129~4130 页。

③ 黄瑜《双槐岁钞》卷十《丘文庄公言行》,清《岭南遗书》本。

"与谈不合",但不认为丘濬有沮陈白沙之事。然笔者查考林俊所作《祭白沙陈先生》一文,内称:"彭从吾首荐,朱郴扬再荐,不揆小子默致力其间,然所以处先生者诚情耶? 翰林之授,我宪宗之特见云尔。木高风摇,行高人毁,然而攻洛者蜀人也,先生则乡人焉,何心哉?"①林俊既是当事人,又明确指出攻讦者为同乡之人,则丘濬因"与谈不合"而有攻讦之语当可坐实。盖丘濬此时官至礼部侍郎、国子监祭酒,纵然未入阁,在朝廷中发言或上疏谏阻重用陈白沙乃属力所能及之事。此前成化十一年(1475)会试,丘濬任主考官,所出策论中有"至若讲学明道,学者分内事也,近或大言阔视,以求独异于一世之人,程朱之学果若是乎"等句,②且此科黜落陈白沙,时人已多有鸣不平者,并有"会元未必如刘戬,及第何人似献章"之谣。③ 此时阳明学尚未出世,陈白沙则声名蔚起,京城科道群公往来请益,丘濬之语很难说未有所指,"沮之"之论或由此即生。成化十九年(1483)朝廷因荐疏征召陈白沙入京,或将大用,丘濬此时"使人邀先生主其家",不排除有趁机消解疑谤之心,而陈白沙宁可"僦居庆寿寺",则丘氏先"衔之",后又于《明宪宗实录》中贬之,确有动机。丘濬去世之后,陈白沙祭文中自称"某一病当年,老于林下,足不至先生之门,目不睹先生之书"云云,④似有所发。故罗钦顺《困知记》云:"丘文庄公雅不喜陈白沙,《大学衍义》中有一处讥议异学,似乎为白沙发也。然公之文学固足以名世,而未有以深服白沙之心。其卒也,白沙祭之以文,意殊不满。"⑤

据陈白沙《乞终养疏》:"成化十九年(1483)三月三十日到京朝见赴部,乃以久劳道路,旧疾复作。……七月十六日扶病赴部听试,而筋力朽弱,立步艰难。自揣虚薄,未堪笔砚,因续具状,再延旬日。日复一日,病势转增,耳鸣痰壅,面黄头晕,视昔所染无虑数倍,众目所睹,不敢自诬。"⑥《乞终养疏》于八月二十八日具本奏上,九月四日皇帝诏准:"陈献章既系巡抚等官荐,他今自陈有疾,乞回终养,与做翰林院检讨

① 　林俊《见素集》卷二十六《祭白沙陈先生》,清文渊阁《四库全书》本。
② 　丘濬《琼台会稿》卷八《会试策问》,清文渊阁《四库全书》本。
③ 　蒋一葵《尧山堂外纪》卷八十六《国朝》"陈献章"条,明刻本。
④ 　陈献章《白沙子》卷四《奠丘阁老文》,《四部丛刊三编》景明嘉靖刻本。
⑤ 　罗钦顺著,阎韬点校《困知记》卷下,北京:中华书局,1990 年,第 39 页。
⑥ 　陈献章《白沙子》卷一《乞终养疏》,《四部丛刊三编》景明嘉靖刻本。

去。亲终疾愈,仍来供职,钦此。"①按此,则陈献章此次在京城不足半年,且一直患病在身,束景南谓其"在京待半载有余""日日与林俊讲论学问"皆必有讹误。又,"日与讲学"本为古人惯用词语,且《林俊行状》《林俊墓志铭》不无抬高之意,若究其实,则林俊本非讲学之人。林俊《见素集》二十八卷,其中并无任何一篇讲学语录,而全书"致知"一词从未使用,"格物"一词仅出现一次,而且用于描述他人学术观点。后人多以林俊向朝廷荐举陈白沙,作为林氏服膺白沙之学的证据,但核查林氏之奏疏,时间远在朝廷征召陈白沙入京之后,也并非因为素来钦佩其理学,而是因后者一直未能得到重用,故为国惜才。林俊荐疏《陈言疏》今存于《见素集奏议》卷一,内称:"举贤臣,惟帝王之世礼聘异才……切见检讨陈献章、参议贺钦、佥事章懋,志尚古人,行高时辈,王恕、彭韶等流亦不多让。乞起献章为学士,钦为佥都御史,懋为大理寺丞,盛典一举,海内向风,群贤用而治化增,盛德崇而大业广矣。"②此疏标题下注"此疏进至京,为张东白停止",又已称陈白沙为检讨,可知时间当在陈白沙离京之后,而疏内并举三人,所类比之"王恕、彭韶"皆为前辈名臣英才,并未突出白沙之学术。不仅如此,林俊所作白沙祭文、白沙祠记,并无一语论及两人讲学之事,也并未提到白沙对自己有任何帮助,这显然并非一位"日与讲学,大有所得"者的做法。又据陈白沙自述云:"予来京师,见克贞之子进士性,及其高第门人中书蒋世钦,因与还往。居无何,侍御官满来朝。予卧病庆寿寺,之数人者无日不在坐,师友蝉联,臭味相似,亦一时之胜会也。"③按此,则陈白沙在庆寿寺卧病期间,日日来往者为蒋钦、娄谅之子娄性、娄谅之兄侍御娄谦,主要活动是诗词唱和,亦不言及林俊。据《西山日记》记载:"李康惠公为刑部属,见素林公为佥都,谓李曰:'昔三原王公在南都,其志未尝一日不为天下国家,故无一日无贤士大夫往来门下。今吾门寂寥,岂吾不能抑己耶?何贤者之不至也?'……李曰:'承勋每侍教,所闻惟节义文章,而未尝及学问。公所长在是,所短亦在是乎?'林大叹服。"④林俊任职南京佥都御使,时已至弘治年间,此亦可佐证林俊对讲学之事毫无兴致,其与陈白沙相知实

①　陈献章《白沙子》卷一《谢恩疏》,《四部丛刊三编》景明嘉靖刻本。
②　林俊《见素集奏议》卷一《陈言疏》,清文渊阁《四库全书》本。
③　陈献章《白沙子》卷四《书莲塘书屋册后》,《四部丛刊三编》景明嘉靖刻本。
④　丁元荐《西山日记》卷上,清康熙二十八年(1689)先醒斋刻本。

别有缘故。又据《林俊行状》载："时当道久未有处，公上书尹太宰，谓'山林遗逸之路不可自我而塞'，尹公遂为请试。公又劝白沙勿试，上疏乞归养，白沙服公有识。"①按此，则林俊与陈白沙的交往，主要是林俊为后者出谋划策。盖白沙初蒙征召，既缺乏官场经验，又为丘濬等人嫉恨，林俊则自成化十四年（1478）中进士后，已担任刑部主事五年，故能为白沙筹划入仕之举，其自谦"不揆小子默致力其间"即叙述此事。陈白沙为特诏入京，本应按访求遗贤之类优擢，但尹直认为白沙曾科举落第，故不属于隐逸之士，仅命吏部考试合格后方可授官。林俊劝陈白沙勿试而上疏乞归，最终皇帝特赐翰林检讨，"白沙服公有识"。林俊于嘉靖初年去世时，陈献章的身后名已如日中天，②而天下讲学之风盛行，故《林俊行状》《林俊墓志铭》谓其与陈白沙"日与讲明理学，而造诣益纯""日与讲学，大有所得"云云，盖虽知两人于此时相知，却已不明前因后果，后人乃因袭此论，辗转失真。林俊本人既然对讲学毫无兴致，则束景南所谓"阳明对林俊'渊博之学''心悦而诚服'，实亦隐含了对白沙之学之心悦诚服"等语，顿成空论。

二、与王华、王守仁行履不合

如前所论，束景南推断成化十九年（1483）陈白沙应诏入京时，所住庆寿寺（明正统间重修，改名为"大兴隆寺"）与林俊宅相邻，其逻辑已然不够严密，而束氏又推断王华、王守仁之宅此时亦与林俊相邻，同样属于误读文献。束氏共列举了两条材料，来证明自己的推论：

其一，王守仁《送绍兴佟太守序》云："成化辛丑，予来京师，居长安西街。久之，文选郎佟公实来与之邻。"③

其二，王守仁《与林见素》云："执事孝友之行，渊博之学，俊伟之才，正大之气，忠贞之节，某自弱冠从家君于京师，幸接比邻，又获与令弟相

---

① 郑岳《山斋集》卷十四《故荣禄大夫太子太保刑部尚书见素林公行状》，清文渊阁《四库全书》本。

② 嘉靖九年（1530），薛侃上《正祀典以敦化理疏》，请以陆九渊、陈白沙从祀孔庙。又，胡缵宗《愿学编》卷下称："吴康斋子傅、陈石斋公甫、胡敬斋廷心皆隐居力学，而学皆著己。……三子声闻动海宇，举世高之，固一代之豪杰也。"陈石斋公甫即陈白沙。明嘉靖年三十三年（1554）鸟鼠山房刻本，上海图书馆藏，第45页。

③ 吴光、钱明、董平、姚延福编校《王阳明全集（新编本）》，杭州：浙江古籍出版社，2010年，第1109页。

往复,其时固已熟闻习见,心悦而诚服矣。"①

由于庆寿寺位于西长安街,而王守仁亦居"长安西街",且有"幸接比邻"之语,故束景南认定王守仁与林俊为邻(又递推与陈白沙为邻),且"对林俊'渊博之学''心悦而诚服'"。但束氏明显忽视了文中的时间点,阳明自称与林俊"幸接比邻"是"弱冠"之时。成化十九年(1483)陈白沙入京之岁,王守仁方十二岁,距离弱冠之期尚有八年的时间。按,王守仁首次入京师在成化辛丑,亦即成化十七年(1481),此年王守仁方十岁,其父王华中状元,故迎养祖孙二人至京。弘治五年(1492),王守仁二十一岁,因赴会试再次入京,即所谓"弱冠从家君于京师"之时。然则王守仁所谓"自弱冠从家君于京师,幸接比邻"之"自"字,并非指其初至京师年岁,而是与林俊始为邻之年岁。由此亦可知,在弱冠之前,王守仁并未与林俊为邻。束景南误读此语,又忽视明显之时间点,谓"即是阳明常往来出入于林俊兄弟家,多可见白沙与林俊两人讲论学问,日日耳闻目睹,故称'已熟闻习见'也",②纯系想当然之词。又按阳明原文,阳明所谓"已熟闻习见,心悦而诚服"者,是林俊"孝友之行,渊博之学,俊伟之才,正大之气,忠贞之节",束氏仅摘取"渊博之学"一语,称"阳明对林俊'渊博之学''心悦而诚服',实亦隐含了对白沙之学之心悦诚服",亦属断章取义。"渊博之学"多不指理学,何况又只是并列的五个誉美词之一,实为古人书信行文之客套俗语。况且阳明在此句之下即接称:"第以薄劣之资,未敢数数有请。其后执事德益盛,望益隆,功业益显,地益远,某企仰益切,虽欲忘其薄劣,一至君子之庭,以濡咳唾之余,又益不可得矣。"③按此,则阳明自陈并未有多少机会向林俊请教。从现存林俊《寄阳明》《复阳明》的书信来看,信中亦只叙寒温及宦旅之事,绝无谈论学术之事。束氏不综考阳明通篇言论,而只截取其客套之语,硬指其通过林俊而"对白沙之学之心悦诚服",恐不免以偏概全,立论不牢。另,成化二十年(1484)林俊即因为上疏弹劾僧人继晓、太监梁方,反对耗费巨资修建寺观,被诏下锦衣卫狱,后谪姚州判官,一度离开了京城。根据弘治五年(1492)前后王守仁与林俊为邻,既无法

① 吴光、钱明、董平、姚延福编校《王阳明全集(新编本)》,杭州:浙江古籍出版社,2010年,第1061页。
② 束景南《王阳明年谱长编》,上海:上海古籍出版社,2017年,第47页。
③ 吴光、钱明、董平、姚延福编校《王阳明全集(新编本)》,杭州:浙江古籍出版社,2010年,第1061页。

推断成化十九年(1483)时王守仁与林俊为邻,更无法递推此年王华、王守仁与陈白沙为邻。明代房租高昂,凡外省入京官员及穷苦士人多寄住于寺庙,而庆寿寺由于距离宫廷较近,又是西长安街上规模最大、客舍最多的寺庙,自明初以来就是仕人常选的暂住之处。讲学又照例需要相对幽静之处,除非任职于学宫之官员,否则即以寺观较为适合,故而明代讲学之事亦多设于寺院。束景南谓王守仁后来"与湛甘泉在大兴隆寺中讲学,盖即有意仿当初白沙与林俊在大兴隆寺中讲学也",更是无从谈起。据《王阳明年谱》,正德五年(1510)冬王守仁入京朝觐,即馆于大兴隆寺。此年十二月,王守仁升南京刑部四川清吏司主事,次年正月又调北京吏部验封司主事。湛若水《阳明先生王公墓志铭》载:"(王守仁)入南京刑部主事,留为吏部验封主事。阳明公谓甘泉子曰:'乃今可卜邻矣!'遂就甘泉子长安灰厂右邻居之,时讲于大兴隆寺,而久庵黄公宗贤会焉。"[1]按此,则王守仁初入京时先寄宿于大兴隆寺,讲学则为后来与湛若水为邻之时。阳明最初寄住大兴隆寺,是自外地朝觐入京,故暂时寄宿;后来要择地而居,则是因为已改任京官,故需要觅一长期住宅。灰厂靠近长安右门,与大兴隆寺同处于西长安街,王、湛两人既邻居于此,大兴隆寺就是最近、最方便的讲学之处。阳明寄宿大兴隆寺,与模仿陈白沙无关,而是外地入京官员的普遍选择,而湛若水、黄绾等人均有官职在身,只能在供职之外觅一清净之地会讲,位于西长安街的大兴隆寺即是最自然的选择。

束景南又称:"其时非惟阳明可见到白沙,王华更可见到白沙。……王华任翰林修撰,白沙授翰林检讨,两人岂会不见面?况王华与林俊关系密切,王华与白沙比邻而居半年之久,岂能一无交往?……林俊后来在《祭上宰王海日公》中云:'某忝通家,道义熏炙。'所谓'道义熏炙'即指两人在京比邻而居时之往来讲学交流,由此可以推断当白沙与林俊在大兴隆寺中日日讲论时,王华亦必当来会也。"[2]如前所述,阳明"从家君于京师,幸接比邻"是弱冠以后事,而非成化十九年(1483)之时,故当时王华与陈白沙并非比邻而居。另外,陈白沙授翰林检讨,是上疏乞归获准之后,由皇帝特赐之官,待"亲终疾愈,仍来供职"。白沙并未

---

① 湛若水《湛甘泉先生文集》卷三十一《阳明先生王公墓志铭》,清康熙二十年(1681)黄楷刻本。

② 束景南《王阳明年谱长编》,上海:上海古籍出版社,2017年,第48页。

在翰林院实际供职任何一天，自然不会因此与担任翰林修撰的王华见面。林俊、王华皆有官职在身，需要处理相关事务，情形与征召入京的陈白沙不同，况且两人本身亦非讲学之人，实际上也不可能与后者日日讲学。而陈白沙上疏皇帝乞归，声称自己自入京以来持续卧病，"众目所睹，不敢自诬"，更不可能日日讲学以蒙欺君之罪。至于"道义熏炙"一词，只是古人惯用敬语，且一般适用于并非深交之场合，束氏恐有过度解读之嫌。

三、与王华、王守仁思想不合

束景南主张成化十九年（1483）间"阳明尝亲见白沙与林俊日日讨论学问"，此事并不可信，但束氏还提出了几条旁证，以支撑王守仁父子都"对白沙之学之心悦诚服"，其一谓："其时王华'心学'思想（见前引廷试卷）与白沙学相合，如今白沙万里入京，王华与心学宗师密迩相居，两人之间岂能一无讨论交流？"①束氏此论为揣测之词，本不足为凭，但因为涉及王华、王守仁之思想脉络，兹事体大，故有详加推究之必要。

束景南于王华廷试卷下按语称："王华之理学思想，向来不明，此王华廷试卷，正可窥见王华理学思想之真貌，尤有重要意义。盖王华于廷试卷中首次提出了'心学'，谓'默契二帝三王之心学'。……王华即是用此'心学'答帝问，而阳明后来所建立之'心学'体系，于此几可呼之欲出矣。阳明之'心学'亦有'家学'渊源，由此透露一线消息。"②若束氏所言属实，则王华应当是阳明心学的先导者，且其思想"与白沙学相合"，其学术史意义不可谓不重。但廷试之卷本为应试之举，明代要求作答必须符合朱子本旨，永乐后又有《四书五经大全》作为标准读本，其中极难容纳新颖思想。再按束氏所指为心学者，主要为其中两段文字：

> 盖人之一心至虚至灵，所以具众理者在是，所以应万事者在是。但为气禀所拘，物欲所蔽，其全体大用始有所不明矣。陛下诚能先明诸心，复其本然之正，去其外诱之私，不为后世驳杂之政所牵滞，不为流俗因循之论所迁惑，则于道也，必能探求其精微，而见于日用彝伦之间，莫不各有以尽其当然不易之则矣。

---

① 束景南《王阳明年谱长编》，上海：上海古籍出版社，2017年，第48页。
② 束景南《王阳明年谱长编》，上海：上海古籍出版社，2017年，第36页。

人君之治固本于一心，而正心之要，尤在于意诚。《大学》曰：
"欲正其心，先诚其意。"使意有不诚，则无以正其心而推于治矣。
臣愿陛下穷理以致其知，存诚以立其本，而凡一念将发之顷，必察
其天理人欲之几。①

　　《大学》中即已谈论"正心"之事，但不可因此而指其为"心学"，盖
"心学"一词自有其特指含义。王华的首段文字，一望即知源自朱熹，不
仅思想一致，而且文句也几乎雷同。譬如朱熹《孟子章句集注》云："心
者，人之神明，所以具众理而应万事者也。"②《大学章句集注》亦云："明
德者，人之所得乎天，而虚灵不昧，以具众理而应万事者也。但为气禀
所拘，人欲所蔽，则有时而昏；然其本体之明，则有未尝息者。故学者当
因其所发而遂明之，以复其初也。"③王华第二段文字，所谓"人君之治
固本于一心……凡一念将发之顷，必察其天理人欲之几"云云，朱熹《延
和奏札》中亦云："臣闻人主所以制天下之事者本乎一心，而心之所主又
有天理人欲之异，二者一分，而公私邪正之途判矣。……而其端特在夫
一念之间而已。"④又云："愿陛下自今以往，一念之顷必谨而察之：此为
天理耶，人欲耶？果天理也，则敬以充之，而不使其少有壅阏；果人欲
也，则敬以克之，而不使其少有凝滞。"⑤两相比较，可知束景南所指为
王华"心学"思想者，皆源出朱熹著名论断，《四书章句集注》固为常见
书，而朱熹奏疏文字不仅载于《晦庵先生朱文公文集》中，又被《宋史》本
传摘录。推究王华的廷试卷，若认为"与白沙学相合"，实在未见其可，
而若论王守仁有家学渊源，也只能是承载了王华的朱子学认识，倘谓阳
明后来建立之心学体系"于此几可呼之欲出"，恐难以厌服众心。

　　此外，束景南又称："二十年后，阳明作文高度评价'白沙先生学有
本原，恁地真实，使其见用，作为当自迥别'，如此心悦诚服即源于此时
也。"⑥束氏认为此语是王守仁阅读《白沙先生全集》后所发，仍然是推
测之词。阳明此语仅见于魏时亮所辑《大儒学粹》，原文并未注明时间

---

①　束景南《王阳明年谱长编》，上海：上海古籍出版社，2017年，第36页。
②　朱熹《孟子章句集注》卷第十三《尽心章句上》，宋刻本。
③　朱熹《大学章句集注》，宋刻本。
④　朱熹《晦庵先生朱文公文集》卷第十三《延和奏札二》，《四部丛刊初编》景明嘉靖本。
⑤　朱熹《晦庵先生朱文公文集》卷第十四《延和奏札五》，《四部丛刊初编》景明嘉靖本。
⑥　束景南《王阳明年谱长编》，上海：上海古籍出版社，2017年，第47页。

与出处,束氏置于弘治十八年(1505)条下[按:距离成化十九年(1483)实为二十二年后,非"二十年后"],只是为了与《白沙先生全集》的初刻时间相对应。今考此条内已称"彭惠安"等人"倾心推服之",①而"惠安"为彭韶谥号,可知王守仁此语至少应在弘治八年(1495)彭韶去世之后。今姑且不论此语是否为陈白沙全集而发,但王守仁评价前辈学人多所誉美,此是人之常情,更何况从数语中也不见对白沙学问之服膺。"学有本原"四字,自宋代以来就屡屡用于称赞前辈学人,明代以来更成为评价、举荐某官的惯用词语。譬如胡世宁举荐余祐"学有本原而正直忠厚,志存经济而劝励周详",②朝廷诰词评价储瓘"雅操不群,长才杰出,学有本原,志存贞固",③类似种种,不胜枚举。若以此几十年后之语反证当年阳明即已对白沙之学心悦诚服,则属于倒果为因,逻辑不洽。

总括言之,成化十九年(1483)陈白沙应诏入京,在京仅半年左右,其间又一直卧病在庆寿寺,所经常来往者仅蒋钦、娄性、娄谦三人,主要活动则为诗词唱和。林俊此时与陈白沙相知,曾为其仕途前景出谋划策,对其帮助颇多。由于林俊本人谦恭自守,陈白沙后来又声名日盛,兼之讲学之风盛行,晚辈学人误以为林俊此时与白沙日日讲学论道,乃至受教于白沙,而实际上林俊一生对讲学都无甚兴致。目前没有任何证据表明王华在此时与陈白沙有过会面,而王华成化十九年(1483)前后仍固守朱子学,与白沙之学也并不相合。王守仁此时年方十二岁,仍在私塾期间,既不与林俊为邻,更不可能旁听到陈白沙与林俊二人的讲学,进而由此信服白沙之学。王守仁直至弱冠之后才与林俊为邻,但并没有多少机会与后者交往。束景南关于王守仁与陈白沙之间的学术关联之论断,或来源于误读材料,或来源于悬空揣测,于文献无征。从王守仁的为学经历判断,成化十九年(1483)前后,他仍在信仰朱子学的阶段,真正全面、彻底的接触白沙之学要迟至与湛若水定交之后。

---

① 魏时亮《大儒学粹》卷上,收入《四库全书存目丛书》子部第 11 册,第 7 页。

② 胡世宁《胡端敏奏议》卷三《举用贤才以安地方疏》,清文渊阁《四库全书》本。

③ 焦竑《国朝献征录》卷二十七南京吏部《通议大夫南京吏部左侍郎储公瓘行状》,明万历四十四年(1616)徐象枟曼山馆刻本。

第二节　阳明学的终极归宿与佞佛特性

王守仁晚年在将"致良知"作为最终话头之前,曾提出过"到底是空"之说,并宣称这才是学问的终极归宿。此说显然具有佞佛特性,而不见载于《传习录》《阳明先生文录》等书稿,故多为前辈学者所忽略。尽管门人在汇编阳明书稿时有意识地弱化了王守仁的佞佛倾向并辑录了大量的"排佛"文字,①但种种迹象表明,王守仁直到去世时仍在坚持"到底是空"之说。此说不仅是王守仁与湛若水、方献夫等人的分歧所在,也是阳明心学与朱子学注定无法相融的关键,故笔者特表而出之,以做后续论证之基础。

正德六年(1511)冬,方献夫谢病辞官,欲归隐西樵山中,王守仁作《别方叔贤序》以赠别:"予与叔贤处二年,见叔贤之学凡三变:始而尚辞,再变而讲说,又再变而慨然有志圣人之道。方其辞章之尚,于予若冰炭焉;讲说矣,则违合者半;及其有志圣人之道,而沛然于予同趣。将遂去之西樵山中,以成其志,叔贤亦可谓善变矣!"②从这段描述看出,方献夫在与王守仁相处的两年内,从"于予若冰炭"到"沛然于予同趣",已经逐渐接受了后者的思想,所以才会"学之每变,而礼予日恭,卒乃自称门生而待予以先觉"。③ 从稍后双方来往的信件来看,方献夫称赞阳明"如先生之见,真是天下一人者矣",④足见其服膺阳明学之深。而从阳明学的发展脉络来看:正德四年(1509)王守仁始在贵阳揭"知行合一"之教,正德五年(1510)十一月王守仁入觐京师,与湛若水、黄绾邃密共学,可以说方献夫与王守仁由相处而师从的时间段,也正是王、湛二

---

① 　拙著《阳明心学流衍考》(厦门:厦门大学出版社,2015 年)中对此有详细辨析,可供参考。

② 　吴光、钱明、董平、姚延福编校《王阳明全集(新编本)》,杭州:浙江古籍出版社,2010 年,第 247 页。

③ 　吴光、钱明、董平、姚延福编校《王阳明全集(新编本)》,杭州:浙江古籍出版社,2010 年,第 247 页。

④ 　方献夫《西樵遗稿》卷八,清康熙三一五年(1696)方林鹤刻本,中山图书馆藏,第 11 页。

人志同道合、关系最为融洽的时期。据正德七年(1512)王守仁《别湛甘泉序》云:"吾与甘泉友,意之所在,不言而会;论之所及,不约而同;期于斯道,毙而后已者。"①湛若水回忆此期与王守仁相处,亦云:"入司验封,众志皆通,孚于同朝,执经相从。"②考虑到方献夫与湛若水是同科进士,又都入选翰林院庶吉士,友情之深并非无因,但方、湛二人与王守仁的友情却完全是以学术为纽带建立起来的,学术上的重大分歧必然会影响到他们之间的交往。

　　方献夫、湛若水与王守仁都深感朱熹学说的烦琐与支离,并力图寻求到最有效的解决之道,但三人的答案却不尽相同:方献夫推崇与朱熹相对的陆象山,并"以为象山之学即是孟子之学,其一言一行无不似孟子处,其气象亦然",甚至称象山为"再生孟子";③湛若水师从陈白沙,标举"随处体认天理",于日用间随其所寂所感时,体悟吾心本体之自然者;王守仁则杂取佛、道,希望自创体系,寻找到一条更为简便直截的成圣之道。从实际情况来看,湛若水已然形成了自己的体系,进入稳固坚守阶段;王守仁的体系也已初步形成,但仍在继续调整;方献夫则没有形成自己的体系,还处在尊陆排朱的前人俗窠之内。但由于三人反对朱子学的出发点相同,故很容易达成初步的默契,并在争论中互相汲取对方的优点和长处,获得同行多师、切磋琢磨之功,如王守仁所称:"晚得友于甘泉湛子,而后吾之志益坚,毅然若不可遏,则予之资于甘泉多矣。"④

　　王守仁的理论体系在不断深化调整,故数年后已与湛若水的体系出现较大分歧。正德十年(1515),湛若水回乡丁母忧,王守仁往迎于南京龙江关,双方就"格物"的概念进行了辩论。从现存信件来看,争论的关键在于王守仁"以物为心意之所著",⑤心外无物,因而格物之功就演

---

① 吴光、钱明、董平、姚延福编校《王阳明全集(新编本)》,杭州:浙江古籍出版社,2010年,第246页。
② 湛若水《湛甘泉先生文集》卷三十一《阳明先生王公墓志铭》,清康熙二十年(1683)黄楷刻本。
③ 方献夫《西樵遗稿》卷八,清康熙三十五年(1696)方林鹤刻本,中山图书馆藏,第1页。
④ 吴光、钱明、董平、姚延福编校《王阳明全集(新编本)》,杭州:浙江古籍出版社,2010年,第246页。
⑤ 湛若水《湛甘泉先生文集》卷七《与阳明鸿胪》,清康熙二十年(1683)黄楷刻本。

变为"正念头"。^① 湛若水主张"人心与天地万物为体,心体物而不遗",^②虽然肯定了心在认识上的功用,但不能认同王守仁向内格物的概念转换。湛若水未能意识到这是阳明学体系深化完善的必然结果,而误以为这只是王守仁"恐人舍心求之于外"的对治药方,因而委婉批评"不免急迫,以召疑议","平日所以受益于兄者尚多不在此也"。^③ 然而次年方献夫自西樵山过访湛若水墓庐,告知王守仁"不疑佛老,以为一致,且云'到底是空',以为极致之论",^④令湛若水极为惊讶。方献夫等人已感受到王守仁有"喜同而恶异,是己而忽人"的作风,认为堪与其辩驳此事者惟有湛若水:"非先生辨之其谁也?"^⑤湛若水一方面认为王守仁并无此病,另一方面也慨然以之为己任,次日即寄信王守仁,称:"若然,则不肖之惑滋甚。此必一时之见耶?抑权以为救弊之言耶?不然,则不肖之惑滋甚。……叔贤所闻者,必有为而发耶?此乃学最紧关处,幸示教以解惑。"^⑥一封短信之中连用两次"不肖之惑滋甚",并称"此乃学最紧关处",可见王守仁"到底是空"之论给湛若水所造成的冲击之巨大。王守仁的回复信札均未收录至文集之中,但从湛若水一方的记录来看,王守仁仍在继续坚持己论,并开始攻击前者的学说。湛若水宣称"莫空匪实,天理流行",亦即宇宙间一气充塞而天理流行,皆为有而非空,王守仁则反驳"天理"二字并非从校勘仙佛处得来,不可借此纠彼,^⑦

---

① 据湛若水《答王宜学》云:"阳明所见固非俗学所能及,但格物之说以为正念头,既于后面正心之说为赘,又况如佛、老之学皆自以为正念头矣。"此书载《湛甘泉先生文集》卷七,清康熙二十年(1683)黄楷刻本。

② 湛若水《湛甘泉先生文集》卷七《与阳明鸿胪》,清康熙二十年(1683)黄楷刻本。

③ 湛若水《湛甘泉先生文集》卷七《与阳明鸿胪》,清康熙二十年(1683)黄楷刻本。

④ 湛若水《湛甘泉先生文集》卷七《寄阳明》,清康熙二十年(1683)黄楷刻本。

⑤ 据湛若水《答阳明王都宪论格物》云:"不辨之,则此学终不一而朋友见责。王宜学则曰:'讲求至当之归,先生责也。'方叔贤则亦曰:'非先生辨之其谁也?'辨之,则稍以兄喜同而恶异,是己而忽人。是己而忽人,则己自圣而人言远矣,而阳明岂其然乎?"按,此书写作时间虽在稍后,而所记述王宜学、方献夫之言论则为追忆当时之语。据湛若水《奠王阳明先生文》诉:"方子来同,谓兄有言,'学竟是空',求同讲异,责在今公。予曰岂敢,不尽愚衷!"其中"求同讲异,责在今公"云云,即谓王、方二人言论。

⑥ 湛若水《湛甘泉先生文集》卷七《寄阳明》,清康熙二十年(1683)黄楷刻本。

⑦ 湛若水《湛甘泉先生文集》卷三十《奠王阳明先生文》:"予曰岂敢,不尽愚衷!莫空匪实,天理流行。兄不谓然,校勘仙佛,天理二字,岂由此出?"

并在与他人的对话中指责"随处体认天理"是求之于外。① 湛若水发现王守仁毫无放弃"到底是空"之论的可能性，认为再反复辩论亦无济于事，最终选择了避而不谈。在回复阳明的一封信中，湛若水称："中间不辟佛氏及到底皆空之说，恐别有为，不肖顽钝，未能领高远之教。虽若小有异同者，然得于吾兄者多矣，此一节宜从容以候他日再会，或有商量处也。"②事实上，直到阳明去世为止，湛若水虽然与之多次书信往复，却始终没有再就此话题进行讨论，这无疑是一种有意识的主动回避。此后在回答弟子周冲关于"儒释之辩"的提问时，湛若水再次提及："往年曾与一友辩此，渠云'天理二字，不是校仙勘佛得来'，吾自此遂不复讲。吾意谓天理正要在此歧路上辩，辩了便可泰然行去，不至差毫厘而谬千里也。"③由此可见，尽管湛若水内心仍想与阳明辩论"到底是空"之说，但他很明白"朋友数，斯疏矣"的道理，最终克制住了反复争论的冲动。湛若水虽然回避了争端，守住了与阳明的友情，但却感觉自己没有尽到直言不讳的诤友义务，因而内疚于心。在后来寄付欧阳德的信中，湛若水叙述了自己当时的心境："往往见阳明门弟尊佛而卑圣，至谓孔子为缠头佛、佛乃上圣人，亦尝痛之，愧不尽心于知己者。"④正如湛若水所说，"到底是空"之论"乃学最紧关处"，所以他始终未能放下这一心结。即使在王守仁去世之后，湛若水作文祭奠之时，他仍然再次叙及了这番争论的经过，内心耿耿，可见一斑。

关于"到底是空"的争论，并非只是王、湛、方三人学术论辩中的一段插曲，而是三人学术体系的关键性分歧。这次争论虽然并没有影响到三人的友情，但自此之后三人在学术思想领域渐行渐远，裂痕已然无法融合。湛若水隐居于西樵山中之后，与同隐一山的方献夫频繁对话，双方一度议论相合、思想趋同。但方献夫思辨不足，又喜牵滞文义自以为独见，尚无能力与王、湛二人分庭抗礼。尽管如此，在反对王守仁"到底是空""格物博文"诸说时，方献夫则与湛若水立场一致，声称"生尚有

---

① 湛若水《湛甘泉先生文集》卷七《答杨少默》："阳明近有两书，终有未合，且与陈世杰谓：'随处体认天理是求于外。'"

② 湛若水《甘泉先生文集·外编》卷七《答王阳明书》，明嘉靖十五年(1536)刻本。

③ 湛若水《湛甘泉先生文集》卷八《新泉问辩录》，清康熙二十年(1683)黄楷刻本。

④ 湛若水《湛甘泉先生文集》卷七《答欧阳崇一》，清康熙二十年(1683)黄楷刻本。

未释然者……甘泉于此处亦疑"。① 湛若水在回避了"到底是空"这一关键性的分歧之后,曾尝试继续与王守仁讨论"格物"之功,但却遭遇了对方的沉默以对,如湛若水后来所述:"我居西樵,格致辨析。兄不我答,遂尔成默。"②不仅如此,在王守仁揭"致良知"三字作为最终话头之后,开始非议湛若水的理论体系,此事亦载于湛若水的《奠王阳明先生文》中:"兄抚两广,我书三役。兄则杳然,不还一墨。及得病状,我疑乃释。遥闻风旨,开讲穗石。但致良知,可造圣域。体认天理,乃谓义袭。勿忘勿助,言非学的。离合异同,抚怀今昔。切劘长已,幽明永隔。"③由此可知,王守仁在生命最后的几年中,已经与湛若水的理论体系划清了界限,视"体认天理"为"义袭",而一以"致良知"为成圣之功,甚至对湛氏的来信"遂尔成默""不还一墨"。尽管湛若水安慰自己这是由于阳明的病情之故,但考察其实,这一段时期王守仁与湛、方二人仍偶有书信来往,只是不再就学问分歧予以讨论;与此同时,王守仁仍却与徐成之、黄绾等人书信往复,探讨学术异同,而讲学之事亦未中辍。此可见湛若水"我疑乃释"之语,盖不乏为友避讳之意,实际上二者的学术分歧已无法调和。前辈学者往往强调王、湛学说大同小异,一方面是由于两人私交甚笃,造成了一种在无论在生活上还是思想上都水乳相融的主观印象;另一方面也未能准确区分阳明门人的调和之力,而误以为这一切均符合阳明本人的意图。

实际上,王守仁本人的态度在正德十六年(1521)所寄湛若水、方献夫各一通的书信中表露得十分清楚。当时王守仁收到湛若水所寄《学庸测》,方献夫所寄《大学原》诸书,在阅读之后分别作答,谓湛氏"及根究老兄命意发端处,却似有毫厘未协,然亦终当殊途同归也……致知之说,鄙见恐不可易",④谓方氏"吾兄忽复牵滞文义若此,吾又将谁望

---

① 方献夫《西樵遗稿》卷八,清康熙三十五年(1696)方林鹤刻本,中山图书馆藏,第12～13 页。

② 湛若水《湛甘泉先生文集》卷三十《奠王阳明先生文》,清康熙二十年(1683)黄楷刻本。

③ 湛若水《湛甘泉先生文集》卷三十《奠王阳明先生文》,清康熙二十年(1683)黄楷刻本。

④ 吴光、钱明、董平、姚延福编校《王阳明全集(新编本)》,杭州:浙江古籍出版社,2010 年,第 194 页。

乎？……至于入门下手处，则有不容于不辩者，所谓毫厘之差千里之谬矣"，①阳明又称自己"意到恳切处，不得不直""言语直冒，不复有所逊让"，盖自信而不疑，是己而非人，亦是学问大成后之气象。尽管湛、方二人又都复信商榷，但阳明却单方面停止了辩论，不再对此进行回应。笔者认为，要弄清阳明本人为何如此做的缘由以及厘清他与湛、方二人的分歧所在，就必须揭示出"到底是空"之论的实质，因为这不仅是三人学术上分道扬镳的起点，也是阳明学的最终归宿，"乃学最紧关处"。

王守仁的一生与佛、道两家纠缠不清，而以佛家尤甚。甚至可以说，在阳明学的每一次转折点上，背后都有佛教的影子在晃动。据《海日先生行状》云："岑太夫人稍崇佛教，（王华）则又时时曲意顺从之，亦复不以为累也。"②岑太夫人为阳明祖母，寿考百岁，王华亦于七十六岁命终，则二人尊长身份几乎贯彻了阳明的一生。"稍崇"云云为史家《春秋》笔法，而阳明父王华又"曲意顺从之"，若说阳明生于一个佛教气氛浓郁的家庭中恐不为过。阳明自云："吾亦自幼笃志二氏，自谓既有所得，谓儒者为不足学。其后居夷三载，见得圣人之学若是其简易广大，始自叹悔错用了三十年气力。大抵二氏之学，其妙与圣人只有毫厘之间。"③其中"自幼""三十年"云云，应是写实之语。至于"居夷三载"，所指为"龙场悟道"之事，这也是阳明学真正诞生的关键点，但若考索其发生之契机，当亦由佛教而来。今《卍新纂大日本续藏经》有王守仁所作《药王菩萨化珠保命真经序》一篇，对此经历言之甚详："予谪居贵阳，多病寡欢，日坐小轩，捡方书及释典，始得是经阅之。其妙义奥旨，大与虚无之谈异，实予平生所未经见。"④可见阳明谪居贵阳期间，"日夜端居澄默，以求静一"，⑤而所阅之书除祛病医方之外，尽为佛教典籍。至阳明龙场悟道之后，"始知圣人之道吾性自足，向之求理于事物者误也。

---

① 吴光、钱明、董平、姚延福编校《王阳明全集（新编本）》，杭州：浙江古籍出版社，2010 年，第 197 页。

② 吴光、钱明、董平、姚延福编校《王阳明全集（新编本）》，杭州：浙江古籍出版社，2010 年，第 1423 页。

③ 吴光、钱明、董平、姚延福编校《王阳明全集（新编本）》，杭州：浙江古籍出版社，2010 年，第 40 页。

④ 王阳明《药王菩萨化珠保命真经序》，载《卍新纂大日本续藏经》第 1 册，No.25-B。

⑤ 吴光、钱明、董平、姚延福编校《王阳明全集（新编本）》，杭州：浙江古籍出版社，2010 年，第 1234 页。

乃以默记五经之言证之，莫不吻合，因著《五经臆说》"。^① 之所以要"默记五经之言"，正因为手头别无任何儒家书籍之故，而《五经臆说序》"龙场居南夷万山中，书卷不可携"^②之语亦可佐证。从先后顺序来看，王守仁的"独悟"因佛理而催生，待其理论体系形成之后，才"以默记五经之言证之"。而龙场悟道的关键，在于领悟了"圣人之道吾性自足"，这最终成为阳明学的基石，但这种吾性、吾心具足万法的特性显然属于佛家而非儒家。正是由于吾性自足，所以阳明强调"心外无物"，"以物为心意之所著"，格物之功也就顺理成章地转变为"正念头"。湛若水的"随处体认天理"强调心的观照作用，与阳明学的佛教特性具有一定程度的重叠，所以早期彼此间多所启发，"众志皆通"。但湛若水所谓的"天理"在宇宙间流行，心、物同体，是一种高于心的存在，也是心需要向外体悟、靠拢的对象；而阳明所谓的"天理"亦即"良知"，是心所本来具有的一种功能，也是心的本质属性，体用为一，却不离于心外。从这个角度出发，阳明学在体系完善之后，自然会指责湛氏之学是向外求取、是义袭而取，根本原因在于湛若水并不承认心性这种具足万法的特性，而这种分歧实际上是无法弥合的。湛若水之学虽然外表似禅，但本质非禅，甚至批评佛教"觉其无实，亦无实德实事，如谈空画饼耳"；^③而阳明学具有佛教的核心特性，视一切"实德实事"皆具足于心，但却以五经的全新阐释为外表，故似儒而非儒。湛若水、方献夫两人均认为阳明训释"格物"二字有误，并试图通过五经文本的辞义考证与之商榷，而阳明反认为两人"牵滞文义"、有"支离之憾"，^④并坚信己说"是圣学传心之要，于此既明，其余皆洞然矣"。^⑤ 讨论既然格格不入，甚至进入了互相指责的阶段，沉默不答未使不是一种很好的选择。

　　"吾性自足"是阳明学的基石，但这种具足性却只能通过"到底是

---

① 吴光、钱明、董平、姚延福编校《王阳明全集（新编本）》，杭州：浙江古籍出版社，2010年，第1234页。

② 吴光、钱明、董平、姚延福编校《王阳明全集（新编本）》，杭州：浙江古籍出版社，2010年，第917页。

③ 湛若水《湛甘泉先生文集》卷七《答欧阳崇一》，清康熙二十年（1683）黄楷刻本。

④ 湛若水《湛甘泉先生文集》卷七《答阳明》："所示前此支离之憾，恐兄前此未相悉之深也。……则自癸甲以后自谓颇见归一，不知兄之所憾者安在也？"

⑤ 吴光、钱明、董平、姚延福编校《王阳明全集（新编本）》，杭州：浙江古籍出版社，2010年，第194页。

空"来实现,因为只有空性才能具足万法。若有一法非空,则此法既属于万法之一,则自然无法具足万法;同样只有万法皆空,才能为心境的灵明所容纳含摄,否则心境就变成了盛物的器具。因此当弟子询问用兵之术时,阳明回答:"用兵何术?但学问纯笃,养得此心不动,乃术尔。"①又称:"往年尚疑未尽,今自多事以来,只此良知无不具足。"②王守仁提出"到底是空"之论时,正是他逐渐祛除犹疑、构建"致良知"体系之时,也是他真正将良知的具足性推向极致之时。阳明"不辟佛氏及到底皆空之说",因为这才是阳明学的极致之论,也是学问的终极归宿。然而"到底是空"之论,一望而知出于佛教,甚至无法通过诠释儒家经文的方式加以掩饰。此事对于阳明本人并非问题,从他的"三间房"之喻③亦可以看出,阳明主张佛教、道教本为儒家自身所有,只有重新统合三教才能恢复儒家的全体大用。但对于当世的绝大部分儒者,即使是湛若水这样豁达的学者,这仍然超越了可以接受的界限。阳明无疑意识到了这一点,因而绝少阐释阳明学的"向上一路",而将其留给天资卓绝的门生后学自行领悟。王守仁体系大成之时已到暮年,真正受其亲传指点自此门径悟入者,仅有被他视为"法器"的王畿一人。据徐阶《龙溪王先生传》记载,阳明"为治静室,居之逾年,遂悟虚灵寂感,通一无二之旨",④此等修行之法已非儒家本色,而是偏重于佛教止观法门。王畿所作《调息法》,与佛教天台宗智顗的《修习止观坐禅法要·调和第四》存在大面积文字雷同,亦可相佐证。因为王畿具有纯粹的佛教修行经历,所以他在领悟本性具足、到底是空的概念上毫无障碍,直接透悟究竟法门,在天泉证道时揭示出阳明学"向上一路"。所谓"无善无恶心之体",究其实不过是"到底是空"一句的转语,空性本无善恶、无不具

---

① 吴光、钱明、董平、姚延福编校《王阳明全集(新编本)》,杭州:浙江古籍出版社,2010年,第1498页。

② 吴光、钱明、董平、姚延福编校《王阳明全集(新编本)》,杭州:浙江古籍出版社,2010年,第1287页。

③ 王阳明答张元冲之问,云:"圣人尽性至命,何物不具,何待兼取?二氏之用,皆我之用。……但后世儒者不见圣学之全,故与二氏成二见耳。譬之厅堂三间共为一厅,儒者不知皆吾所用,见佛氏,则割左边一间与之;见老氏,则割右边一间与之;而己则自处中间,皆举一而废百也。圣人与天地民物同体,儒、佛、老、庄皆吾之用,是之谓大道。"

④ 徐阶《龙溪王先生传》,载王畿《龙溪王先生全集·附录》,明万历四十三年(1615)刻本。

足,亦即良知之本体。阳明称之为"此是传心秘藏,颜子、明道所不敢言者",①王夫之则称"阳明天泉付法,止依北秀、南能一转语作葫芦样,不特充塞仁义,其不知廉耻亦甚矣",②贬抑虽过,但也道出部分实情。

"到底是空",是王守仁所指出的学问最终之归宿,但阳明看重的并非"万法皆空"的勘破放下,而是"空生万法"的修齐治平。心之本体无善无恶,无不具足,因而一切仁义道德皆自此空性而生出。如阳明在天泉桥上所言:"上根之人悟得无善无恶心体,便从无处立根基,意与知、物皆从无生,一了百当,即本体便是工夫。"③此几句简易直截,将良知学的"向上一路"叙述得十分清楚,亦可见阳明看重的是"意与知、物皆从无生"的生法,而不是"意与知、物皆归于无"的灭法。由此可见,"到底是空"虽然具有鲜明的佛教特性,但阳明学的意图却在于将其导向儒家的经世济用,这是一种以佛家为体、儒家为用的新模式,与以往通过反复阐释儒家经典而搭建起来的体系截然不同。传统儒学"通经致用"的前提是"通经",而儒家经师的历代注疏已变得极为臃肿,再加上众说纷纭,学者往往需要皓首才能穷究一经,耗时耗力而所得不多。而一切需要牵扯经典概念、文本而论证的理论,在阳明学这种简易的体系面前都会显得支离累赘,所以尽管湛若水强调自己并没有"二之"之病,阳明仍然感其有"支离之憾"。但这和"到底是空"的极致体系并不适合所有人,甚至并不适合绝大部分人,所以阳明强调这是"上根人"的法门,"上根之人,世亦难遇……此颜子、明道不敢承当,岂可轻易望人",④"我久欲发,恐人信不及,徒增躐等之病"。⑤ 从最终的结果来看,即使湛若水、方献夫这种禀赋之人都不能接受此说,阳明的顾虑并非没有来由。若不能领悟"到底是空",则会执着于有善恶之别,意乍动时即分善恶,学者就必须下一番为善去恶的着实功夫,亦即"为善去恶是格物"。但

---

① 王畿《龙溪王先生全集》卷一,明万历刻本,日本京都大学人文科学研究所藏,第3页。

② 王夫之《船山全书》第十二册,长沙:岳麓书社,1992年,第625页。

③ 王畿《龙溪王先生全集》卷一,明万历刻本,日本京都大学人文科学研究所藏,第2页。

④ 吴光、钱明、董平、姚延福编校《王阳明全集(新编本)》,杭州:浙江古籍出版社,2010年,第1317页。

⑤ 王畿《龙溪王先生全集》卷一,明万历刻本,日本京都大学人文科学研究所藏,第2页。

人虽有执念,"到底是空"的本质却未变,心外无物,格物之功也只能在心上作用,因而格物即是正念头,此亦是自然之理。

"到底是空"虽然是阳明本人所坚持的"极致之论",但却是一个无法公开的论点。一方面,当时社会上的儒佛之辨仍极为严重,像王守仁这种具有兼容三教气魄之人如凤毛麟角,而某种学说一旦被视为禅,就会遭到士大夫阶层的集体排斥与抵制;另一方面,空性也是一把双刃剑,既含生法也含灭法,这意味着一切仁义礼智都是后天所附加的属性,对于儒家征实的道德体系是一种瓦解。阳明虽然没有收回"到底是空"的观点,但也没有再次公开谈论,《传习录》等书更是无一语及之。因为此论点过于敏感,湛若水在发现阳明并非一时偶误之后,同样选择了回避不提。然而避开了这一根本问题,就无法理解阳明学的格物论为何会演变为正念头,是以三人后续的讨论龃龉难合。此极致之论发于王守仁晚年,此后他戎马倥偬,主要门生弟子也散布于各地为官,故除王畿深有自悟之外,其余诸人多未能聆听。否则以阳明之善教,或可凭借威望及学力,逐渐引领弟子趋向学问之终极。据徐阶《龙溪王先生传》:"既而有叩玄理于文成者,文成以'有心无心、实相幻相'诏之。公(王畿)从旁语曰:'心非有非无,相非实非幻。才着有无、实幻,便落断常二见。譬之弄丸,不着一处,不离一处,是谓玄机。'文成呕俞之。文成至洪都,邹司成东廓暨水洲、南野诸君,率同志百余人出谒。文成曰:'吾有向上一机,久未敢发,近被王汝中拈出,亦是天机该发泄时。吾方有兵事,无暇为诸君言,但质之汝中,当有证也。'"[1]类似的对话文字虽然被有意识地刊落,不见载于阳明诸著作之中,但若细致考索存世文献,仍有脉络可寻。"有心无心、实相幻相"云云,亦是"到底是空"之注脚,与"无善无恶心之体"同属"向上一机"。正如罗钦顺所讽刺之语:"(王守仁)《答陆原静书》有云:'佛氏本来面目,即吾圣门所谓良知。'渠初未尝讳禅,为其徒者必欲为之讳之,何也?"[2]阳明令弟子"质之汝中,当有证也",然王畿并无领袖才能,言语多直截敢言,又往往杂引佛经以佐己说,而不肯以儒家概念装饰其外,是故立论虽高却无法厌服同门。流波所及,阳明后学每下愈况,遂开后世空疏一脉。概言之,阳明学之

---

① 徐阶《龙溪王先生传》,载王畿《龙溪王先生全集·附录》,明万历四十三年(1615)刻本。

② 罗钦顺著,阎韬点校《困知记》,北京:中华书局,1990年,第96页。

简易直截、功用深远导源于兼取三教而不主一家,但阳明学派之动荡分裂,亦自"到底是空"一语现世,就已经种下了前因。

第三节　阳明学入闽错失的最佳机遇

　　王守仁虽然讲学半生,但并没有在福建当地讲学的记录。王守仁在被贬贵州龙场驿之前,曾隐遁武夷山月余,惟此时他的学问尚未大成,而又处于避祸阶段,公开讲学自不可行;在巡抚南、赣、汀、漳,任都察院右佥都御史之后,王守仁曾督军平定以詹师富为首的福建农民起义,并有在漳州前线坐镇指挥的经历,但很快即转战江西、广东,并未多作停留,亦无讲学之余暇。当前学界针对阳明学派的研究模式,仍然是以王守仁的讲学活动作为认知主线。《明儒学案》中虽然并未设立《黔中王门学案》,也对"黔中王门"只字未提,但贵州阳明学派却已逐渐获得了学术界的公认,成长为新的学术热点。而黔中王门能够获得认可,其主要的支撑点即为王守仁本人在贵州的讲学活动,以及由此所确定出的弟子成员。与之形成鲜明对比的是,几乎所有福建籍的阳明学者,都是在省外的其他地区问学于阳明,这种特殊情况导致福建的阳明学派很难被准确认知。而且由于历史的巧合与不幸,阳明学还错过了一次入闽的绝佳机遇,王守仁也同时失去了一位极有可能传承他衣钵的弟子——郑善夫。

　　郑善夫(1485—1523),字继之,号少谷,福州闽县人。其父卧云处士郑元恺"少读儒书,不求选举",[1]因喜好山水之游以致家道中落,故告诫郑善夫:"尔宜求其所以出者,勿吾法。人皆吾法,天下之广谁为理耶?"[2]郑善夫因而自小研习举业,用力甚勤,同时也培养起了对于古文辞的喜好。据邓原岳《郑继之先生传》云:"先生幼负奇质,髫椎隶学官,则已厌薄一切经生言,学为古文词,有声矣。"[3]郑善夫亦自云:"走童子时即好为文辞,每读《大人》《上林》诸赋,爱其穷高极眇,铿金戛玉,奋然

①　董玘《明故卧云处士墓志铭》,载郑一经修《南湖郑氏家谱》卷七,清抄本。
②　方豪《卧云处士墓表》,载郑一经修《南湖郑氏家谱》卷八,清抄本。
③　邓原岳《郑继之先生传》,载郑善夫《郑少谷先生全集》卷二十一,明崇祯九年(1636)郑奎光刊本,第10页。

希剽其余声。"①邓原岳称郑善夫幼年即"厌薄一切经生言",恐不乏过誉之论,但喜爱创作古文辞,却几乎成为郑善夫的毕生所好。

弘治十七年(1504),郑善夫乡试中举,年方二十岁,以《春秋》为专经。次年,郑善夫又中进士,与马思聪、黄巩、湛若水、倪宗正、徐祯卿同人同科,仕途初期可谓颇为顺利。成进士之后,郑善夫在京候选两年,随后因双亲相继故去,一直居家丁忧守制。正德六年(1511)十一月,郑善夫始选任户部广西司主事,出榷苏州浒墅关。郑善夫一生多疾,在任时"疮疡首祸,肺气交侵",②又眼见政局黑暗,难有作为,于是在两年后告病归田。返乡后,郑善夫筑"少谷草堂"于金鳌峰下,又建"迟清亭",读书其中,欲以"俟天下之清也"。③ 正德十一年(1516),郑善夫妻袁氏与次子又不幸去世,亲故又多劝其出仕,故迁延至次年乃启程赴京。正德十三年(1518),郑善夫起补礼部祠祭司主事,任中上奏请改历元,言有可取之处。正德十四年(1519),武宗自称"总督军务威武大将军总兵官太师镇国公朱寿",下令南巡,黄巩等人上疏谏阻,被下锦衣卫狱,杖责后罢黜为民。郑善夫亦上《谏东巡疏》,被罚跪午门,遭廷杖。郑善夫乃书《东巡怀草》一疏置怀中,托友人"余死则为出之",④后幸得不死。次年郑善夫再次上疏辞官,沿途遨游山水,与知己好友多觞咏之作。嘉靖改元,先朝贬谪诸臣先后被荐起用。嘉靖二年(1523),郑善夫用荐起为南京刑部郎中,寻改吏部验封司郎中,不幸在赴任途中染病去世,终年三十九岁。郑善夫存世诗文,后人汇编为《郑少谷先生全集》传世。

弘治、嘉靖之际,文坛上正处于由茶陵诗派而转向复古思潮的转型期。《明史·文苑传》云:"弘治时,宰相李东阳主文柄,天下翕然宗之。梦阳讥其萎弱,倡言'文必秦汉,诗必盛唐,非是者弗道',与何景明、徐祯卿、边贡、朱应登、顾璘、陈沂、郑善夫、康海、王九思等号'十才子'。"⑤李梦阳、何景明两人是"前七子"的领袖,徐祯卿又与郑善夫同

---

① 郑善夫《郑少谷先生全集》卷十七《答姚元肖吏部》,明崇祯九年(1636)郑奎光刊本,第16页。

② 郑善夫《郑少谷先生全集》卷十三《哭内子袁氏文》,明崇祯九年(1636)郑奎光刊本,第4页。

③ 张廷玉等《明史》,北京:中华书局,1974年,第7356页。

④ 郑善夫《郑少谷先生全集》卷十六《东巡怀草跋》,明崇祯九年(1636)郑奎光刊本,第8页。

⑤ 张廷玉等《明史》,北京:中华书局,1974年,第7348页。

科,四人来往密切,多有唱和之作。邓原岳云:"明文章至弘治而一变,于家是作者百数十家,而北地李梦阳、信阳何景明、吴徐祯卿及吾闽郑善夫先生最著。"①郑善夫虽然习惯上被视为"前七子"的同路人,甚至明代亦有学者(譬如唐锜)将其列为七子之一,但其创作风格却与李梦阳等人明显有别。郑善夫的诗歌取材广泛,强烈关注时事,并不一味强调复古,对盛唐之诗亦非全面褒奖之词。即使被宋人奉为"诗中之圣""诗中之史"的杜甫,郑善夫亦颇多批评之语,以至于仇兆鳌怒斥:"至嘉、隆间,突有王慎中、郑继之、郭子章诸人严驳杜诗,几令身无完肤,真少陵蟊贼也!"②然仇兆鳌此语非真知郑善夫者,盖郑善夫诗歌路径与杜甫最为接近,他并非贬低杜甫,而是择善而从,取法杜甫诗歌最上乘者。郑善夫诚然屡次批评杜甫个别诗篇"钝拙""陋弱""字无味""全不成语",但他同时也宣称:"大哉杜少陵,苦心良在斯。远游四十载,而况经险巇。放之黄钟鸣,敛之珠玉辉。幽之鬼神泣,明之雷雨垂。变幻时百出,与古乃同归。"③在郑善夫心中,杜诗已经是唐代的巅峰,但这并不等同于杜诗篇篇皆好、句句皆佳,杜诗一样也存在拙劣之处,后人的仿杜之作更是等而下之。郑善夫承认杜诗"长篇沉着顿挫,指事陈情,有根节,有骨格,此老杜独擅之能,唐人皆出其下。然诗亦不以此为贵,但可以为难而已。宋人往往学之,遂以诗当文,滥觞不已。咏道大坏,由老杜启之也"。④ 宋代以下,宗法杜甫者往往沉溺于其韵律、布局、用典等外在因素,借此以追摩仿造,却忽视了杜甫内在关注世事的热切精神与责任感。杜甫恰是郑善夫的主要取法对象之一,郑善夫的《百忧行》《朔州行》《钟吾行》《兵马行》《去年行》《岁晏行》《古战场》《吊古战场》《南征》《寇至》诸诗,皆能揭露时弊,同情民生,格调悲壮,与杜甫"即事名篇,无复倚傍"的歌行十分相似。郑善夫取法杜甫,不在其辞藻、韵律,而在诗作背后流淌的悲天悯人的精神,是以王世贞《艺苑卮言》评价"国朝习杜者",谓"闽州郑善夫得杜骨",⑤的为确论。郑善夫的创作心

① 邓原岳《郑继之先生传》,载郑善夫《郑少谷先生全集》卷二十一,明崇祯九年(1636)郑奎光刊本,第10页。

② 仇兆鳌《杜诗详注》卷首《杜诗凡例》,北京:中华书局,1979年,第23页。

③ 郑善夫《郑少谷先生全集》卷一《读李质庵稿》,明崇祯九年(1636)郑奎光刊本,第24页。

④ 转引自乔亿《剑溪说诗》卷下,清乾隆刻本,第2页。

⑤ 丁福保辑《历代诗话续编》,北京:中华书局,1983年,第1050页。

态,与李梦阳等人纯以拟古为目的并不一致,尽管也有人"谓时非天宝,地靡拾遗,以无疾呻吟为先生病",①但细考善夫之诗作,其所叙述之事皆有所指,绝非向壁虚造者之比。譬如郑善夫《百忧行》"况闻村落吏捉人,比并只为供军需。去年华林覆大众,今年桃源杀偏裨。乃者狼兵岂得已,所过惨于熊与罴"之句,很容易让人联想起杜甫《石壕吏》"暮投石壕村,有吏夜捉人"、《岁晏行》"去年米贵阙军食,今年米贱大伤农"等篇的诗风,但郑善夫所叙实为南归时亲身所见,与《明史·武宗本纪》"江西贼杀副使周宪于华林"的记载亦相吻合。邵捷春《少谷集序》云:"先生品评杜诗,指摘瑕疵不遗余力,岂以吾之不可学柳下之可欤?又窃计少陵之诗,意兴偶触,而后世耳食者相沿蹈袭,不免画虎之诮。先生神与之契,匪摩拟而得,故能掊击而发明之。"②此语可谓深得郑善夫之心者。

描摹杜诗并非郑善夫之追求,纠正后人学杜之病、改变闽地诗坛风气才是他用力之目标。郑善夫《叶古崖集序》云:"世之学者,劬情毕生,往往只得其一肢半体,杜亦难哉!⋯⋯吾闽诗病在萎腇,多陈言。陈言犯声,萎腇犯气,其去杜也,犹臣地里至京师,声息最远,故学之比中国为最难焉。若非豪杰之士,鲜不为风气所袭者,况遂至杜哉!"正是由于郑善夫对于学杜的弊端有着清醒的认识,又与京师引领时代风气的诗坛领袖密切交流、共同创作,所以他既可以将创新的风气介绍回闽地,又能亲自在闽地组织诗社,与高瀨、傅汝舟等九人亲自从事诗歌创作,以促成闽地风气之转变。《明史·文苑传》称"闽中诗文,自林鸿、高棅后,阅百余年,郑善夫继之",③这正是对于郑善夫文学贡献的肯定。郑善夫又不仅仅是师法杜甫,而是上承汉魏古人,乃至径追先秦诸子。郑善夫肯定杜诗之处,在其"似魏人""有魏人风格""真魏人语""古乐府之妙者",他所学杜、似杜之处也正在于此。与其说郑善夫刻意取法杜诗,倒不如说他与杜甫所追求的都是源自汉魏古人的内容与风骨。譬如郑善夫《野田黄雀行》直用曹植诗题,句意也颇为相近,而《雪晴登阛闛城》"阛闛少人烟,狐兔行其庭。向来膏腴地,眼见白莗生。白草何田田,不

---

① 邓原岳《郑继之先生传》,载郑善夫《郑少谷先生全集》卷二十一,明崇祯九年(1636)郑奎光刊本,第13～14页。

② 邵捷春《少谷集序》,载郑善夫《郑少谷先生全集》卷首,明崇祯九年(1636)郑奎光刊本,第3页。

③ 张廷玉等《明史》,北京:中华书局,1974年,第7357页。

足饱蝗螟。县吏尚夏楚,余民死诛征。我生夫何为,罹此百忧并"等语,也极有汉魏乐府之古意。林俊称"少谷文日起,伸缩两仪,颠倒万化,轮古今而上下,玩弄作者于掌股之间,群喧就寂,灵响效职,溯典坟,宗风雅,出入《庄》《骚》,以直附左氏",①虽不无奖掖之意,但也反映出郑善夫诗文取径之广。

概言之,郑善夫弱冠即获科举功名,并没有在四书、五经上耗费太多力气,反而在幼年发展出了浓厚的文辞偏好,这与明代绝大多数理学家的成长模式并不一致。成进士之后,郑善夫又交往了一群同样热衷于诗文创作的好友,彼此相与唱和,即使在信函之中也多探究诗歌技巧,以如何提高艺术水平、如何表达个人情感作为用力之方向。从郑善夫的生平阅历来看,他早年并未将儒家圣贤视作人生的至高追求,反而心心念念于宦迹浮沉,同时希望成就文坛之名。黄绾《与郑继之书》称"执事初志亦非为求道,不过欲立名节、为文章、为时高人而已",②可谓切中其病根。从立场而言,郑善夫更接近一位纯粹的文人,而非一位严谨的学者。

郑善夫"沉溺"于古文辞,章句日工,声誉鹊起,对于明代中期文坛而言是一桩美事,对于从事理学学术而言却只是一种妨碍。自宋代理学崛起之后,文苑与儒林逐渐分科,文人与学者也日益相别。程颐认为"作文害道","凡为文,不专意则不工,若专意则志局于此,又安能与天地同其大也?《书》曰'玩物丧志',为文亦玩物也"。③即便才气纵横如苏东坡,朱熹同样认为其"苏文害正道,甚于老佛","晚年诗固好,只文字也多是信笔胡说,全不看道理"。④甚至于对杜甫诗作,朱熹亦称:"是无意思。大部小部无万数,益得人甚事?"⑤阳明心学的立场虽然较为达观,但在对待文辞的立场上与程朱理学也颇为接近,均将文辞的进步视作学问邃密之后的自然结果。一言以蔽之,将文学与理学相对立,几乎是宋明理学家的普遍认识。从这一角度出发,郑善夫想要具备接

① 林俊《题少谷文集》,载郑善夫《郑少谷先生全集》卷二十一,明崇祯九年(1636)郑奎光刊本,第25～26页。

② 黄绾撰,张宏敏编校《黄绾集》,上海:上海古籍出版社,2014年,第343页。

③ 程颢、程颐撰,潘富恩导读《二程遗书》,上海:上海古籍出版社,2000年,第290页。

④ 黎靖德《朱子语类》卷第一百三十九《论文上》、卷第一百四十《论文下》,明成化九年(1473)陈炜刻本。

⑤ 黎靖德《朱子语类》卷第一百三十九《论文上》,明成化九年(1473)陈炜刻本。

续心学衣钵的资质，必须先要经过一个自文苑至儒林的转向。黄绾《少谷子传》认为郑善夫"学凡五变而始志于道"："初业举子，欲从今世成功名，乃自悱曰：'举业足尽此生乎？'遂克意为诗文，将追先秦庄、屈、唐杜诸人之作研求步骤，既得之，又自悱曰：'文辞足尽此生乎？'遂慕东汉以来至于南宋高人逸士孤风远韵之可激者而追踪之，又自悱曰：'风节足尽此生乎？'遂慕西汉以来至于盛宋将相名公鸿勋盛烈之可垂休者而从事之，又自悱曰：'功业足尽此生乎？'遂慕尧舜以来至于孔孟修己经世之可参立者而尚友之，曰：'道在是矣，吾将没身于是乎！'"①黄绾"学凡五变"的总结过于理想化，郑善夫在"业举子""为诗文"之初，应即已有厉风节、建功名之念，但所叙的最末一变则当为实情。据笔者考察，这一转向并非郑善夫的自主追求，而是在湛若水、黄绾、王守仁三人的推动、引导之下才发生的。

在郑善夫的身上一直存在着两种矛盾：一种是传统士大夫隐居与出仕的矛盾，另一种则是个体生命与死亡的矛盾。郑善夫的性格更倾向于山水田园生活，但父亲命其出仕以理天下，亲友也都怀着各种目的，希望他辞官之后再次出仕，因而他的三隐三仕，每次在弃取之际都十分纠结。武宗昏庸荒诞，朝政不可谏而强谏，郑善夫遭受廷杖几死，他在舍身之际还怀藏谏书，希望死后尸谏，然而这片赤诚也未能换回想要的结果，武宗仍然执意南巡而去。郑善夫一生中多次想要弃官，但他又希望获得考满之后对父母、妻子的封赠，借此以报答父母的生养之恩、妻子的追随之情，故而不得不继续强忍，直至追封命下才立刻请辞。郑善夫《游石竺岩》称"少抱烟霞资，雅志向林壑。出门混世尘，中遒反堕落。闻道岂不早，优游岁将迫"，毋宁说是他真实的心灵写照。此外，郑善夫身体多病，"林丘心独苦，岁月病长侵"，②"未老神俱耗，勋名涕泪中"，③这也让他更为敏感地看待生死一事，而身边亲友的先后离世也更加重了这一心理负担。郑善夫弱冠即高中科举，本是多少人梦寐以求之事，但未及选官而父母先后去世，其后又目睹了妻子、次子染病离世，好友马明衡之父、同科马思聪死于宸濠之乱，友人吾嚚死于兵乱，好友殷云霄、吾谨、孙一元、何景明、朱节、黄巩也先后故去，可以说在他

① 黄绾撰，张宏敏编校《黄绾集》，上海：上海古籍出版社，2014年，第432页。

② 郑善夫《郑少谷先生全集》卷四《答安黄门》，明崇祯九年（1636）郑奎光刊本，第11页。

③ 郑善夫《郑少谷先生全集》卷五《耳鸣》，明崇祯九年（1636）郑奎光刊本，第15页。

总共才三十九岁的生命中,实在经历了太多的死亡。作为一名心思细腻而又企图找寻生存意义的年轻文人,郑善夫自然不满足于整日雕琢词句,而会产生更高层次的思想追求。从郑善夫的诗文创作模式判断,他的长处在于不固守门户藩篱,也不盲目追随权威名家。尽管郑善夫的理学基础稍浅,但他同时也无当世腐儒的诸般病痛,类似内求与外求、义与利、理与气之类的概念剖析,从来都不是他的关注点。由于对世事的强烈关注,郑善夫并不热衷于悬空做学问思辨,而是更看重学问与人世的关联,以及生命最终的意义与归宿。

郑善夫前半生所交往者,大多都是像他一样的文人,而极少有理学学者,因而也难以见到他在学术上有所用功及发明。据笔者考察,关键的转折点发生在正德七年(1512)、正德八年(1513)的两年间,在此两年之内郑善夫先后遇见了湛若水、黄绾与王守仁三人。郑善夫在初入文苑时,与之诗文唱和的是李梦阳、何景明等新晋的文坛领袖,而在其转向儒林时,与之商谈学术的又是湛若水、黄绾、王守仁三位新晋的理学宗师,这实在是他本人的幸运。更为幸运的是,此前正德五年(1510)十一月,黄绾也刚与王守仁、湛若水两人相识,随后三人共同治学,已暂时确立了对于理学的共同立场。据黄绾自述:"予三人者自职事之外,稍暇,必会讲,饮食起居,日必共之,各相砥砺。"[1]又据正德七年(1512)王守仁《别湛甘泉序》云:"吾与甘泉友,意之所在,不言而会;论之所及,不约而同;期于斯道,毙而后已者。"[2]湛若水回忆此期与王守仁相处,亦云:"入司验封,众志皆通,孚于同朝,执经相从。"[3]湛、黄、王三人不仅志同道合,相交莫逆,甚至已相约未来共隐天台雁荡,穷余生以钻研圣贤之道。是故郑善夫在遇见三人之时,并非接触到三位不同学派的一流学者,而是接触到了由三位一流学者所共同主张的同一种学问。正德七年(1512)郑善夫遇见湛若水之时,湛若水刚与王守仁自京师分别,湛、王二人正处于最为融洽、契合的阶段,此时王守仁已经龙场悟道,初步建立起了自己的心学体系,湛若水与之印证、启发与订补,同样获益

---

① 吴光、钱明、董平、姚延福编校《王阳明全集(新编本)》,杭州:浙江古籍出版社,2010年,第1428页。

② 吴光、钱明、董平、姚延福编校《王阳明全集(新编本)》,杭州:浙江古籍出版社,2010年,第246页。

③ 湛若水《湛甘泉先生文集》卷三十一《阳明先生王公墓志铭》,清康熙二十年(1683)黄楷刻本。

良多。尽管湛、王二人的学术有别于正统的程朱理学,在当时尚未被世人认可,甚至遭到若干讥讽与排斥,但这种学脉上的分别,对于尚以文人自居的郑善夫而言却无足轻重。郑善夫乍一接触湛若水的学问,立刻为之折服,据其事后追忆:"向岁获侍吴门,奉承教言,祗服至今,几欲抠侍门下以毕所志,辄以人事相违。"① 湛若水与郑善夫为同科进士,且不以文章著名,能令后者"几欲抠侍门下"者,自然是传承自陈献章而又与王守仁商定过的理学学问。同年,郑善夫又遇见了黄绾。据黄绾《少谷子传》云:"少谷子为户部主事,督税吴江之浒墅。予过而遇之,握手与予语,竟日而别,别犹眷恋,曰:'吾亦自此遁矣,子不我弃,其将访子于天台、雁荡间乎!'"② 虽然郑善夫只与黄绾做了竟日长谈,但同样触动极大,两人因此订下了未来之约,后来郑善夫也果然履约而赴。与湛若水、黄绾的相遇,无疑对郑善夫产生了极大的心灵震撼,但尚不足以令其彻底抛弃文学辞章。湛、黄二人自幼即踏入理学门径,对文学之事并未倾注太多热情,他们虽能引发郑善夫从事学术之兴趣,却无法根除其文学之"病根"。正德八年(1513),郑善夫又在常州与王守仁相遇,两人长谈数日,郑善夫终于大悟,决意捐弃诗文小道,自此转向体悟圣学大道。据郑善夫《上阳明先生》自述:"善夫蒙天不弃,癸酉岁得假毗陵之谒,猥承至教。……虽未及先生之门,然窃念先生之恩,信与生我者同死不忘也。"《答姚元肖吏部》又云:"走童子时即好为文辞……晚过王伯安于毗陵,相语数日,始计之心曰:'雕虫篆刻,壮夫不为也!'乃始改念,捆摭群书而求其键。"盖王守仁也曾一度沉迷过辞章之学,弘治九年(1496)还与魏瀚等人结诗社于龙泉山寺,此后又在京师与李梦阳等诗坛领袖有过诗文唱和的经历,③ 与郑善夫的文学经历颇有相似之处,因而劝后者弃文入道时也就更有针对性。阳明心学传播的最大障碍,往往是学者先入为主地信奉了程朱理学,因而乍闻新论,龃龉难入,但郑善夫对于学问素无成见,这也导致他在数日之间就接受了新兴的心学,并彻底淡化了对于文学的喜好。此时与王守仁同行的弟子徐爱,也对

---

① 郑善夫《郑少谷先生全集》卷十八《与湛甘泉》,明崇祯九年(1636)郑奎光刊本,第26页。

② 黄绾撰,张宏敏编校《黄绾集》,上海:上海古籍出版社,2014年,第432页。

③ 李梦阳《朝正倡和诗跋》:"诗倡和莫甚于弘治,盖其时古学渐兴,士彬彬乎盛矣,此一运会也。余时承乏郎署,所与倡和,则扬州储静夫、赵叔鸣……余姚王伯安,济南边庭实。"

郑善夫的弃文入道十分敬佩,云:"今时士大夫皆知高执事,愚窃谓高之浅矣。彼所谓高者,诚以执事文以粹然,行之卓然也,然执事岂以是自高者?……舍枝叶而务本根,抑华博而归渊塞,不越身心之间而有超乎文行之外者,此固执事之今之志。"① 此时湛若水、王守仁的学问均已成体系,故郑善夫自居于弟子之列,而对黄绾、徐爱则以好友视之。郑善夫能以高卓之文名而倾心服膺湛若水、王守仁二人之学问,其识人之明与谦虚之心皆非常人可及。王守仁后来欲以衣钵相托,这应该也是其中一项重要的因素。

与湛若水、王守仁、黄绾三人相见之后,郑善夫"与闻所谓圣学者,欿然自鄙其平生,愤悱而归,杜门五载,仍伥伥如也",② 可见其用力于理学之诚。但此后郑善夫再次出仕,宦海浮沉,干扰心志,让其难以有更深层次的突破。在寄给湛、王、黄三人的信件中,郑善夫多次提及了这一烦恼,类似"善夫此数岁始知门路,然又汩汩没没,未有归宿。回思十余年间,才脱欲关,寻堕理障,一身百骸无非病痛"③ 等语,已纯是学者体悟之感受。既堕理障,郑善夫决定再次寻访三子以成己志。正德十二年(1517),郑善夫访阳明之庐而不遇,于是又赴昔日与黄绾的天台之约。初次相见之时,黄绾对郑善夫评价极高,谓其"英禀过人,于此学一闻辄了","所造既高,世俗污利谅无能染,朋游之贤必无执事之比"。④ 此后黄绾又与应良等人商定学问,更获进展,因而与郑善夫再度相逢天台之时,"昼伐松枝,夜烧榾柮,与少谷子对坐,剧谈尧舜以来所传之道,六经百家、礼乐刑政、天文地理、律历之源流及二氏之所以同异,极于天地之间,无一不究。少谷子亦尽出其平日所著述者以质予"。⑤ 郑善夫深感自己不足,喟然叹曰:"吾逐迹泉石之奇、寓情风尘之表,以求吾志,吾已谓吾至矣。今绎子之言,吾肠胃得无秽乎? 膏肓得无病乎? 吾其涤脏洗髓以与子游,子能为我居乎?"⑥ 黄绾之兄为此还特意建造了少

---

① 钱明编校整理《徐爱·钱德洪·董沄集》,南京:凤凰出版社,2007年,第62~63页。
② 郑善夫《郑少谷先生全集》卷十《黄绾书院记》,明崇祯九年(1636)郑奎光刊本,第4页。
③ 郑善夫《郑少谷先生全集》卷十八《与湛甘泉》,明崇祯九年(1636)郑奎光刊本,第27页。
④ 黄绾撰,张宏敏编校《黄绾集》,上海:上海古籍出版社,2014年,第343页。
⑤ 黄绾撰,张宏敏编校《黄绾集》,上海:上海古籍出版社,2014年,第433页。
⑥ 黄绾撰,张宏敏编校《黄绾集》,上海:上海古籍出版社,2014年,第257页。

谷亭，以供郑善夫留宿。应良亦来与郑、黄两人相会，三人共游同学，前后凡数月之久。因为父母赠典未获，郑善夫于次年决定再次出仕，但临别时又与黄绾相约，不久后当辞官重来寻访，以共老此山。尽管郑善夫最终未能践约，但在病重之时，他追述此事，仍云："诗文小技害道，而吾为之，吾悔之矣！向非石龙、南洲二公忠诲夹持，吾有出头时耶？"①石龙、南洲即分别为黄绾、应良之号。这段难得的经历，一方面极大加深了郑善夫的理学素养，另一方面也令黄绾更为透彻地了解了郑善夫的为人。郑善夫的才识与决心，无疑给黄绾留下了十分深刻的印象，这也成为他以后向王守仁举荐郑善夫的直接动因。

正德十六年（1521），马明衡赴赣州问学于王守仁，郑善夫虽有意同行，但因为奉先人遗体，又事先与黄绾、应良相约在闽地会面，故未能成行。郑善夫原计划与黄、应二人会面之后，三人共赴西樵拜访湛若水，但二人因故未来，致使计划搁浅，郑善夫又拟独往，后亦不果。嘉靖元年（1522），王守仁返家丁父忧，黄绾见之于余姚。王守仁在施教话头更换几次之后，最终将心学门径浓缩为"致良知"三字，自此心学体系已臻完备。黄绾听闻阳明之说，大为推崇："简易直截，圣学无疑，先生真吾师也。尚可自处于友乎？"②遂纳贽称弟子。黄绾在信受阳明心学之后，立刻想起了郑善夫，认定他正是足以传承阳明衣钵之人。黄绾迅速寄信郑善夫，述及此事："近至越会阳明，其学大进，所论格致之说明白的实，于道方有下手，真圣学秘传也！坐间每论执事资禀难得，阳明喜动于色，甚有衣钵相托之意，执事可一来否？天地间此担甚重，非执事无足当之者，诚不宜自弃！"③此时王守仁已平定宁王之乱，学问与名望均已臻至巅峰，弟子数量更是成百上千，而所谓"衣钵相托"一语又经当事人黄绾亲自转达，自然分量甚重。黄绾拳拳之意，郑善夫自然感同身受，然而郑善夫虽然赋闲在家，却最终未能接受王守仁的美意。在郑善夫与湛若水的书信中，他叙及此事，云："近得宗贤与守中书，备述阳明

---

① 方豪《题少谷先生遗稿》，载郑善夫《少谷集》卷二十三附录上，清文渊阁《四库全书》本。

② 沈善洪主编，吴光执行主编《黄宗羲全集》第七册，杭州：浙江古籍出版社，2005年，第318页。

③ 黄绾撰，张宏敏编校《黄绾集》，上海：上海古籍出版社，2014年，第344页。

先生有玉成至意，实切抠趋，但以出处未甚分明，故迟迟矣。"①次年马明衡赴御史任，途中拜访王守仁，郑善夫又托其致信："去秋拟出门，再沮于大病，至今未复。区区抠趋寸忱，未有一日放下也。子莘往，敬布下意，万冀不弃绝于门下，不胜幸甚！"②从郑善夫这些言行判断，他十分乐于拜入阳明门下，以承担起"衣钵传承"的重任，甚至嘉靖元年（1522）秋天即一度筹划启程，只是因为重病纠缠才未能果行，然则"出处未甚分明"云云绝非推脱婉拒之词，而势必另有不得已的苦衷。

笔者认为，郑善夫"出处"一语，当指嘉靖改元之后的再次出仕而言。今考郑善夫《与思道》云："近士夫中多劝善夫可速出。善夫私念，出处决不可轻，穷达断自有命。前此仆仆道途，旅进旅退，于君亲未补毫分，而身心所失奚止寻丈？倘不我录，顾当安诸命焉已矣！"盖正德十四年（1519）郑善夫上疏谏阻武宗南巡，遭受廷杖后幸得不死，而前后因谏阻而死者达十一人，最终也未能拦住武宗南下。此事对郑善夫震动极大，他本来颇为关注世事，渴望建功立业、流芳青史，因而功名之念一直萦绕在心，挥之不去。经此一役，他一方面后悔未听应良之言，感慨"近日之祸，悔不用兄之言，岂亦近名之弊，遂至此乎"，另一方面也发现"倘今日与十一子同死，不过是泡沫同澌矣"，因而"归志甚锐，自今以往，更无复功名系恋"，③父母赠封命下，立即请辞而去。在寄给好友的信件之中，郑善夫也反复为此事检讨，认为"上下不交，君子以俭德避难。善夫近日之祸正蹈此失着，所以谈虎独变也"，④"善夫三月之祸，几为沟中之断，要其实亦是就于近小者之弊也"，⑤亦即在君主昏庸之时，根本听不下谏言，即使臣子为此舍身，一样改变不了结果，只会死得毫无分量。这一事件同时也给郑善夫带来了哲学上的体悟，让他的境界更为提升，在《与钟偕甫》一书中自云："走近来于生死关上益见得明

① 郑善夫《郑少谷先生全集》卷二十《答湛甘泉》，明崇祯九年（1636）郑奎光刊本，第17页。
② 郑善夫《郑少谷先生全集》卷二十《上阳明先生》，明崇祯九年（1636）郑奎光刊本，第26页。
③ 郑善夫《郑少谷先生全集》卷十八《寄应南洲》，明崇祯九年（1636）郑奎光刊本，第7页。
④ 郑善夫《郑少谷先生全集》卷十八《寄黄石龙》，明崇祯九年（1636）郑奎光刊本，第8页。
⑤ 郑善夫《郑少谷先生全集》卷十八《答顾华玉》，明崇祯九年（1636）郑奎光刊本，第9页。

白,更不复忧疑矣。以巨眼观之,天地尚不容一瞬,况其余哉!"《答孙太初》中又云:"此心已无复系累,眼前富贵真不能热中矣。别后所进只此。"自辞官之后,郑善夫已决意抛弃官场富贵,从此专心于学术,是以闻王守仁欲以"衣钵相托",自然念念心动。然而此时恰在嘉靖帝登基之初,政治情形又有所变化,原正德一朝被贬谪的官员纷纷起用,朝政似乎呈现出大有可为之相。黄绾在寄信约郑善夫前来承担阳明衣钵之时,也劝其再度出仕,理由颇有说服力:"近有一书,欲执事一出,非为明时可仕,实欲因此相聚,究所未究,以卒此生耳!"①嘉靖元年(1522),御史朱节特疏荐举黄绾,黄绾遂自家起仕,升南京都察院经历,他劝郑善夫同样选择出仕,如此两人便可在官场相聚,有更多时间可以商讨学问。其余士大夫也"多劝善夫可速出",以免错过这次政治机遇,但郑善夫仍在犹豫,认为"出处决不可轻"。从前的宦海生涯,"于君亲未补毫分,而身心所失奚止寻丈",让郑善夫充满警惕,而此时的环境是否为"明时可仕",他也有着自己的判断。同年秋,郑善夫在《三与平崖》一书中云:"今世道虽有太平之望,然天下人心望治之机,譬如只力挽陷车之轮,才转动依然复故处也。且看近来一二事,识者已占其未然矣!"郑善夫并没有对眼前"太平之望"的景象过于乐观,而是认为朝局积弊太重,驳正的力量太弱,天下太平仍然遥不可期。郑善夫并未积极寻求出仕,反而声称"倘不我录,顾当安诸命焉已矣",此即他所谓"出处未甚分明"之意。具体而言,应当包含两方面的含义:其一,当前的局势是否为适合君子出仕的"明时",尚未分明;其二,自己不愿积极寻求出仕,至于是否有他人荐举,及荐举是否成功,尚未分明。若更近一层,尽管郑善夫此前已宣称"无复功名系恋",但毕竟为学者日浅,为文人日久,此刻对自己是否能真正能放下世间的功名,亦未尝分明。

嘉靖二年(1523),因为都御使周季凤、御史汪珊荐举,朝廷起用郑善夫为南京刑部郎中,寻转吏部验封司。郑善夫对此事相对冷漠,其所作《闻荐》一诗全文云:"逋客晚知几,西山言采薇。长安三丈雪,而我赏心违。隐处无人识,荐书何事飞?冥鸿天万里,空遣弋人归。"郑善夫以"逋客"自比,宁可学习伯夷、叔齐采薇西山,也不愿再入京师;宁可像冥鸿一样翱翔万里,也不愿被弋人捕获。郑善夫还指斥荐书无端多事,而"三丈雪"亦是化用李白《独不见》"天山三丈雪,岂是远行时"的典故,暗

---

① 黄绾撰,张宏敏编校《黄绾集》,上海:上海古籍出版社,2014 年,第 344 页。

示京师并非适合前往之地。尽管内心不情愿，郑善夫最终还是接受了朝廷的任命，开始启程上路。推测其心迹，可能是因为官职设在南京，既能与时任南京都察院经历的黄绾相聚，又距离居家守丧的王守仁较近，可以更为方便地研讨学术。郑善夫自称"南曹之命于懒拙病躯最宜，崇卑不论也"，[1]足见其着眼点不在官职大小，而在于官职的地点。笔者之所以做出这样的推论，还有另外的证据可以佐证：在郑善夫赴任上路之前，他已先行寄信王守仁，约定了到访的时间。据当事人黄绾叙述："予出升南京都察院经历，携家过越，闻少谷子升南京刑部郎中，未几改南京吏部郎中。有书期将至越访阳明先生，先生闻之喜，留予候之，月余不至。予至金陵而少谷子讣至。"[2]从王守仁的反应来看，他的确十分期待郑善夫的到访，并特意留下黄绾同候，可见"衣钵相托"之语并非客套之词。而郑善夫此时病体未愈，又在赴任途中，仍然先行约定过访阳明，以践履抠趋拜师之约，孰轻孰重一望可知。以郑善夫之资质，若经学术已大成的王守仁亲自指授，学术进展想必大有可观。遗憾的是，郑善夫因游武夷山而染风寒，最终疾革不起，与阳明的师徒之约遂成空话。郑善夫弥留之际，遗言"修身俟死，吾今更复奚憾"，[3]迄今已数百载，此语仍风采历历，垂映典册。

① 郑善夫《郑少谷先生全集》卷十九《答林德敷》，明崇祯九年（1636）郑奎光刊本，第 6 页。
② 黄绾撰，张宏敏编校《黄绾集》，上海 上海古籍出版社，2014 年，第 434 页。
③ 林钎《明南京吏部验封司郎中郑少谷先生墓碑》，载郑善夫《郑少谷先生全集》卷二十一，明崇祯九年（1636）郑奎光刊本，第 3 页。

第四章

阳明学的入闽与受挫

第一节　明代福建阳明学的代表人物

　　黄宗羲《明儒学案》仅列《粤闽王门学案》一卷,称"闽中自子莘以外无著者焉",[①]而唯一提及的福建籍阳明学者马明衡(字子莘),小传也仅有寥寥几十字而已,王学传承几可忽略不计。这种描述认定福建是阳明学极不发达的地区,而其较著名之成员仅马氏一人。黄宗羲的观点不仅代表了清初学者对于福建阳明学的认识,也是当前学术界较为普遍流行的一种误解。而据笔者近些年来对福建阳明学者的统计,亲自问学于阳明者除马明衡之外,尚有陈杰、林达、郑善夫、林应骢等十八人,问学于阳明亲传弟子者则有马森、王慎中、潘鸣时、林春泽等十人,其中尚不包括多传弟子及与阳明本人有交往之谊者。可以确定的是,明代中期以后,福建并非处于朱子学一统儒林的状态,而是存在着一个规模可观的阳明学者群体,但他们既不为黄宗羲乃至后来的若干研究者所认识,又没能像一度同病相怜的黔中王门那样,逐渐被学界所熟知并转化为新的研究热点。尽管如此,黄宗羲的观点并非一无是处,若以对阳明心学的体悟及学术成就而言,马明衡的确堪称明代福建阳明学者中最为杰出的一位。

　　马明衡(1491—1557),字子莘(张廷玉《明史》误作"子翠"),号师山,为马思聪次子。马明衡应当出生于儒学氛围浓厚的家庭,其祖父马洪源"尚礼义,乐施予,尝自城手捧一轴归。或怪问曰:'长者亦乐此乎?'徐展示,乃孔子画像也,其人愧叹"。[②] 其父马思聪(1462—1519),字懋闻,号翠峰,弘治十四年(1501)考中举人,次年福宁知州俞文焕聘

---

① 黄宗羲著,沈芝盈点校《明儒学案》,北京:中华书局,2008 年,第 655 页。
② 马思聪、马明衡、马朝龙撰,王传龙、何柳惠编校《莆田马氏三代集》,武汉:武汉大学出版社,2018 年,第 58 页。

其为诸生讲学,寓南禅寺。① 弘治十八年(1505),马思聪考中进士,前后历宁波府象山知县、顺德府平乡知县、绍兴府诸暨知县,乃擢南京户部主事,奉敕督粮江西。宁王朱宸濠叛乱,马思聪被执系狱,不屈,绝食六日死,享年五十八岁。江西士民曾于通衢立忠节祠祀马思聪等人,后人遂以"忠节"为其谥号,而尊称之为"忠节公"。马思聪多年从事于科举,四十岁才考中举人,必然对朱子学颇为熟悉,黄巩《明故南京户部主事翠峰先生行状》称其"尝有'天下曾蒙禹稷忧,此心安可付东流'之句。读《大学》'明明德'章,惕然有感,作《心图》以自警",又称其"治经务本旨,不事文义",②可见日常亦践行于性理之学。马思聪因家境清苦,早年设馆教徒为业,故谙练世事,并非长于书斋之腐儒,不仅其子马明衡继承家学,黄巩、周宣、黄希英、周大谟等一干才俊也皆出其门下。马思聪尝谓门人云:"凡读书能潜涵咀嚼,令人心地豁然,胸中自有一部全书。"又教子马明衡云:"人心本自活物,当常令其存存不失,则如化工之生物,天下事何者不可为?"③观此二语,可证马思聪并非株守程朱理学者,而于心学似有所窥。马思聪在学问上的豁达也影响到了其子马明衡,故后者才有主动问学于王守仁之事。马明衡幼年随父就学,及其父中进士而令象山,明衡遂辞归,从兴化府同知朱海受毛氏诗文,④并娶朱氏女为妻。正德五年(1510)十一月,王守仁入觐,馆于大兴隆寺,之后与湛若水、黄绾先后订约共学。正德六年(1511)末,马思聪任满入京述职,马明衡随父入京,问学于王守仁、湛若水两人。马明衡有家学渊源,本人又颇为聪悟,但面对两种有别于程朱理学的学问,仍然无法立

---

① 乾隆《福宁府志》云:"马思聪,莆臣人,宏治巳丑知州俞文焕聘为诸生讲学,寓南禅寺。"按,宏治即弘治,避乾隆帝讳。今考干支中并无巳丑,弘治亦无己丑年,而俞文焕到任福宁知州在弘治十五年(1502),在任仅一年即以贪墨逃去,故知马思聪受聘之事当在弘治十五年,干支为壬戌。疑"己丑"为"乙丑"之误,实为马思聪中进士之年份,其下缺"进士"二字,当连上为句。

② 马思聪、马明衡、马朝龙撰,王传龙、何柳惠编校《莆田马氏三代集》,武汉:武汉大学出版社,2018年,第58页。

③ 马思聪、马明衡、马朝龙撰,王传龙、何柳惠编校《莆田马氏三代集》,武汉:武汉大学出版社,2018年,第61页。

④ 詹仰庇《明文林郎山东道监察御史师山马公墓志铭》云:"侍御年既十四,遂辞忠节公归,从郡丞朱公某受毛氏诗文,学声籍籍出诸生上。"明弘治时莆田县归兴化府所辖,今考清同治《重刊兴化府志》,弘治时兴化府府官朱姓者仅朱海一人,故知所谓"郡丞朱公"者即朱海,时任兴化府同知,"郡丞"为其古称。

刻接受。正德七年(1512)，王守仁《与湛甘泉》信中提及"子莘极美质，于吾两人却未能深信"，①可知马明衡对于阳明学也经历了一段自怀疑至信奉的过程。正德八年(1513)，马明衡自府学考中举人，以《诗经》为专经。乡试以《诗经·周颂·时迈》"载戢干戈，载櫜弓矢。我求懿德，肆于时夏"出题，马明衡作文有"故凡见于天理之当为，靡不在于宣布之余，笃近举远之教，洋溢乎中国也"之句，颇得程朱理学之义。考试官教谕沈批其文"明畅宜录"，同考试官学正陈批"謌求懿德处体认精切，而通篇词气春容，其有得于《诗》者矣"，②评价不可谓不高。正德九年(1514)，马明衡又中进士，授南京太常博士。此年四月二十一日，王守仁获升南京鸿胪寺卿，并于二十五日到任。据明嘉靖刻本《阳明先生年谱》上卷"五月至南京"条："自徐爱来南都，同志日亲，黄宗明、薛侃、马明衡、陆澄、季本、许相卿、王激、诸偁、林达、张寰、唐愈贤、饶文璧、刘观时、郑骝、周积、郭庆、栾惠、刘晓、何鳌、陈杰……同聚师门，日夕渍砺不懈。"③在南京期间，马明衡不仅得从王守仁问学，还与阳明门人路迎、林达、黄宗明等人相互切磋，诗文大进。正德十四年(1519)，马思聪死于宁王朱宸濠之难，马明衡闻讯亟赴江右，与自莆田赶至的兄长马明奇共启父殡，易衣冠，殓椟以归。父丧服阕，马明衡起复如京，复取道卒业于阳明。嘉靖三年(1524)春，马明衡选授御史，适大礼议兴，嘉靖帝欲隆其生母，故兴国太后令节朝贺如仪，而下旨免昭圣皇太后生辰朝贺。马明衡入台才十日，即上疏谏言帝隆大礼于所生而辍成典于昭圣，情文相违，谗言易生，适以开两宫之隙而滋臣民之疑，嘉靖帝大怒，逮下镇抚司拷讯。陈逅、季本、林应骢等同僚上疏论救，皆诏下狱，卒罢黜马明衡为民。此后廷臣虽多次举荐，然终废弃不复用。马明衡归乡之后以读书为事，时与朱淛、王凤灵、林大辂相过从，暇则杖屦游览山水，摹写景光。嘉靖六年(1527)，王守仁得马明衡所寄书信，见其字画文彩皆有加于畴昔，劝其当用力于良知之学，莫因沉溺辞章而损伤根本。马明衡闲居在家三十余年，所著有《尚书疑义》《礼记集解》《春秋见存》《周礼通义》等书，惟《尚书疑义》因抄入《四库全书》而留存至今，其余著作均已散佚。嘉靖三十六年(1557)二月十四日，马明衡卒于家，享年六十七

---

① 束景南等《王阳明全集补编》，上海：上海古籍出版社，2016年，第124页。
② 魏晸《明正德八年癸酉科福建乡试录〔一卷〕》，明正德刻本。
③ 钱德洪《阳明先生年谱》上卷"五月至南京"条，明嘉靖四十三年(1564)毛汝麒刻本。

岁。马思聪、马明衡、马朝龙父子三代的诗文著作,笔者已与何柳惠共同编纂、校点、辑佚完成,题为《莆田马氏三代集》,2018 年由武汉大学出版社出版,这也是学界首次校点出版。

马明衡接受阳明心学的过程,也体现着福建朱子学者向阳明学者转变的过程。朱子本人的思想比较复杂,无论是向外格物还是向内体悟都有相关言论,但明初编纂《性理大全》《五经大全》之后,五经以此为标准取士,四书则专攻《四书章句集注》,而上述著作皆主外求天理,故明初朱子学者多将心学视为异端。王守仁《朱子晚年定论》一书出而儒林惊愕,就是因为此书专门拣取朱子的内求言论,令学者耳目一新。但世间学问本有内外两途,实践求知与想象推理皆不可或缺,故在“今日格一物,明日格一物,积习既多”与“脱然有贯通处”之间,势必应有“内心体悟以总括规律”这一环。马思聪教门人“胸中自有一部全书”时,传统朱子学外求天理的模式已难以继续推进,故白沙之学、阳明心学渐次而起,其背后也是理学转变的风气使然。虽然福建整体的创新风气滞后,但马明衡父子却是其中的先行者,而马明衡能够成为王守仁的优秀弟子,实际上是经过了父子两代人的努力。马思聪与郑善夫为同科进士,双方有所交往,郑善夫在寄给林俊的信中亦云:“马懋闻之子子莘者,大有气力,向往之志,诚为未涯。”①若不是马思聪于心学已隐约有所窥,又素日教子甚严,王守仁、郑善夫等人也不会对马明衡赞誉有加。马明衡虽然最初接触阳明心学时“未能深信”,但也并未由此放弃,而是在考中进士之后,继续多次问学于王守仁,最终才卒业出师。王守仁殁后,马明衡亲赴绍兴以弟子身份参与丧葬,而所作《哭阳明先生》诗有“羽翼惟先达,渊源启后生”“及门多少士,双泪独纵横”之句,②可见已深信于阳明心学。根据现存的文献记载,马明衡与王守仁的问答涉及以下要义:

其一,心性须坚定。《传习录》陆澄录:“子莘曰:‘正直之鬼,不须怕;恐邪鬼不管人善恶,故未免怕。’先生曰:‘岂有邪鬼能迷正人乎!只此一怕,即是心邪,故有迷之者,非鬼迷也,心自迷耳:如人好色,即是色

---

① 郑善夫《少谷集》卷十八《寄见素公》,清文渊阁《四库全书》本。
② 马思聪、马明衡、马朝龙撰,王传龙、何柳惠编校《莆田马氏三代集》,武汉:武汉大学出版社,2018 年,第 39 页。

鬼迷;好货,即是货鬼迷;怒所不当怒,是怒鬼迷;惧所不当惧,是惧鬼迷也。'"①马明衡未摆脱怪力乱神,故所谓"邪鬼"云云,尚恐其真有。王守仁所教,乃让其心性坚定,勿为欲望所迷,"色鬼""货鬼"云云,并非认定鬼为实物,而是直指自己的心蠹。

其二,道、性、命三者,本来具足完善,不须品节增减。《传习录》薛侃录:"马子莘问:'修道之教,旧说谓圣人品节吾性之固有,以为法于天下,若礼、乐刑、政之属,此意如何?'先生曰:'道即性即命,本是完完全全,增减不得,不假修饰的,何须要圣人品节?却是不完全的对象。礼、乐、刑、政是治天下之法,固亦可谓之教,但不是子思本旨。若如先儒之说,下面由教入道的,缘何舍了圣人礼、乐、刑、政之教,别说出一段戒慎恐惧工夫?却是圣人之教为虚设矣。'子莘请问。先生曰:'子思性、道、教,皆从本原上说,天命于人则命便谓之性,率性而行则性便谓之道。修道而学,则道便谓之教。率性是诚者事,所谓自诚明谓之性也;修道是诚之者事,所谓自明诚谓之教也。圣人率性而行即是道。圣人以下,未能率性,于道未免有过不及,故须修道。'"②马明衡所谓"旧说",即指程朱理学而言,譬如朱熹《中庸章句集注》解"修道之教"云:"修,品节之也。性道虽同,而气禀或异,故不能无过不及之差。圣人因人物之所当行者而品节之,以为法于天下,则谓之教,若礼、乐、刑、政之属是也。"③新旧两说相对比,其关键区别在于阳明学主张"教"亦从本源上说,而朱熹则以"教"属后天,需圣人为生民立则。具体而言,王守仁认为"道即性即命",人性本来与天道同一,所谓的"教"亦只是遵从人性之固有(良知),戒慎恐惧就是修道之教;朱熹则认为只有圣人之性与天道同一,凡人则需要遵循圣人制定的礼乐、刑政制度,以保证所作所为符合天道(中道)。朱熹肯定礼、乐、刑、政之教,主张此乃圣人教化之工具,是圣人根据凡人的气禀缺陷而创出的施教法门,借此以存天理;王守仁也肯定礼、乐、刑、政之教,但主张此乃治天下之法,而人性本来具足,无须后天品节。阳明心学的修道,是恢复人性之固然,其方式是作用于心,通过个人的内心体悟而实现;朱子学的修道,是恢复天理之固然,其方式

---

① 吴光、钱明、董平、姚延福编校《王阳明全集(新编本)》,杭州:浙江古籍出版社,2010 年,第 18 页。
② 吴光、钱明、董平、姚延福编校《王阳明全集(新编本)》,杭州:浙江古籍出版社,2010 年,第 41 页。
③ 朱熹《中庸章句集注》,宋刻本。

是作用于身,通过外在的礼法教化而实现。

其三,心性莹彻则文采自具,溺于文采即舍本逐末。王守仁《与马子莘》云:"缔观来书,其字画文彩皆有加于畴昔。根本盛而枝叶茂,理固宜然,然草木之花,千叶者无实;其花繁者,其实鲜矣。迩来子莘之志,得无微有所溺乎?是亦不可以不省也! ……良知之外,更无知;致知之外,更无学。外良知以求知者,邪妄之知矣;外致知以为学者,异端之学矣。"①王守仁以体悟良知为学术之根本,其余一切"字画文彩"不过是枝叶而已,良知莹彻则文采自然斐然,不可因为追求枝叶而损伤根本。马明衡一度留恋山水,寄情诗词,还参加了郑善夫组织的鳌峰草堂燕集,"字画文彩皆有加于畴昔"乃准确评价。当时"前七子"倡导的文学复古思潮兴起,马明衡风骨矫健,与郑善夫皆是引领闽地诗风的先行者。马明衡服阕起复,郑善夫赠诗《邑江楼观涨,送马子莘北征》,有"短歌微吟为君起,丈夫壮年要为者。何事请君起,长楫共击三千水"②之句,马明衡答以《邑江楼观涨,次郑春官少谷韵》:"君不见龙门西转翻北回,黄河之水天上来,飞湍激射势难摧。东过大陆之野,虽有华山底柱失崔嵬。闽江纡回如匹练,寻常两屿锦帆开。胡为一雨五日屯云雷,洪涛拍天而直下,高江急峡日夜奋迅而悲哀。吾将长乘鳌背浮四极,遨游溴濛遵云涯。天风万里扶两腋,美人邀我上高台。洞庭彭蠡不可识,沧海桑田安在哉?与君逢时力未衰,安能坐见玉山颓。吾方向北征,君亦从兹起。"③全诗格调昂扬,不仅描绘了邑江涨潮的壮阔景色,也充满了欲奋发有为的个人气势。马明衡的诗歌中有追摹古人之痕迹,要非自然本色,这显然是用心于文采的结果。王守仁敏锐地从信笺行文中觉察到了这一苗头,故提醒马明衡应当用力于致良知之学,不可沉溺诗文创作,因小失大。在理学家看来,追求文艺技巧不过是簸弄精神,妨碍成圣之途,此条程朱理学与阳明心学观点基本一致。

其四,体认良知,同志砥砺。王守仁《与马子莘》云:"近时同志,莫不知以良知为说,然亦未见有能实体认之者,是以尚未免于疑惑。盖有谓良知不足以尽天下之理,而必假于穷索以增益之者,又以为徒致良知

---

① 吴光、钱明、董平、姚延福编校《王阳明全集(新编本)》,杭州:浙江古籍出版社,2010年,第232页。

② 郑善夫《少谷集》卷三《邑江楼观涨,送马子莘北征》,清文渊阁《四库全书》本。

③ 马思聪、马明衡、马朝龙撰,王传龙、何柳惠编校《莆田马氏三代集》,武汉:武汉大学出版社,2018年,第41页。

未必能合于天理,须以良知讲求其所谓天理者,而执之以为一定之则,然后可以率由而无弊。是其为说,非实加体认之功而真有以见夫良知者,则亦莫能辩其言之似是而非也。莆中故多贤,国英及志道二三同志之外,相与切磋砥砺者,亦复几人?"①良知学不只是可供谈论的学问,还应当在现实生活中体认,盖良知的具足性、与天理的同一性必须在实践中检验,并应用于实践。似是而非的异端之说无孔不入,也只有体认良知分明之后,才有能力分辨真伪。受个人经历的影响,王守仁也尤为看重同志的夹持之功,所以特别关注马明衡的共学环境,提醒其要与同志切磋砥砺,学问的长进才会更快、更稳。而"莆中故多贤"云云,恐怕不仅是提醒马明衡去寻觅同志,也是希望借此传播阳明心学。王守仁所提及"国英"即陈杰之字,"志道"即林达之字,两人皆为莆田人,与马明衡同乡。王守仁《与陈国英》亦云:"君子之学,非有同志之友日相规切,则亦易以悠悠度日,而无有乎激励警发之益。山中友朋,亦有以此学日相讲求者乎?"②王守仁自开创阳明心学以来,一直希望"诚得豪杰同志之士,扶持匡翼,共明良知之学于天下,使天下之人皆知自致其良知",③故对各地心学传播颇为关注。莆田既有马明衡、陈杰等弟子,故王守仁对此地学术之风颇为关注,劝其相与讲学,宣传己说。

马明衡接受阳明心学之后,于程朱理学有所突破,但所著《礼记集解》《春秋见存》《周礼通义》等书皆佚,其学术思想主要保存于《尚书疑义》一书中。明朝永乐年间敕修《五经大全》,《尚书》独尊蔡沈《书集传》,而蔡沈为朱熹门人,据《书集传序》称"庆元己未冬,先生文公令沈作《书集传》。明年,先生殁。又十年,始克成编,总若千万言",④可见此书是受朱熹嘱托而作,故有明一代皆以此为宗。马明衡《尚书疑义》以"疑义"为题,恐不仅是自谦之意,也隐含着对蔡沈《书集传》之质疑。马明衡认为蔡沈"执滞以求",导致《尚书》大义支离破碎,譬如《尧典》中蔡注"'钦明文思安安'言德性,'允恭克让'言行实,被四表、格上下言

---

① 吴光、钱明、董平、姚延福编校《王阳明全集(新编本)》,杭州:浙江古籍出版社,2010年,第232页。

② 吴光、钱明、董平、姚延福编校《王阳明全集(新编本)》,杭州:浙江古籍出版社,2010年,第189页。

③ 吴光、钱明、董平、姚延福编校《王阳明全集(新编本)》,杭州:浙江古籍出版社,2010年,第88页。

④ 蔡沈《书经集传》卷首《九峰蔡先生书集传序》,清文渊阁《四库全书》本

'放勋'",马明衡批评"恐亦太分析";《康诰》中蔡沈以"汝念哉"以下言明德,"敬明乃罚"以下言慎罚,"爽惟民"以下欲其以德行罚,"封,敬哉"以下欲其不用罚而用德,马明衡同样认为"似太分析破碎"。① 针对蔡沈对《洪范》"九畴"和"五事"的分析,马明衡云:"圣人之言与后世安排布置不同,随事立义而道理自相贯通,不待牵附之使合,亦不能分析之使离也。"②马明衡认为蔡传不仅析理太过,而且近于穿凿,譬如《立政》章中关于"三宅""三俊"的解释,马明衡认为:"孔注以'三宅'为服罪,以'三俊'为明德,固失之远;蔡注以'位'、以'才'别'宅''俊',而又以'三俊'为储养待用者,是益凿矣。"③马明衡既不迷信孔注,亦不盲从蔡注,"窃意如此之类,只当会其大义,则道理自明。若必细细以为尽得其义,则于胸中亦未免破碎",④此可作为《尚书疑义》一书的总纲领。

宋儒解经往往以理断之,马明衡则以理驳之,认为与其悬想揣测,不如姑且相信古注,故云:"《书序》虽不可信,然亦大段须依之,以千古之下而悬想千古之上,非有所据,事势自难。"又云:"《书序》虽云不可信,然亦有可信者,秦汉之时去古尚近,不如今更远,只是悬想无所据依也。"⑤譬如《尚书·武成》篇,自孟子以来已疑有脱误,蔡沈集诸家之见而调整次序,已成为后世遵从之通行定本,但马明衡认为:"愚窃以为《武成》之脱误固不能无,必欲更定,以为此条系于此条之下,则又安可知是不若因其旧之为愈也?"⑥马明衡主张应保持古本原貌,"大抵去古既远,复值简编断蚀之后,欲细细必求得其一字一句之不差,斯亦难矣。惟大义昭如日星,未尝以简编断蚀而不可知也。学者不惟大义之沈潜理会,而必欲细求之字句之间,以为悉得古人之旧,是皆宋儒著述之说

---

① 马思聪、马明衡、马朝龙撰,王传龙、何柳惠编校《莆田马氏三代集》,武汉:武汉大学出版社,2018 年,第 191、156、268 页。

② 马思聪、马明衡、马朝龙撰,王传龙、何柳惠编校《莆田马氏三代集》,武汉:武汉大学出版社,2018 年,第 251 页。

③ 马思聪、马明衡、马朝龙撰,王传龙、何柳惠编校《莆田马氏三代集》,武汉:武汉大学出版社,2018 年,第 299 页。

④ 马思聪、马明衡、马朝龙撰,王传龙、何柳惠编校《莆田马氏三代集》,武汉:武汉大学出版社,2018 年,第 271 页。

⑤ 马思聪、马明衡、马朝龙撰,王传龙、何柳惠编校《莆田马氏三代集》,武汉:武汉大学出版社,2018 年,第 294、267 页。

⑥ 马思聪、马明衡、马朝龙撰,王传龙、何柳惠编校《莆田马氏三代集》,武汉:武汉大学出版社,2018 年,第 243 页。

有以起之也"。① 朱熹分章、改补《大学》而成为通行本,王守仁则针对性地推出《古本大学》,马明衡之论很可能是受此举之影响。在信受阳明心学之后,程朱理学在马明衡眼中不再具有神圣性,故可大胆疑之,据理驳之。需要强调的是,马明衡针砭蔡注之失并非学派之争,亦非意气用事,而是追求学术之真实。针对蔡注正确的推理结论,马明衡一样可以坦然接受,譬如《康诰》篇中云:"《康诰》《酒诰》《梓材》三篇,《书序》以为成王时书,而胡五峰、吴才老、文公皆以为武王时书,蔡子因之,其考证亦明,不复可疑矣。"②

　　除了批评蔡沈,马明衡同样也会质疑朱熹的不合理见解。譬如《尚书·益稷》"启呱呱而泣,予弗子"一句牵扯《孟子》称大禹"三过其门而不入"的说法,朱熹认为"若只泛泛底水,须见父母;若是甚急,不见父母亦不妨",而马明衡批评道:"此说太觉支离。盖所谓一事各求一理也,夫弗子与过门不入之言,亦须会意以得之,岂可执滞以求之哉? 若家有父母,便是治水甚急,岂有过门不入一见之理? 而治水又是远大持久规模,非若存亡在于呼吸之间者,过门一见岂便废事?"③由此出发,马明衡认为"三过其门而不入"只是相沿之传说,孟子不过"取其意以辟并耕之说",而《益稷》亦只说"弗子"而已,何尝言不入门一视之? 马明衡此论合情合理,足纠朱熹之偏,而"支离"云云,正是王守仁素日批评朱子之词。马明衡的推理具有历史文献学的特征,而且不迷信朱子之权威,这些都是他突破程朱理学藩篱的证明。《四库全书总目提要》评《尚书疑义》云:"书中如'六宗'从《祭法》、'辑五瑞'谓是朝觐之常,非为更新立异;'治梁及岐',谓为蔡传胜孔氏;《洪范》'日月之行',取沈括之说;于《金縢》,颇有疑辞,皆能参酌众说,不主一家,非有心与蔡氏立异者。惟'三江'必欲连震泽,而于'所其无逸'之'所'字亦不从蔡传,则未免意见之偏。又往往阑入时事,亦稍失解经体例,盖不免醇驳互存。然明人经解冗滥居多,明衡是编尚能研于古义,固不以瑕掩瑜也。"④四库馆

①　马思聪、马明衡、马朝龙撰,王传龙、何柳惠编校《莆田马氏三代集》,武汉:武汉大学出版社,2018 年,第 243 页。
②　马思聪、马明衡、马朝龙撰,王传龙、何柳惠编校《莆田马氏三代集》,武汉:武汉大学出版社,2018 年,第 267 页。
③　马思聪、马明衡、马朝龙撰,王传龙、何柳惠编校《莆田马氏三代集》,武汉:武汉大学出版社,2018 年,第 191 页。
④　纪昀总纂《四库全书总目提要》,石家庄:河北人民出版社,2000 年,第 352～353 页。

臣对马明衡"参酌众说,不主一家"的做法给予了肯定,但对其"未免意见之偏""往往阑入时事"的做法进行了批评。然"非有心与蔡氏立异者"与"未免意见之偏"本自相互矛盾,而马明衡主通经致用,故"阑入时事"是关联现实之必然。四库馆臣因文化高压政策而走向纯学术研究,其时势风气自与明中期不同,故乃有此批评。若公平言之,宋儒解经颇多"阑入时事",程颐、王安石、苏轼等人皆不能免,似未可专以此苛责《尚书疑义》。马明衡的《尚书疑义》还直接影响到了清代胡渭的《禹贡锥指》,后者正是《尚书·禹贡》一篇研究的集大成之作。胡渭云:"明嘉靖中马明衡撰《尚书疑义》,其论《禹贡》一条云:'朱子谓"《禹贡》记地里、治水,曲折多不能晓,如说始于壶口龙门,不敢深信",盖谓当自下流始,自下流则当自碣石、九河始,此意固是。余窃以为自下流始者,此治水之大势,然上流亦有壅遏之甚者,则亦必先达之,此治水之权宜也。况冀州,帝都所在,吕梁河之所急,安得不先治之?凡后世观古人之事,只当见其大纲,至于因时从宜,则去古益远,不可执一论也。'斯言深得经意,故备录于此。"①马明衡批评朱熹之言论,以及所述解经之大纲,胡渭完全赞同,称其"深得经意",评价不可谓不高。刘师培称"近儒之学,多赖明儒植其基,若转斥明学为空疏,夫亦忘本之甚矣",②若以《尚书疑义》准之,的为确论。

马明衡的心学思想,主要保留在《漳浦县重建明伦堂记》一文中。嘉靖三年(1524),金溪黄直为漳浦节推,重修明伦堂,属马明衡为记,后者因作此文。马明衡在此文中云:"夫天之降才甚厚也,人之良知甚明也。存天理而去人欲,弗借资于人也,弗援力于众也。人皆有之、皆能之而卒不能者,始由于自蔽,终坐于自画而已。是故莫大乎讲学,而尤莫先于立志也。"③以人皆有之良知,作为"存天理而去人欲"之手段,本应人皆能之,但凡人因自蔽、自画而终于不能,故必须先立圣人之志,讲圣人之学。"立志"正是阳明学的大关键,王守仁将"立志"视为"吾人为

---

① 胡渭著,邹逸麟整理《禹贡锥指》,上海:上海古籍出版社,2006年,第27~28页。
② 刘师培《刘师培全集》第一册,北京:中共中央党校出版社,1997年,第499页。
③ 马思聪、马明衡、马朝龙撰,王传龙、何柳惠编校《莆田马氏三代集》,武汉:武汉大学出版社,2018年,第55页。

学紧要大头脑"，①并认为"从吾游者众矣，虽开说之多，未有出于立志者"，②马明衡显然也继承了这一理念。《漳浦县重建明伦堂记》是为县学生所作，其中只寥寥数语涉及为学之法，但已囊括阳明心学之核心理念，亦可见马明衡体悟心学之深刻。清代郑泰枢《马忠节、师山二公遗诗序》称马明衡"尝从阳明王公游，得理学正宗"，张景祁《题马忠节公父子合集》称马明衡"师山得父兼得师（师山从阳明受业），学阐良知宗派接"，③皆视马明衡为心学正宗，与黄宗羲《明儒学案》观点一致，此可证清代李光地"时则姚江之学大行于东南，而闽士莫之遵，其挂阳明弟子之录者，闽无一焉，此以知吾闽学者守师说、践规矩，而非虚声浮焰之所能夺"④之伪。张廷玉《明史》称"闽中学者率以蔡清为宗，至明衡，受业于王守仁。闽中有王氏学，自明衡始"，⑤此论亦当商榷，盖同时期亦有郑善夫等其他学者问学于王守仁，但若谓闽中王学以马明衡最为嫡传，则应无疑问。

第二节　闽地的举业讲学与阳明学的输入模式

明嘉靖刊本《嵩渚文集·纸说》云："士不修行，而习于浮辞，挥毫伸纸动千百言，曾无少关于身心性情之实。其甚无谓者，科举程试之文也，决裂章句，侮圣人之言，记诵套括，迎合主司，以幸一得。比岁以来，书坊非举业不刊，市肆非举业不售，士子非举业不览。"⑥而明代隆庆状元张元忭亦云："迨明以来，朱子之书布四方，家传而人诵之，然时习其说以猎取功名，影响剿窃，而朱子之宗旨转晦。夫自蔡虚斋、陈紫峰两

---

① 吴光、钱明、董平、姚延福编校《王阳明全集（新编本）》，杭州：浙江古籍出版社，2010年，第63页。
② 吴光、钱明、董平、姚延福编校《王阳明全集（新编本）》，杭州：浙江古籍出版社，2010年，第253页。
③ 马思聪、马明衡、马朝龙撰，王传龙、何柳惠编校《莆田马氏三代集》，武汉：武汉大学出版社，2018年，第6、12页。
④ 李光地《榕村集》卷十三《重修蔡虚斋先生祠引》，清文渊阁《四库全书》本。
⑤ 张廷玉等《明史》，北京：中华书局，1974年，第5464页。
⑥ 李濂《嵩渚文集》卷四十三《纸说》，明嘉靖刊本。

先生相继出,乃始一洗俗儒之陋习,独采朱子之精微,而闽中之学在明正、嘉之间又最盛。再考虚斋之学方显,时士犹鲜能习其传,稍后紫峰出,抠衣称弟子,于是虚斋得紫峰而学益尊。今紫峰《四书浅说》与文庄《蒙引》并传,垂三百年,乡邦后先遗献讲明、绍述、诵仰师法者,皆二先生余烈也。"①明初所谓朱子学者,大多都是"猎取功名"的科举之士,与宋代理学诸儒"成圣"的根本目的不同,此风气直至福建学者蔡清(号虚斋,谥文庄)出现后方有所改观。蔡清有《易经蒙引》《四书蒙引》两种蒙引著作,专以发挥朱子本义为主,自称"吾为《蒙引》,合于文公者取之,异者斥之",②而《易经蒙引》成书在前,流传也更为广泛。蔡清《易》学得自侯官林玭,故称:"闽中《易》学独盛东南,视他经倍蓰,盖推本先生倡明之功为多也。"③彼时闽中科举多以《易经》为专经,而制义率祖蔡清之书,故蔡清之影响日益扩大。何乔远《名山藏》称蔡清"教人恒循举业以入,曰:不如是,法堂前草深一丈矣",此举顺时而动,原亦属施教之良方,"使新学小生把这正经道理渐渍浸灌在胸中,久后都换了他意趣,则其所成就自别",④但仅以此诱人入彀之心而论,已距离理学大贤远甚,甘居圣学之末流。王守仁云:"吾之讲学,非以蕲人之信己也,行吾不得已之心耳。若畏人之不信,必择人而与之,是自丧其心也。"⑤盖宋明理学体系,视出处心术为第一要事,王霸、义利之别皆由此起,讲学者岂可不慎之又慎?蔡清之言亦与董仲舒"正其道不谋其利,修其理不急其功"之说不侔,盖援事功之说入程朱,以迎合明代科举求售之风气。不仅如此,蔡清也并未于程朱体系之外有所创新,反而强调"理亦归诸气,二而一者也",⑥"盖实有是物则实有是气,实有是气则实有是理",⑦逻辑上虽然更为自洽,但对程朱理学强调"天理"的绝对崇高性则有所弱化。但蔡清之书对科举应试极为有用,至其弟子陈琛(号紫峰)《四书

---

① 李清馥著,何乃川、李秉乾点校《闽中理学渊源考》,北京:商务印书馆,2018年,第615页。

② 蔡清《蔡文庄公集》卷六《南京国子监祭酒赠礼部左侍郎理学名臣谥文庄虚斋蔡先生行略》,清乾隆七年(1742)刻本。

③ 李清馥著,何乃川、李秉乾点校《闽中理学渊源考》,北京:商务印书馆,2018年,第500页。

④ 蔡清《虚斋集》卷三《题蒙引初稿序》,清文渊阁《四库全书》本。

⑤ 黄宗羲著,沈芝盈点校《明儒学案》,北京:中华书局,2008年,第370页。

⑥ 蔡清《易经蒙引》卷九下"继之者善也成之者性也"条注,清文渊阁《四库全书》本。

⑦ 蔡清《四书蒙引》卷三"子曰鬼神之为德也其盛矣乎"条注,清文渊阁《四库全书》本。

浅说》之书出，"于是虚斋得紫峰而学益尊"，福建科举之士大多自此启蒙，名为尊程朱而实则尊蔡清。蔡清、陈琛师徒的品德、私行皆无缺失，富有人格魅力，故被视为程朱理学的身体力行者，令其说更增加了可信度。正德、嘉靖之间阳明心学大盛，福建学者所能举以抗衡者惟蔡清而已，故"闽中之学在明正、嘉之间又最盛"，背后缘由正是来自阳明心学之刺激。张廷玉《明史》称"闽中学者率以蔡清为宗，至明衡，受业于王守仁"，后句虽可商榷，前句则距离事实并不太远。

沈珆《明儒言行录序》云："明初百年间，天下所尊信为儒者之言者，未有贰于宋五先生者也。自白沙出而其言一变，当其时而不变者，胡敬斋、章枫山、罗一峰也；姚江、增城出而其言再变，当其时而不变者，罗整庵、吕泾野、蔡虚斋也。"[1]姚江、增城即王守仁、湛若水之籍贯。阳明心学崛起之后，闽中学者有力挺蔡清之学而激烈反对者，有兼取阳明之学而态度豁达者，亦有转投阳明学阵营而针砭程朱之失者。以历史文献记载而言，以上三种状况均不占有明显的优势，但无论是何种，均将蔡清视作与王守仁对立之旗帜。盖明代福建讲学之风多围绕科举而展开，并非热衷于做纯义理之研讨，故能与阳明学辩学术是非者甚少，而反对理由只是其学与朱子学不合。蔡清既合于朱子，又以举业为说，故受众较广，拥趸特多。李清馥《闽中理学渊源考》收录明代福建朱子学者数量虽多，但其中若干人并无讲学之事迹，亦不见学术之发明，就只是科举中式后有仕宦经历而已，恐不免滥收之讥。反观阳明门下，虽多有科举中式者，但大多并不以此为念，而更看重理学之体悟，譬如黄绾"年十六始知为举业，又三年乃厌其卑近"，[2]乃弃举子业不为，"毅然以圣贤自期"；[3]欧阳德中举后多年不赴会试，而裹粮赴虔台，受业于阳明先生之门；王畿会试落第后，立取京兆所给路券而焚之，以示决意仕途，后虽遵阳明之命赴试，并与钱德洪同时考中，但两人皆不赴廷试而还。王畿甚至将科举归入"嗜欲尘垢"之类，宣称："诸君既业举子，只此举业便是对境火坑，种种得丧利害世情，尽向此种潜伏依傍，本来真性反被凌轹晦蚀。"[4]一则将科举视为治学之门径，一则将科举视为治学之妨

① 沈佳《明儒言行录》卷首沈珆《序》，清文渊阁《四库全书》本。
② 黄绾《石龙集》卷十五《寄刘检讨瑞书》，明嘉靖刻本，台湾"中央图书馆"藏。
③ 李一瀚《礼部尚书兼翰林院学士黄公绾行状》，焦竑《国朝献征录》卷三十四，明万历刻本（1616）徐象杬曼山馆刻本，第11页。
④ 王畿撰，吴震编校整理《王畿集》，南京：凤凰出版社，2007年，第686页。

碍,志趣高下相去不可以道里计。阳明心学与程朱理学对立而生,其理论体系乃欲对治朱子学的支离之病,而蔡清之学不过是朱子学的蒙引版,并无与之抗衡之力气。以明代福建三山人卢一诚为例,其自述"予少读章句,其所闻于父兄师友者,惟三氏说;及长,课生徒,其所日相探讨者,亦惟三氏说",后在南京户部郎中任上刊行《四书讲述》一书,自序云:"盖非敢谓集三氏而拆其衷,亦庶乎一开卷而三氏要领俱在,其于发蒙也,或不无少补矣乎? 若夫理学奥妙,则茫乎未有得也,其尚有俟于闻道君子而质问焉。"① 所谓"三氏说",即蔡清《易经蒙引》、林希元《易经存疑》、陈琛《四书浅说》三种,蔡、陈为师徒,林希元"未及蔡文庄之门,所学皆文庄之学也","其学专主程朱,尝恨不得及虚斋先生之门,于良知新说尤所不喜"。② 是故卢一诚自幼年发蒙至考中进士,再至出仕南京并于任上撰述,皆不出乎蔡清一脉,而这也是当时福建学者的普遍模式。另据《福州府志》载:"白下士大夫俎豆新建王守仁,招(卢一诚)入社讲学,谢不往,曰:'吾不能口诵程朱而心叛之也。'"③ 卢一诚谢绝入社讲学,盖因"其所日相探讨者,亦惟三氏说",故不能与讲授阳明心学者做义理之争论,而一旦接触新学说,恐怕会令自己产生动摇,乃至"心叛之"。《四书讲述》是卢一诚的唯一著作,然则"若夫理学奥妙,则茫乎未有得也"之语,恐怕并非谦辞,而是道出实情。明人风气,"数十年读书人能中一榜,必有一部刻稿",④ 盖如卢一诚《四书讲述》之类是也。明末漳浦举人蔡一橙情形类似,"或告以姚江良知之说,则曰:世守程朱门户,未便操戈入室也"。⑤ 卢一诚、蔡一橙等人对阳明心学缺乏了解的兴趣,由于他们预先认定程朱理学为圣学,故任何与之不同的学术都不在其考虑之列。明代福建朱子学者之中,此类一味株守者数量最多,何乔远称"当是时,王文成之学方新,学士大夫多议其简径,而闽

---

① 卢一诚《四书讲述》卷首《刻四书讲述叙》,日本内阁文库藏明万历二十一年(1593)刊本,第 2 页。

② 李清馥著,何乃川、李秉乾点校《闽中理学渊源考》,北京:商务印书馆,2018 年,第 637~638 页。

③ 《福州府志》卷之五十七《人物列传》,清乾隆十九年(1754)刊本,第 38 页。

④ 叶德辉《书林清话》云:"尝闻王遵岩、唐荆川两先生相谓曰:'数十年读书人能中一榜,必有一部刻稿;屠沽小儿身衣饱暖,殁时必有一篇墓志。此等板籍幸不久即灭,假使尽存,则虽以大地为架子亦贮不下矣。'"

⑤ 李清馥著,何乃川、李秉乾点校《闽中理学渊源考》,北京:商务印书馆,2018 年,第 791 页。

中诸先正去考亭尤近,尊守其致知力行之说,以合于圣门博文约礼之义,不敢一毫离于绳尺",①大抵指此类士人而言。站在朱子学的立场上,此类人士是在捍卫正学、抵制异端,但若以学术发展的眼光来看,则无异于故步自封,不思进取。孔子之说在先秦时还时常遭人质疑,而在汉代以后,孔子被视为天生圣人,以素王身份为天下定法;孟子在宋代之前尚厕身于诸子之中,其书后被列入十三经之中,而性善、夜气、集义诸说也演变为儒家的公理;程朱之学在南宋时还一度被定为伪学,但在元代之后则高居正统,凡欲从事于科举者人人从之。凡一种新学术崛起,往往需要面对旧学术保守势力的贬低,直至此种新学术被权威方确立为正学为止。新学术在站稳脚跟之后,同样也会变成旧学术,转而阻碍更新学术的传播。闽地是朱子学的大本营,明代阳明心学入闽,所面临的正是这样一种不利的情景。

阳明学入闽大致有三途:其一,闽籍学者主动问学于王守仁及其门人,并将心得回传闽地;其二,阳明学者前来闽地为宦或讲学,在各地推行或普及阳明心学;其三,闽地士人通过阅读《传习录》等阳明学著作,自行体悟阳明心学。此三种途径并非严格独立,盖问学者不妨碍阅读心学著作,为宦者亦可接收心学门人,自得者也颇多讲学之事,但若以最初转变为阳明学者的契机而论,则大致不出此三途,而且三者必居其一:

第一种学者,除此前提及的郑善夫、马明衡、陈杰、林达之外,尚有林应骢、陈大章、蓝渠、林学道、林适、林富、林云同、林以吉、王大用、王慎中、曾溥、庄国祯、李贽、俞大猷、腾伯轮、林万潮、童志熹、邱原高、陈鸣球、吴钰、林成纲、林一新、林楚、黄河清、丘养浩、童世坚、叶宽、林茂竹、黄铭介、黄中、林讷、林庭樟、曾六德、许獬、钱同文、朱孔阳、陈九叙、蔡国宾、施仁等人。这批学者并非皆是阳明门人或再传弟子,其中有些虽有问学于王守仁或其门人之举,但并未拜师入门。据万斯同《儒林宗派》卷十五列王氏学派,福建门人只列马明衡、陈杰、林学道、童世坚四人,前三人皆来自兴化府莆田县,童世坚来自汀州府连城县。马明衡、陈杰此前已述,林学道"从初从蔡文庄受学,复之江西从王文成订良知之说",童世坚不赴贡举,闻"王文成倡道东南,世坚走谒请业",皆是闽

---

① 李清馥著,何乃川、李秉乾点校《闽中理学渊源考》,北京:商务印书馆,2018 年,第734 页。

籍学者主动问学于王守仁的模式。① 又据《阳明先生年谱》所引《同志考》,载马明衡、林达、陈杰三位门人,林达也来自莆田。又据丘养浩刊行《居夷集》序言:"《居夷集》者,阳明先生被逮贵阳时所著也,温陵后学丘养浩刻以传诸同志……养浩生也后,学不知本,政不足以率化。先生辄合而教之。……同校集者,韩子柱廷佐,徐子珊汝佩,皆先生门人。"② 丘养浩为泉州府晋江县人,据此序判断,亦当为阳明门人,而他所主持刊行的《居夷集》,也成为宣传阳明心学的重要典籍。另据《薛侃集》附录三《祭文》:"嘉靖二十七年七月日,漳浦门生林成纲、林一新、林楚谨具香帛絮酒之仪,临风哭祭于先师中离薛夫子之灵。"③ 然则林成纲、林一新、林楚皆为阳明门人薛侃之弟子。又据万历《福宁州志》卷之十一云:"吴钰,字汝砺,号濯茅。貌端确,重然诺。领乡荐,谕宣城,郡赟恤贫。师邹东郭(廓)守益、汪东篦佃,讲性学以淑士。"④ 民国《连城县志》卷第二十一云:"童志熹,字成之,性孝,曾受阳明之学于双江聂公之门。"⑤ 然则福宁州吴钰、连城童志熹分别为阳明门人邹守益、聂豹之弟子,吴钰还曾有讲学之举。又据康熙《漳浦县志》:"丘原高……闻安成邹守益、吉水罗念庵讲学江西,徒步从之。刻志苦思,屡空自如,邹、罗二公深许之。有悟而归,与同志切磨,期以倡明斯道。"⑥ 丘原高师事阳明门人邹守益、罗洪先二人,学有所成又返闽兴学,卒后邹守益还为其书写墓志。又据《王艮门人弟子名录及配享列传》《明儒王心斋先生弟子师承表》,莆田林讷、莆田林庭樟、浦城曾六德、同安许獬、兴化钱同文、福州朱孔阳、漳平陈九叙、漳州蔡国宾八人为泰州学派王艮门人或再传门人。此外,据程辉《丧纪》,王守仁葬礼时及门哭祭者有蓝渠、王大用、叶宽、林茂竹、黄铭介、黄中、洪珠、孔庭训、张概等人,这些皆属与王守仁有交往的福建学者,至于是否曾行拜师之礼则难以确定。

① 李清馥著,何乃川、李秉乾点校《闽中理学渊源考》,北京:商务印书馆,2018年,第569、824页。

② 吴光、钱明、董平、姚延福编校《王阳明全集(新编本)》,杭州:浙江古籍出版社,2010年,第2190页。

③ 薛侃撰,陈椰编校《薛侃集》附录三《祭文》,上海:上海古籍出版社,2014年,第474页。

④ 《福宁州志》卷之十一《儒林》,明万历四十四年(1616)刻本,第19页。

⑤ 《连城县志》卷第二十一《列传》,民国二十七年(1938)石印本,第17页。

⑥ 《(康熙)漳浦县志》卷之十六《人物》,民国十七年(1928)翻印本。

从上述学者接触阳明心学的过程来划分，家族式、好友式、僚属式三类最为突出。家学传承一直是儒学中的主要传承模式之一，往往族中一人转变为阳明学者，其兄弟、子侄也会受熏陶而从之。闽粤宗族之风极盛，家族式的传承从未断绝，惟典籍中多仅记同族之中最杰出者，其余亲族简略提及或省略不述，譬如莆田林富与林应骢、林云同为同族兄弟，而林万潮则为林富之子；漳浦林成纲、林一新亦为同族兄弟。莆田林富一族是名门望族，人丁众多，明初建文时林洪已中进士，成化、弘治时林堪、林墩亦中进士，皆从事于程朱理学；下一代中，林富、林应骢、林云同三人中进士，而皆属阳明学者。林富（字守仁，号省吾）与王守仁为好友，据王守仁《送别省吾林都宪序》云："正德初，某以武选郎抵逆瑾，逮锦衣狱，而省吾亦以大理评触时讳在系，相与讲易于桎梏之间者弥月，盖昼夜不怠，忘其身之为拘囚也。至是别已余二十年，而始复会于此……相与订旧闻而考新得。予自近年偶有见于良知之学，遂具以告于省吾，而省吾闻之，沛然若决江河，可谓平生之一快，无负于二十年之别也矣！"[1]王守仁治兵思田，林富与之同心共济，遂获成功，故王守仁病逝前"举郧阳巡抚林富自代"。[2] 林应骢谪徐闻县丞时，"航海谒阳明王守仁，讲学旬余，阳明为序其诗"。[3] 林云同则与阳明门人刘侯相知，"嘉靖十三年，提学林云同聘（刘侯）主天真书院，一时学者皆趋焉"，[4]而天真学院正是王守仁当年的讲学之处。林富之子林万潮与阳明学者唐顺之、罗洪先等人交游，罗洪先称其早年"闻侍郎公与阳明王先生往来议论，则益闯闯有向慕意"，"往来桐江，必至余舍，自慎行务学、居官使民以至读书文辞之事，靡所不问"。[5] 按此，莆田林富一族自林富、林应骢、林云同这一代开始由程朱理学转向阳明心学，故林富之子林万潮受父辈影响，更为亲近阳明心学。与林万潮同代的族中子侄或亦有从事心学者，惟无功名与事迹，故其名不存。笔者之所以如此推断，是因为林万潮的侄子林兆恩（林富之孙，林万仞之子）亦与罗洪先等

①　吴光、钱明、董平、姚延福编校《王阳明全集（新编本）》，杭州：浙江古籍出版社，2010年，第926页。
②　张廷玉等《明史》，北京：中华书局，1974年，第5168页。
③　《（乾隆）兴化府莆田县志》卷二十《人物》，清光绪五年（1879）补刊本民国十五年（1926）重印本，第10页。
④　《（雍正）浙江通志》卷一百七十七《严州府》，清文渊阁《四库全书》本。
⑤　徐儒宗编校整理《罗洪先集》卷二十二，南京：凤凰出版社，2007年，第875～876页。

人有交往,后来创立了主张儒、释、道三家合一的"三一教"。林兆恩并非阳明学者,但其思想中确有受心学影响之痕迹,①同一族中类似的情况应当不少。林富、林应骢、林云同、林万潮接受阳明心学都在考中进士之后,故并无科名之束缚,可以自由选择学问宗旨,但林万潮去世过早,后辈林兆恩又自创新教,阳明心学遂在林富一族中日益无闻。同在莆田的林俊一族,情形也与此类似。林俊族兄林元甫之子林有孚(字以吉),正德六年(1511)中进士,此年内曾向王守仁问学。王守仁《赠林以吉归省序》云:"子闽也,将闽是求,而予言子以越之道路,弗之听也。予越也,将越是求,而子言予以闽之道路,弗之听也。……见素先生,子诸父也。子归而以予言正之,且以为何如?"②林有孚"将闽是求",对阳明心学"弗之听",盖论学中仍坚持程朱理学,并未成为阳明门人。王守仁劝林有孚持己说质证于叔父林俊(字见素),林俊乃作《题以吉卷》,内称"吾家御史中丞兄季子以吉御史学古道,阳明子既告之矣,因属就正于予",③复令其二子林达、林适拜阳明为师。林俊与王守仁之父王华交好,王守仁《寄林见素》称"某自弱冠从家君于京师,幸接比邻,又获与令弟相往复",可证二人相识已久。莆田林俊一族中,林俊、林侃(林俊之弟)、林有孚、林达、林适皆与王守仁交往,然林俊、林侃皆非论学之人,林有孚闻阳明之学而"弗之听也",惟林达、林适方可归入阳明门人。至于漳浦林氏一族,林一初、林一阳、林一新三兄弟与同宗兄弟林策、林成纲俱有科名,其中只有林一新与林成纲拜薛侃为师,改从阳明心学,其余兄弟仍然修习程朱理学。林一阳甚至宣称"道至程朱,有何不尽,何

---

① 《林子行实》云:"正德十六年庚辰,王阳明先生造省吾公,公令教主见之,阳明先生曰:'此儿丰姿卓异,殆非科第中人,其后日福量,过于先生远矣。'"按此,林兆恩曾随祖父林富见过王守仁。林万潮去世后,林兆恩赴江西谒见罗洪先,为叔父请墓志铭,与其有所交往。罗洪先所撰《明故文林郎赣州府推官石楼林君墓志铭》今存,可相佐证。此外,从林兆恩的相关言论看,也有心学影响的痕迹。譬如《林子全集·答论三教》:"人之心,至理咸具,欲为儒则儒,欲为道则道,欲为释则释。在我而已,而非有外也。"《三教正宗·念经辩惑分摘便览·三教书难尽信》:"盖三教之书,而三圣人都从心性中发出来尔。陆象山曰:'六经者,吾心之注脚也。'夫焉有心性既明,而注脚反有所不达耶?"

② 吴光、钱明、董平、姚延福编校《王阳明全集(新编本)》,杭州:浙江古籍出版社,2010年,第243页。

③ 林俊《见素集》卷二十八《题以吉卷》,清文渊阁《四库全书》本。

须别立教门"，①显然属于程朱理学中的保守派，对阳明心学之类新学说不感兴趣。兄弟之间尚且如此，又如何指望整个家族？是以漳浦林氏的后辈中也不闻稍有名气的阳明学者。此亦可见，对于一个大型的家族而言，即使其中的部分人员转变了学术趋向，也不代表整体都接受了新的学说，大部分情况下仍处于程朱理学与阳明心学共存的状态。科举的标准并未发生改变，程朱理学仍是中式的规范，故纵使阳明心学渗透入某个家族，也常在数代之后就传承乏力，后辈子孙仍然会研习程朱理学。即便个别卓然之士淡于功名，坚持修习阳明心学，也很难引领整个家族的风气，其根本原因即在于此。两种学术在同一家族之中角力，通常是更能攫取现实利益者获胜，这也是常理所在，不足为奇。

好友式、僚属式与家族式并立，区别只在于接受阳明心学的契机来自友人、僚属而非亲人。亲情的维系程度通常更深，也更为持久，但具体到学术思想上却未必如此。亲人依靠血缘关系连接，并不会因学术倾向不同而改变，而友情却会因道不同而不相与谋，僚属也会因与上司学术宗旨龃龉而不获重用。与之相对，共同的学术倾向会被引为同志，成为人际交往中的润滑剂，仕途中也会平添若干攀缘的助力。需要强调的是，通过好友与僚属的关系接受阳明心学，虽然可以归类为阳明学者，但并不必然会进入阳明门人的师徒谱系，像黄绾那种由好友而正式拜师的人反而是极少数。以林富为例，他既是王守仁的好友，又是同僚，王守仁自述"近年偶有见于良知之学，遂具以告于省吾，而省吾闻之，沛然若决江河，可谓平生之一快"，足见林富已成为一位阳明学者，但因其并未拜师，故不能列入阳明门人。又如南安人黄河清，《闽中理学渊源考》称其"遍交当世士，与蔡虚斋、王阳明、湛甘泉、董中峰、何大复、郑少谷诸公相善，而于三衢棠陵方豪尤契。……同时若蔡虚斋、王阳明诸公咸以经术著作有闻于世，先生与之往复议论，道契志孚，故其所得益深，与诸老并称为一时之盛"。② 黄河清兼取理学与心学，不专主于一家，故能与蔡清、王守仁皆"道契志孚"。类似者还有晋江人王春复，在任泰和知县时，他曾质学于罗钦顺、欧阳德二公。罗钦顺是阳明心学的著名反对者，而欧阳德则是王守仁的亲传弟子，故王春复"折衷

---

① 《漳州府志》卷之二十三《人物》，清康熙五十四年(1715)刻本，第 14 页。
② 李清馥著，何乃川、李秉乾点校《闽中理学渊源考》，北京：商务印书馆，2018 年，第595 页。

朱说而反复义理之所安,不敢于背朱,未尝徇人之所同信;不必于异朱,未尝讳己之所独得"。① 至于蓝渠、王大用、叶宽、林茂竹、黄铭介、黄中、洪珠、孔庭训、张概等哭祭王守仁丧礼者,则多属与王守仁交往的福建籍下属官员。譬如莆田人王大用,据王守仁《批留兵搜捕呈》云:"今兵备金事王大用等,乃能身历险阻,设谋调度,数月之内,致此克平,论厥功劳,良可嘉尚。"② 王守仁以赣南巡抚之职平定宸濠之乱时,王大用协助有功,后升广东布政使。据《皇明书》卷四十二《心学纪》,王守仁弥留之际,"门人布政王大用具美材以从",③ 亦将其视为阳明门人。兴化卫人蓝渠,与王大用为同科举人,与林应聪为同科进士。王守仁总制两广时,蓝渠知钦州,为其下属官员,故亦哭祭于阳明丧礼。王守仁官居高位,伯爵府又建于绍兴,故绍兴当地的地方官知府洪珠、同知孔庭训、教谕张概皆到场哭祭。此类僚属官员无疑与王守仁有所交往,但是否曾向其问学则很难判断。盖官场之中,凡经对方选拔、提携、举荐者皆可以门生自居,未必皆是学问师徒。据王守仁《牌行南宁府延师讲礼》云:"近据福建莆田儒学生员陈大章前来南宁游学,进见之时,每言及礼,因而扣以冠婚乡射诸仪,果亦颇能通晓……为此牌仰南宁府官吏即便馆谷陈生于学舍,于各学诸生之中,选取有志习礼及年少质美者,相与讲解演习。"④陈大章通晓礼仪,并非王守仁所教授,但后者爱其才,遂举荐其为诸生讲解礼仪,此类即属于官场门生。又如同安人林希元《祭王阳明总制文》云:"曰予小子,承事此方,军国民谋,叨从末议。念幽明之永隔,悲再晤之无期。"⑤按此,林希元亦曾与王守仁共谋政事,但林希元"未及蔡文庄之门,所学皆文庄之学也",并未接受阳明心学,甚至还在岭南刊行罗钦顺《困知记》,自称此书"于道理尽有发明处,其

① 李清馥著,何乃川、李秉乾点校《闽中理学渊源考》,北京:商务印书馆,2018年,第682页。

② 吴光、钱明、董平、姚延福编校《王阳明全集(新编本)》,杭州:浙江古籍出版社,2010年,第592页。

③ 邓元锡《皇明书》卷四十二《心学纪》,明万历刻本。

④ 吴光、钱明、董平、姚延福编校《王阳明全集(新编本)》,杭州:浙江古籍出版社,2010年,第676页。

⑤ 吴光、钱明、董平、姚延福编校《王阳明全集(新编本)》,杭州:浙江古籍出版社,2010年,第2320页。

攻阳明处尤多,故刻之岭南"。^① 此可佐证,哭祭王守仁者虽为阳明友人,却未必皆为阳明学者。当代某些学者在统计阳明后学名单时,一味贪多,将《丧纪》所载赴丧者姓名全部计入,难免就会产生内外不分的谬误,后来者须当谨慎。

第二种学者,曾来福建为宦的外地阳明学者,计有福建按察副使、青阳人柯乔,福建道监察御史、安福人刘阳,福建巡抚、安福人周宷,福建按察使、泰和人胡直,福建巡抚、婺源人游震得,南靖知县、余姚人胡希周,同安知县、泰州人袁杉,福建巡抚、楚之黄安人耿定向,福建巡抚、桂阳临武人刘尧诲,邵武教授、宜兴人周冲,漳南兵巡佥事、安福人王时槐,福建道监察御史、永丰人聂豹,福建参政、鄞县人黄宗明,漳州推官、金溪人黄直,建宁府同知、乐安人董燧,宁化知县、清江人聂尚恒,兴化府教授、山阴人蔡宗兖,福建提学副使、万安人朱衡,光泽知县、泰和人曾忭,福建布政使、新淦人饶思聪,福建左布政、泰和人郭子章,诏安知县、雩都人何春,福建巡抚、德清人许孚远,福建提学副使、兰溪人徐用俭,建宁府推官、会稽人季本,延平府通判、临海人林元伦,福建参政、衢州西安人王玑,建宁知府、余姚人王正思,福建提学副使、万安人郭持平,福建提学副使、黄安人耿定力,宁阳知县、玉山人董良佐,福建提学副使、永丰人宋仪望等人。这些都是可以确认的阳明学者,他们在福建为官期间,大多都有兴学事迹,不少还直接参与了当地的讲学活动。明朝地方官员在考核业绩时,主要以"本等六事"作为重点,"学校"即为六事之一,是以除个别武职之外,官员们本身就有振兴学校的职权与责任。在聘任学校或书院的主讲教官时,官员们大多举荐自己素日相熟的同志担任,双方学术宗旨一致,日常亦书信往来,切磋共学。王守仁曾多次向弟子称述"共明良知之学于天下"的夙愿,故阳明门人秉承此志,颇倾心血于讲学之事,这也是令阳明心学飞速传播的重要动力。以董燧任建宁府同知时为例,"阳明王先生祠旧在一线天,岁久倾圮,建宁二守董君燧锐意修举,乃白于太守吾南刘君佃,谋改新之,命崇安知县戴瑞、主簿□祉经略其事"。^② 因一祠堂而惊动知府,又勒令知县、主簿

---

① 林希元《同安林次崖先生文集》卷五《与张净峰提学书》,清乾隆十八年(1753)陈胪声诒燕堂刻本。

② 《武夷山志》卷七"岩石刻字",清乾隆刻本。按,此石刻今存,文字与典籍所载有异,其首句作"甘泉、阳明二先生祠"。又,主簿名原缺一字,据光绪《丹阳县志》载明代有崇安主簿眭祉,当即此人。

重修,足见阳明学者捍卫师门之用心。又如曾任诏安知县的何春(字符之),"屏冈欧子曰:元之历官三郡,能使其民知廉耻自重,虽僻坞寒墟皆置社学,雍雍弦诵之声振动山谷,真学道爱人之君子也,无愧阳明弟子矣!"①欧绍说(号屏冈)以振兴社学作为何春"无愧阳明弟子"的表现,这其实也是明代仕人心中通用的衡量尺度。又如宁洋知县董良佐,"历崇山峻岭,采取木石,构造学宫及公署。俭朴有守,爱民惜费,立乡约,与士子讲王阳明之学,士民渐知向化",②与何春之官职、行迹皆类似。又据邹守益《弘斋说》、湛若水《弘斋记》,周冲任邵武教授时,邵武人曾溥为其所教之弟子,而周冲去职之后,曾溥又远赴宜兴再度求学于周冲,周冲因携之至南京,遍访邹守益、湛若水等人请益。曾溥的这种经历,也是福建学子成长为阳明学者的典型模式之一,尽管其最后卒业于省外,但起初接触心学则源自本省的外籍官员。又如聂豹在巡按福建时,创建小学与养正书院,"乃择闽士学有行谊者得六十余人,童子之俊秀可教者得百人,日以修明身心之学为要,不规规于句读、课仿也"。③聂豹还在福建刊行《传习录》《大学古本》诸书,大力宣传阳明心学体系,又删节重刊程敏政《道一编》,倡导朱陆同归之说,皆在福建影响甚巨。陈建《学蔀通辨》云:"按闽台者,称《道一编》有功于朱陆,为之翻刻以广传矣。近年各省试录,每有策问朱陆者,皆全据《道一编》以答矣!"④通过聂豹等仕宦门人的集体努力,各地株守朱子学的风气在逐渐松动,阳明心学的触角也伸展到了福建的各府州县。

　　除了在福建为官的阳明学者,还有一些专程来此讲学的外地学者,而这些人在学术传播上的重要性更为显著。社学、县学、府学之类毕竟是官办学校,其学术宗旨仍须以正统的程朱理学为主,即使拥有一定的灵活性,也很难改弦易辙以宣传异说。但私人讲学却可不受此限制,合者则来,不合则去,不受地域或场所的限制,可以肆意宣传己说。据邓洪波《中国书院史(增订版)》统计,明代 1962 所书院之中,福建新建书院 136 所,全国排名第四;重建书院 44 所,全国排名第二;总数量 180所,全国排名第三。若以朝代为纲,"从总体上看,明代书院的时间分布

<hr />

① 《雩都县志》卷之九,清康熙元年(1662)刻本,第 8 页。

② 《漳州府志》卷之三十一"名宦",明万历元年(1573)刻本,第 8 页。

③ 聂豹撰,王传龙校点《双江聂先生文集》卷五《重修养正书院记》,收入《儒藏(精华编)》第 258 册,北京:北京大学出版社,2017 年,第 424 页。

④ 陈建《学蔀通辨》前编卷下,明嘉靖刻本。

是前期很少,中间大量集中,在正、嘉、隆、万四朝形成高潮,后期较少,但比前期热闹"。① 明代书院讲学兴盛的时间,与阳明心学的崛起时间大致同时,而福建书院总数量名列前三,必然也会大幅度地参与其中。前来福建讲学的阳明门人主要有罗洪先、邹守益、王畿、李材、罗汝芳等人,而以王畿与李材的影响最大。《明儒学案》称王畿"林下四十余年,无日不讲学,自两都及吴、楚、闽、越、江、浙皆有讲舍,莫不以先生为宗盟"。② 盖阳明门人之中最热衷于讲学、持续时间最久者,当属钱德洪(号绪山)与王畿(号龙溪)二人,而此二人也分别代表了阳明心学的两种路线:"省察克制"的向下一路与"到底是空"的向上一路。王畿的讲学宗旨更为近禅,也与朱子学的矛盾更激烈,故而也给阳明心学在福建的传播平添了很多阻力。据《三山丽泽录》序言,王畿于嘉靖三十六年(1557)应王慎中之邀入闽,相会于三山,"出则连舆,入则并席,日则间与可峰及诸君子相聚处,更文互答,以尽切劘之益,夜则相与宴息深坐,究阐旧学,并证新功"。③ 王畿的这次讲学对话被结集为《三山丽泽录》,"用致赠处,以就正于大方,且征他日再会之期",④今传世刊本亦有《龙溪王先生会语》所收本、《王龙溪先生全集》所收本等数种,内容略有差异。王慎中称"失其统而为学者,其端有二,曰俗与禅",王畿则认为"今日所病却不在此,惟在于俗耳。先师有云:'世之人苟有究心虚寂,学道德、性命而不流于俗者-虽其陷于老、释之偏,尤将以为贤。'盖其心求以自得也"。这段引文出自《龙溪王先生会语》所收之《三山丽泽录》,而在十几年后刊行的《王龙溪先生全集》所收本中,却删去了王畿所引之先师(王守仁)语,其用意颇可玩味。依王守仁、王畿之见解,俗儒之病在于其心不能求以自得,为害儒学要远胜于老、佛。阳明心学的"向上一路"与禅宗体系的相似性,就连王守仁本人也无法否认,称二者的差异"惟在于几微毫厘之间而已"。⑤ 王畿于日间会讲之余,夜间又"相与宴息深坐",其模式更加接近于禅修。王畿作有《调息法》一文,其

① 邓洪波《中国书院史(增订版)》,武汉:武汉大学出版社,2012 年,第 277、283 页。
② 黄宗羲著,沈芝盈点校《明儒学案》,北京:中华书局,2008 年,第 237 页。
③ 王畿撰,吴震编校整理《王畿集》,南京:凤凰出版社,2007 年,第 696～697 页。
④ 王畿撰,吴震编校整理《王畿集》,南京:凤凰出版社,2007 年,第 697 页。
⑤ 阳明曾多次宣布此义,如:"释氏之学,亦自有同于吾儒,而不害其为异者,惟在于几微毫厘之间而已。亦何必讳于其同而遂不敢以言,扭于其异而遂不以察之乎?"又如:"大抵二氏之学,其妙与圣人只有毫厘之间。"

内容与佛教天台宗智颛的《修习止观坐禅法要·调和第四》存在大面积文字雷同，沿袭的痕迹相当明显，①而二者的最初源头则为佛教的"安般守意"法门。王畿将阳明心学的"向上一路"传入福建，不仅亲自率领学者调息宴坐，又将讲学会语散发赠送，大幅度削弱了当地的朱子学影响。参与讲习者之中，王慎中自蔡清之学入门，又求教于聂豹、王畿两人，学问较少门户之见，这种经历也让他成为沟通朱子学与阳明学的枢纽性人物。王慎中的交友面极广，同一时期倾向于阳明心学，而又未能直接求学于王守仁及其门人的福建学者，大多都受过王慎中的点拨与熏陶，这不能不说是王畿讲学之旅的最大收获。不仅如此，王畿在自己家乡所收的弟子，也在仕宦福建时继续传播着阳明心学的"向上一路"。以施仁为例，"选授绍兴司训，王龙溪畿，其邑人也，时过从论说，宗良知之旨。已转谕建安，与诸士会水西观，以实修相砥。所梓有《建安兴学录》《复古议》《太上感应篇》《八事图说》，无非诱翼人心，还古之道"。②又如王畿、罗汝芳（号近溪）的门人周汝登，③其宗旨更为近禅，晚年乃直接以佛教居士自居，而撰写《道南一脉》的福建同安人黄文焰，却恰是周汝登的弟子。《道南一脉》本为弘扬朱子学脉而作，但其中却兼取阳明心学，也不避讳朱子学者与阳明学者的交往事迹，盖与黄文焰的师门立场有关。据《道南一脉》记载，朱成文为朱熹裔孙，"令于潜，有善政，时时会王龙溪。厥后龙溪访之于武夷，罗近溪自旴来会剑津，相与发明姚江学脉，津津乎有味其言之也"。④ 朱成文身份特殊，其家学正统地位自无可疑，如此学者却倾心于阳明心学，由此亦可见王畿及罗汝芳讲学之影响。

---

① 关于王畿《调息法》与智颛的《修习止观坐禅法要·调和第四》文字雷同之事，前辈学者已有所叙及，而观点仍有所分歧。或认为王畿对个别字词有所改易，是除佛教外尚有兼受道教影响之痕迹。详情可参看林惠胜《试论王龙溪"三教合一"说——以〈调息说〉为例》，《中国学术季刊》1993 年第 14 期，第 161～179 页；彭国翔《王畿与佛教》，《台大历史学报》2002 年第 29 期，第 29～61 页。

② 李清馥著，何乃川、李秉乾点校《闽中理学渊源考》，北京：商务印书馆，2018 年，第 556 页。

③ 万斯同《儒林宗派》将周汝登划归王畿门下，而《明儒学案》谓周汝登"供近溪像，节日必祭，事之终身"，归之于泰州学派，《明史·儒林传》亦从之。荒木见悟、彭国翔等学者对周汝登的师承归属问题有所争论，但周汝登兼取王畿、罗汝芳二家则当属事实。

④ 黄文焰《道南一脉》卷七，日本内阁文库藏旧写本，第 16～17 页。

王畿讲学于闽前后不足一月,故影响局限于三山一地,又集中于王慎中等好友之间,加之阳明心学的"向上一路"特别需要高明者自行体悟,故而无法深入民众。相较之下,李材在福建的讲学活动不仅涉及的地域更广,持续时间更为持久,受影响的民众也数量更多。《明史》谓李材"素从邹守益讲学。自以学未成,乞假归。访唐枢、王畿、钱德洪,与问难",[①]然则李材亦可视作王畿之弟子。黄宗羲《明儒学案》单列《止修学案》,称李材"学致良知之学,已稍变其说,谓:'致知者,致其知体。良知者,发而不加其本体之知,非知体也。'已变为性觉之说。久之,喟然曰:'总是鼠迁穴中,未离窠臼也。'于是拈'止修'两字,以为得孔、曾之真传"。[②]李材虽然是阳明学者,但因为改变了王守仁对"良知"的定义,又创立了自己的讲学话头"止修",故黄宗羲并未将其归入王门学案。但以今日之学术观点来看,李材的"止修"体系只是对良知学的创新,并未完全超出阳明心学的范畴,应属阳明学的修正主义者。李材反对良知无所不知、无所不照的说法,也并不承认良知是性之本体,其实质是反对良知的具足性、本体性,希望在致良知之外再加格致之功,以体悟仁义之本性。李材认为王守仁之言论是为了破除求仁于外的弊病而不得已为之,自己的止修体系则恰可挽救阳明学之弊端,故所讲学之处多以宗师自居,颇能招揽信众,影响亦极大。李材在入闽之前,福建瓯宁人腾汝爱已委质受学,并将所得汇集为《道南别卷》,称"愿载先生之学而与之俱南",乃比之于杨时南传二程之洛学,实在褒奖过誉,而李材闻之跃然,谓"壮哉汝爱!果能载此学而与之俱南乎?吾有望矣,吾有望矣",[③]竟居之不疑,为题卷端。李材为官所至,辄聚徒讲学,至抚治郧阳时,遣部卒供生徒役,又改参将公署为学宫,乃激起将卒哗变,论罪下诏狱。《明史》云:"(李材)系狱时,就问者不绝。至戍所,学徒益众。许孚远方巡抚福建,日相过从,材以此忘羁旅。"[④]李材出狱后编戍漳州,"沿途迎慰者、修贽者接踵,未免留滞",福建巡抚许孚远迎于郊外,见其排场太奢侈,出语规劝,"李怒形于色,许解其意,且恐伤久要,乃择最敞公署与寓,命文武官旦晚巡捕,一如抚台体例。李每日放衙二

---

① 张廷玉等《明史》,北京:中华书局,1974年,第5955页。

② 黄宗羲著,沈芝盈点校《明儒学案》,北京:中华书局,2008年,第667页。

③ 李材《观我堂摘稿》卷十二《书腾汝爱别卷》,日本内阁文库藏明万历刊本,第10页。

④ 张廷玉等《明史》,北京:中华书局,1974年,第5958页。

次，通接宾客，收发文书，但不鼓吹举炮耳"，①其排场之大可以想见。王畿谓"见罗之学似得其大，但果于自信，未能以虚受人，不免尚从气魄盖过"，②可谓恰中李材（号见罗）之病。李材讲学特重地位与声势，此两项皆足以眩人耳目，故慕名来学之士络绎不绝。李材居闽讲学多年，大者如在建宁有城西之会，福州有西禅寺之会，莆田有南禅之会，泉州有南岳之会，同安有大轮驿之会，在泉州府、漳州府交界的深青驿有夕阳寺之会，漳州有南山之会及镇海之会等。③另据康熙《漳州府志》记载："至漳，自郡邑大夫下逮子衿，咸执弟子礼焉。于巡抚敬庵许公、督学匡岳徐公称师友，修改道原堂为讲学书院。所传语录甚多，无非反复开明修身为本也。……今海内论学者，率以见罗先生为宗。"④李材讲学的影响力如此之大，除却个人魅力之外，一方面是巡抚许孚远的全力支持，虽不求其学者亦欲附其势，是以"文武奔附如狂，于是有'一省两巡抚'之谣"；⑤另一方面，"止修"体系删削了阳明心学中最创新的部分，是向传统儒学的一种倒退，但也因此更适合从朱子学入门的学者接受。理学皆以修身为本，修身则以格物致知为先，这是《大学》原文确立的为学次序，而阳明学与朱子学的焦点分歧，就是在"格致"方法论上的分歧。《见罗李先生经正录》云："吾学未尝不贵虚，未尝不贵寂，只以修身为本，一切皆为实体；未尝不致知，未尝不格物，只以修身为本，一切皆为实功。……虚寂是性之本色，格致是修之用神。"⑥李材强调修身，而修身以知止为先，既强调向内修身，又未放弃外在约束，巧妙避开了争论，与朱子学的三纲领、八条目没有本质冲突。同时，李材又时常谈论"良知"，对阳明心学并未一味贬低，而是更强调其救时之弊、不得不如此的苦衷，从而消除了大部分阳明学者的敌意。即使是最严苛的阳明学者，譬如黄宗羲之流，也从未将李材视为离经叛道者，对他的不满反而不如对王畿、王艮那样强烈。李材在福建讲学期间还频繁刊行自

① 沈德符《万历野获编》卷二十二《李见罗中丞》，清道光七年（1827）姚氏刻同治八年（1869）补修本。

② 王畿撰，吴震编校整理《王畿集》，南京：凤凰出版社，2007 年，第 475 页。

③ 刘勇《中晚明士人的讲学活动与学派建构》，北京：商务印书馆，2015 年，第 236 页。

④ 康熙《漳州府志》卷之二十四《人物》，清康熙五十四年（1715）刻本，第 21～22 页。

⑤ 沈德符《万历野获编》卷二十二《许中丞》，清道光七年（1827）姚氏刻同治八年（1869）补修本。

⑥ 李材《见罗李先生经正录》卷一，明万历间刊本，第 8～9 页。

己的著作,譬如《兵政纪略》《教学录》《大学约言》《见罗李先生经正录》《哲范》《鞭后卮言》《日鉴篇》等,此外还有《知本治规》《孝经疏义》等辑编类著作,这些书籍的发行无疑进一步扩大了其学说的影响力。

概言之,来福建为宦与讲学的外地学者是传播阳明心学的主力军,但他们并非一时俱至,也没有统筹安排,甚至彼此之间的学问宗旨也不尽一致。各种派系的阳明心学渐次输入福建,但彼此在权威性上难分高下,又缺乏宗师级的人物居中判定是非,故福建始终没有形成阳明心学的正宗谱系。为宦者虽可凭借世俗权力庇护、倡导阳明心学,但不便亲自下场对官学诸生大力宣讲,因为官方正统只能是朱子学,科举取士皆以此为准绳;王畿、李材两人讲学于福建,其影响虽大,但皆修正了王守仁的本旨,故受到其他阳明学者的非议,也无法代表阳明正宗。相对而言,江西、浙江、贵州等地的阳明学传承不绝,是因为这些省份皆是王守仁的讲学之处,即便门人派系有别,但都曾亲聆师教,有共同的认可标准与求正途径,不至于相互排斥,也不会形同陌路。而福建的阳明学传承则缺乏权威人物,只能各自为战,同时还要对抗当地浓厚的朱子学传承,因而往往后继乏力,授受谱系难以延续。是以笔者主张,黄宗羲《明儒学案》称"闽中自子莘以外无著者焉",乃仅据授受谱系而言,而并非福建明代无著名的阳明学者。

以上两种模式皆较为直接,更容易被其他阳明学者所认可,但在福建却并未成为主流,也缺少杰出而闻名的代表人物。第三种"闽地士人通过阅读《传习录》等阳明学著作,自行体悟阳明心学"的模式,虽然很难被归入阳明学的授受谱系,但时间跨度更长,学者人数更多,其中若干学者不仅才华可称,而且影响力已超出福建一地,具备了跨地域乃至跨国别的影响力。需要强调的是,此类学者各地皆有,并不局限于福建一地,亦不局限于心学体系,譬如胡宗宪《阳明先生批武经序》云:"余诸生时,辄艳慕阳明先生理学勋名,前无古,后无今,恨不得生先生之乡,游先生之门,执鞭弭以相从也。……龙川公出《武经》一编相示,以为此先生手泽存焉。……退食丙夜读之,觉先生之教我者不啻面命而耳提也。"[1]胡宗宪早年所艳慕者为阳明心学,而阅读王守仁的《武经》批注所获者则为兵法。胡宗宪为南直隶徽州府绩溪县人,类似的情形并非

① 吴光、钱明、董平、姚延福编校《王阳明全集(新编本)》,杭州:浙江古籍出版社,2010年,第2122页。

个案,盖王守仁立德、立功、立言皆有可称者,故后人所师法之处各不相同。福建自宋至明皆是国内首屈一指的刻书中心,阳明学典籍在闽地刊刻便利又流行极广,这也让自行阅读体悟的模式具有了坚实的物质基础。此类学者在福建数量庞大,但却很难具体考证,甚至许多人只是在某个阶段受到了相关典籍的影响,并不等于终身信奉阳明心学。明代福建此类学者较著名者有黄道周、俞大猷、李贽等人。泉州人俞大猷(号虚江)与胡宗宪类似,身为抗倭名将,所得亦多在兵法,王畿《与俞虚江》告以王守仁谈论用兵之语,又谓其"运谋出虑若可与先师并驾而驰""吾丈素信先师之学"云云,①据此可证。漳州人黄道周为明末名臣,所撰《王文成公碑》一文称颂王守仁建置平和县之政绩,《王文成公集序》一文又称"今读四明先生所为《集要》三部,反复于理学、经济、文章之际"云云,②可知其所得多在王守仁的经世济用之处。泉州人李贽是明末王学左派的宗师级人物,据其所撰《阳明先生道学钞序》一文称"余旧录有先生年谱,以先生书多不便携持,故取谱之繁者删之,而录其节要,庶可挟之以行游也。……而明贡书屋有《王先生全书》,既已开卷,如何释手?……即令汪本钶校录先生全书,而余专一手钞年谱",《阳明先生年谱后语》又称"年逋四十,为友人李逢阳、徐用检所诱,告我龙溪先生语,示我阳明先生书,乃知得道真人不死"云云,③可知其通过阅读典籍以体悟阳明心学之历程,而其所得皆在学术。凡此类自行体悟者,优势在于无各派门户束缚,不拘泥于前人见解,缺点则在于无师辈提点,易流入狂放恣肆、师心自用。李贽将自行体悟发挥到极致,不仅毫不怀疑自己所悟之心学符合阳明主旨,而且上溯孔孟,反对后世对孔子神格化的解读,认为俗儒们已经迷失了孔子的本意,"咸以孔子之是非为是非,故未尝有是非耳"。④ 李贽企图以一种背叛传统的姿态,实现对心目中先秦儒学正统的回归,但这种师心自用的方式,注定难以被同时的学者所接受。当世目李贽为狂悖小人,称其"以孔子之是非为不足据",⑤最终都察院左都

---

① 王畿撰,吴震编校整理《王畿集》,南京:凤凰出版社,2007年,第302页。
② 吴光、钱明、董平、姚延福编校《王阳明全集(新编本)》,杭州:浙江古籍出版社,2010年,第2131页。
③ 吴光、钱明、董平、姚延福编校《王阳明全集(新编本)》,杭州:浙江古籍出版社,2010年,第2118~2119页。
④ 李贽《李温陵集》卷十四《藏书纪传总论》,明刻本。
⑤ 黄汝成《日知录集释》卷十八"李贽"条,清道光西溪草庐刻本。

御史温纯、礼科给事中张问达上疏奏劾李贽,朝廷以"敢倡乱道,惑世诬民"的罪名逮系李贽入狱,其著作也被通令焚毁。清代四库馆臣犹谓李贽之书"抨击孔子,另立褒贬,凡千古相传之善恶,无不颠倒易位",[①]则其引发的社会抨击的激烈程度可以想见。李贽的学术价值虽然在近代之后被重新认识,但若置身晚明之时,此类学者非但不能代表阳明学正统,反而还为阳明学招致了过多的敌意与攻击。明朝灭亡后,剧烈的社会动荡令中土的儒家学者遭受巨大震动。他们在总结明亡的教训时,往往将矛头指向王学末流之流弊,进而由流溯源,开始唾弃王守仁的阳明心学。如王夫之所称:"白沙起而厌弃之,然而遂启姚江王氏阳儒阴释、诬圣之邪说。其究也,为刑戮之民,为阉贼之党,皆争附焉,而以充其无善无恶、圆融理事之狂妄,流害以相激而相成,则中道不立、矫枉过正有以启之也。"[②]王夫之所谓"无善无恶、圆融理事之狂妄",王畿、李贽等人恐难逃其责焉。明末清初对王学左派的"空疏不学"的激烈批判,又推动了对程朱理学的再次回归,进而影响到了有清一代的学术风尚。

第三节　福建朱子学者对阳明学的
质疑与抨击

自从朱熹编纂《伊洛渊源录》之后,这类强调理学传承谱系的著作一直在福建后继有人,譬如《考亭渊源录》《道南一脉》《道南原委》《八闽理学源流》《闽南道学源流》《闽中理学渊源考》等。福建是闽学发源地,朱子学者数量众多,所以既有资格续写理学谱系,也有能力支撑理学谱系。此类著作的意图在于弘扬朱子正学,将一概"异端"学说排除在外,同时挖掘朱子学者群体间的联系。阳明学早期输入闽地时,"闽粤间拘曲之士,徒以积习之见,据风闻之言,辄肆排诋,几于病狂",[③]情况不容乐观。但随着阳明学传播的日益深入,所影响到的朱子学者越来越多,学术气势越来越盛,其触角也开始延伸至理学谱系著作。早期的理学

---

① 纪昀总纂《四库全书总目提要》,石家庄:河北人民出版社,2000年,第1387页。
② 王夫之《张子正蒙注·序论》,载《船山全书》第十二册,长沙:岳麓书社,1992年,第10页。
③ 张元忭《张阳和先生不二斋文选》卷三《答许敬庵》,明万历三十年(1602)刊本,第37页。

谱系著作不入阳明学者,一是因为取材较严,凡学术可疑者、缺乏授受者皆摒弃在外;二是大部分著作成书时,阳明心学尚未建立,根本无从叙及。随着朱陆同一的风气盛行,授受次第的绵延中断,理学谱系著作也呈现出博取求多与学术变异的倾向。薛应旂重梓《考亭渊源录》,倡导"道本一致,学不容二"之论,虽然持名为朱陆同一,实则由陆而王,不乏为阳明学张本之意。黄文炤撰《道南一脉》,则不仅强调朱陆同一,而且公开褒奖王守仁所编《朱子晚年定论》,叙述朱子学者与阳明学者的交往事迹,也从侧面映衬出阳明学的渗透程度在扩大。至黄宗羲编撰《明儒学案》时,则已然反客为主,改以阳明学者为主导,而兼及朱子学者及其他派系,其中又侧重与阳明学者有所交往者。《明儒学案》共六十二卷,罗列明儒两百余名,按各家学术宗旨设立学案,如崇仁学案、白沙学案、姚江学案等等,有所授受者、学术倾向接近者则归入一类。黄宗羲师承刘宗周,刘宗周溯源王守仁,黄宗羲述王门学案二十卷,另有源出王门的泰州学案五卷,约占全书的三分之一,可佐证其宗主之倾向。至黄宗羲的门人万斯同编撰《儒林宗派》,几不再有门户之见,程、朱、陆、王诸儒一视同仁,《四库全书总目提要》称此书"凡汉后唐前传经之儒,一一具列。除排挤之私,以消朋党。其持论独为平允……较之学统、学案诸书,则可谓涮除锢习,无畛域之见矣"。① 自宋末至明末,理学谱系类书籍的倾向变化,大致经历了程朱学为主、朱子学为主、朱子学为主但掺杂阳明学、阳明学为主、诸派并驾齐驱的一系列发展过程,这也与儒学的演变轨迹相吻合。

黄宗羲的《明儒学案》对阳明学者按地域分类,分类下以简洁之语对具体学者的思想提要钩玄,又兼顾到彼此主张的差异,并剪辑其著作、言语以证之,体系十分完备。但黄宗羲对福建籍的阳明学者缺乏了解,不仅《粤闽王门》中仅罗列马明衡一位福建学者,像陈杰、林达等阳明亲传门人均未提及,就连李贽亦未予立案,而《诸儒学案》中罗列反对阳明心学的学者,福建也仅有张岳一人。黄宗羲与当世的著名藏书家大多相交莫逆,自身阅读面极广,又信奉阳明心学,故《明儒学案》对福建状况的隔膜并非个案,而是代表了整个儒林的认知程度。黄宗羲的结论不仅影响了有清一代,而且蔓延至今,近现代学者在探讨阳明学者时,常常自觉或不自觉地忽略福建地区,似乎此地乃心学思潮所未能波

---

① 纪昀总纂《四库全书总目提要》,石家庄:河北人民出版社,2000年,第1600页。

及的荒漠之地。实际上,福建不仅存在着浓厚的阳明学氛围,而且与朱子学者间存在着争论与交锋。两种群体从接触到融合,中间相互排斥,最终彼此共存,也构成了明代福建儒学发展的主线。关于福建阳明学者的生存状况前文已述,而明确反对阳明心学的朱子学者亦非凤毛麟角,据笔者统计,除张岳之外,尚有方良永、李叔元、杨应诏、林希元、郑世威等人。

方良永(谥简肃)是莆田名臣,与王守仁相识甚久,与阳明门人蔡宗兖等也有所交往。尽管方良永称许王守仁平定叛乱的功绩,但对其创立的阳明心学并不赞同,《方简肃文集》收录与王守仁来往书信两封,未见有论学之语。方良永《寄都宪王阳明公》其一云:"三十年旧爱,曾不能一再通书问,谓其神驰心往,有出于寻常竿牍之外,非执事道谊相与,将不信也。"[①]味其语意,虽与王守仁相识三十年,但来往书问并不多,此信之中除却大量客套之语外,仅谈及平叛之后的善后事宜。但方良永并非不学之人,也并非对当世学术毫无见解,只是内心并不赞同阳明心学,故存而不论。据方良永所撰《狷斋记》云:"间有志于卫道者,又务为侊侗宏阔之论,出天入神,自谓超悟独到,而其语人也,以冥心默会为宗,曰'道在是',指圣人教人入道次第为钝根小子无用之学。人见其径之捷也,靡然从之。究其旨归,茫无依据,而施之于天下国家也,不偾则窒。其下者龊龊自守,牢立堤防,翦翦乎好修,孑孑乎异俗,斩斩乎其无敢堕窳,亦似矣,而中未必有。一临利害,仓皇色变,譬诸羊质虎皮,见豺而栗,奚取焉!"[②]从文中描述来看,方良永所批判的正是阳明心学的"向上一路",而直指其于天下国家有害无益。《明史》云:"(方良永)素善王守仁,而论学与之异。尝语人曰:'近世专言心学,自谓超悟独到,推其说以自附于象山,而上达于孔子。目贤圣教人次第为小子无用之学,程、朱而下无不受摈,而不知其入于妄。'"[③]《明史》之语与《狷斋记》类似,或同出一源,但亦可佐证这是方良永的一贯立场。方良永所批判的阳明心学的"向上一路",后来被王畿一脉所继承,但方良永之语乃为王守仁所发,而非王畿。今考王畿自嘉靖六年(1527)九月"天泉证道"之后,方经王守仁印可"四无说",而此年七月,朝廷起用方良永为总理

---

① 方良永《方简肃文集》卷九《寄都宪王阳明公》,清文渊阁《四库全书》本。

② 方良永《方简肃文集》卷五《狷斋记》,清文渊阁《四库全书》本。

③ 张廷玉等《明史》,北京:中华书局,1974年,第5312页。

粮储兼巡抚应天府等地,方良永兼程赶路,至衢州染病不起,遂疏请致仕,未报遽归,并于次年去世。从时间上推算,方良永接触王畿并听闻"四无说"的概率极低,而他与王守仁相识三十年,所谓"近世专言心学"云云,当为批评王守仁之语,盖因顾忌友人之情而隐晦其名尔。方良永是最早发现阳明心学"超悟独到"之中潜藏社会危害的学者之一,比清初学者集中批判王畿的"四无说"、王艮的"泰州学派"更早若干年,也从侧面反映出了其学术嗅觉的敏锐性。但王守仁后来平定战乱,功绩赫赫,方良永也不得不承认其贡献之大,称"执事平生抱负发于文章勋业者已岂乎具赡,而灭乱贼于方炽,植纲常于将坠,拯百万亿苍生于辛螫涂炭之中",①故而批判其学术空疏顿失立足之处。以今日之逻辑论之,王守仁之军功未必与学术相关,但在古人"经世济用"的思维惯性之下,很容易以心学为体、以军功为用,兼之王守仁本人亦宣称"用兵何术?但学问纯笃,养得此心不动,乃术尔",②更加深了这一错误印象。实则王守仁在龙场悟道之前已留心军事,既曾亲赴边疆查勘军情,又曾手批《武经》学习兵法,对于用兵之事并不陌生,这才是他统兵获胜的关键。所谓"养得此心不动",有助于冷静观察战争局势并做出准确判断,但并非只能以阳明心学来养,也并非心真能"不动",况且历史上许多良将并非儒士出身,从未听闻理学者也不在少数。方良永囿于所知,虽然感知到了阳明心学中的空疏气味,却无法准确辨识,故其批判亦不得力,在当时影响并不大。而方良永为王守仁好友,这一身份也在某些程度上限制了其批判的力度。

李叔元为晋江廉吏,是李聪(号木斋)的玄孙,而李聪是蔡清(谥文庄)的好友,又是蔡清弟子陈琛(号紫峰)的首位老师。据李叔元《陈紫峰先生年谱序》云:"闽理学浚发自蔡文庄,而紫峰陈先生翼之。叔元窃闻于家严曰:吾祖木斋,于文庄,友也;紫峰,师也。木斋以史官在告,紫峰禀学焉,时年二十矣。文庄以铨曹在告,紫峰禀学焉,时年二十五矣。前辈不立讲学门户,而渊源师友,非偶然也。"③蔡清与陈琛是福建朱子学的两位宗师,而李聪能担任陈琛之师长,蔡清又手标其所著《周易外

---

① 方良永《方简肃文集》卷九《寄都宪王阳明公》,清文渊阁《四库全书》本。

② 吴光、钱明、董平、姚延福编校《王阳明全集(新编本)》,杭州:浙江古籍出版社,2010年,第1498页。

③ 李叔元《鸡肋删》质部二,明崇祯刊本,第31~32页。

义发凡剔要》《史断》曰"大眼目也"，[①]其理学造诣可想而知。李叔元"自稍知章句，家君授以陈氏《浅说》诸书，且命之曰：紫峰先生之学得于吾祖木斋公及蔡虚斋先生，而仰溯乎紫阳，是闽学正派也"。[②] 李叔元幼年自陈琛《四书浅说》开蒙，二十五岁即考中进士，其长兄李伯元中举人，次兄李仲元亦中进士，兄弟三人俱有科名，足见其家学渊源一脉延续，相承有自。李叔元受父辈影响，以蔡清、陈琛一脉为"闽学正派"，这是福建朱子学者最常见的成长模式，也成为李叔元一生的坚持。李叔元所上《议谥揭》"议最上的应谥三员"，其一为陈琛，称"琛为文庄蔡清传心高弟，颖悟绝伦，精修自得，不立讲学门户，而高大精微皆根心实体……所著有《四书浅说》《周易通典》，由训诂而推明理性，洞彻本源，与蔡清之《蒙引》互相发明，海内奉为正鹄"；[③]其二为耿定力，称"定力与兄恭简定向自相师友，其学以求仁为宗，以善与人同为血脉……督闽学，名士尽入彀中，而因材陶铸，莫不蒸蒸濯濯"。[④] 陈琛是李聪、蔡清的弟子，所著《四书浅说》又是李叔元的启蒙读物；耿定力于万历十七年（1589）升任福建按察副使、督闽学，"下车即颁杨、罗、李、朱诸大儒微言以训士，录蔡文庄、陈布衣苗裔示风向"，[⑤]李叔元在万历十九年（1591）受业于耿定力门下，故对先师尤为推重。耿定力与兄长耿定向"自相师友"，而与李贽的学术宗旨不同，故耿定向一度与李贽反目成仇，耿定力则居中调停。李叔元转述耿定力晚年之语云："近谈学者骛入高玄，不求实际征验，如成己不能成物，明德不能新民，皆不反求诸己，此关系不小。盖愈切实，愈光大，非如世之课玄虚、腾口说者。"[⑥]耿定力之语当为王学左派所发，显然对阳明学的末流持反对立场，而此论也对李叔元影响极大。李叔元自述云："稍长·从学士大夫游，见当世所称理学者，大率尸祝姚江，土苴紫阳，若对垒然。……就使妙契画前，神游帝先，总

---

① 李清馥著，何乃川、李秉乾点校《闽中理学渊源考》，北京：商务印书馆，2018年，第673页。

② 李叔元《鸡肋删》质部二，明崇祯刊本，第30页。

③ 李叔元《鸡肋删》忠部一，明崇祯刊本，第55页。

④ 李叔元《鸡肋删》忠部一，明崇祯刊本，第56页。

⑤ 叶向高《苍霞续草》卷九《明正议大夫资治尹南京兵部右侍郎赠南京户部尚书叔台耿公墓志铭》，明万历刻本。

⑥ 李叔元《鸡肋删》文部三，明崇祯刊本，第31页。

为玩弄光景而无益乎身心性情之实,矧愈讲而愈失其真哉!"①李叔元此论展现出对当世盛行阳明心学的不满,而其攻击之处亦与耿定力类似,认为心学只是玩弄光景,而无实际征验。耿定力在提督闽学时,曾大力宣扬蔡清之学,而李叔元在担任山东学政时,也要求"说书必宗宋儒传注,行文必尚典实纯正,此自诸生本业……惟平日无看书工夫,则临文无中的手段,其势不得不掇拾新说,剽窃二氏唾余,以涂人耳目",②大有引领诸生反对阳明新说、重归朱子学之意。李叔元官至湖广左布政使,一生关心民间疾苦,倡言减免征发、平反冤案、改革科场,尤重政务实际,故对空谈学术之风颇为不满。但李叔元对阳明心学的批评仍属泛泛而论,其自身亦非热衷讲学之人,故对学术思辨无暇深入论及,影响也仅限于担任学政官之时。

建安人杨应诏以讲学著述为生,毕生宗主程朱理学,并编撰《闽南道学源流》以评定闽学正宗,而明代仅入选陈真晟(号漳南布衣)、蔡清两人,于当世少所推许。《闽南道学源流·凡例》称"闽南之学以朱子为主。朱子,吾闽道统之宗也",③而《五鹤谣》诗亦有"君看朱晦庵,万古其人龙"④之句,可见其宗主立场。杨应诏嘉靖十四年(1535)师从吕柟(号泾野)于南雍,《明儒学案》称"时甘泉、泾野诸公皆讲学,先生独契泾野,出其门下。归作道宗堂于华阳山中,祀濂溪以及泾野,动止必焚香禀命",⑤可见其终身信服吕柟之学。吕柟虽然宗法程朱,但不苟从世俗,于学术有独立见解,《明史》称"时天下言学者,不归王守仁则归湛若水,独守程、朱不变者,惟柟与罗钦顺云"。⑥ 吕柟教杨应诏"安贫改过"四字,谓"此吾儒学者日用用工至紧帖者,不安贫则心多累,不能力吾学;不改过则心日放,不能纯吾学",杨应诏领师言而服行之,云:"诏于吾师之道,敢有锱铢不信者耶!"⑦杨应诏潜心学术,坚守程朱理学"存天理,灭人欲"的模式,自称"二十余年来,不敢一稍涉此躯壳于大火之

---

① 李叔元《鸡肋删》质部二,明崇祯刊本,第 30 页。

② 李叔元《鸡肋删》质部二,明崇祯刊本,第 12～13 页。

③ 杨应诏《闽南道学源流·凡例》,明嘉靖四十三年(1564)建安杨氏华阳书院刊本,第 1 页。

④ 杨应诏《天游山人集》卷十,收入《北京图书馆古籍珍本丛刊》第 110 册,第 763 页。

⑤ 黄宗羲著,沈芝盈点校《明儒学案》,北京:中华书局,2008 年,第 154 页。

⑥ 张廷玉等《明史》,北京:中华书局,1974 年,第 7244 页。

⑦ 杨应诏《天游山人集》卷十二,收入《北京图书馆古籍珍本丛刊》第 110 册,第 781 页。

场，世之焦烂荧蛊一生者不必论"，"仆生平学，以不愧天为归的，一意于吾性分天理上体贴"。① 也正因躬行朱子学，杨应诏对一切"异端"学术皆有不满，不仅指斥白沙之学为空学、佛学，"与马钟阳论道不合而返，与王龙溪、章介庵辩论皆不合，又与罗近溪、何古林、唐荆川、陈明水、邹东廓讲，亦不契"。② 杨应诏《与章介庵辩朱陆书》云："明公中所引朱陆《道一编》及《朱子晚年定论》诸说，仆尤不以为然者。朱陆在宋为大儒，承濂溪、二程、横渠之后，其根极领要，继往开来者盖有所在。今不于其制心检行之本原道之一者而言，而只以其文词训述之绪余道之一者而论；不以平生之定志、定守、定力为说，而乃取其晚年区区不自满假之谈迁合谓之定论，是何诬朱陆之甚！"③ 杨应诏反对朱陆同一说，对王守仁所编《朱子晚年定论》大为不满，认为"朱陆之语不免各失之不平而过激焉耳"，④ 而书中所拣选者并非朱子学的本原之论，乃是厚污古人，由此亦可见杨应诏对阳明心学之态度。应当说，杨应诏的反驳恰中要害，《朱子晚年定论》的刻意取材，是预设立场之后的特别剪辑，导致其公正性严重受损，并不能代表朱熹的本意。杨应诏还与阳明门人陈明水、王畿、欧阳德、邹守益等人互通书信，探讨学术问题，虽不能尽合，要之亦有所警发。陈明水强调"慎独"之功，又在与王畿、钱德洪的信中批评"今之学者相习影响，谓惩忿窒欲为下乘，迁善改过为妄萌，动则率性从心，而不知狃其偏质，便其故习，而适遂非长过也"，与杨应诏的见解接近，故杨应诏《与陈明水书》谓"兄虽游阳明门，而议论却又与其徒异者"。⑤ 杨应诏认同陈明水的部分言论，只是因为这些言论异于阳明心学，却更贴近朱子学的观点。在《与陈明水书》中，杨应诏还强烈反对"工夫即本体"之说，云："今曰'工夫即本体'，'即'之一字得无所谓顿说耶？世之学者任智自私，下学'近里''著己'之功未致而妄意上达，嚣然自谓立于无过之境，当下即道，乃至认气为理，认知觉运动为性，并其夹

---

① 杨应诏《天游山人集》卷十一，收入《北京图书馆古籍珍本丛刊》第 110 册，第 770～771 页。
② 黄文焜《道南一脉》卷六，日本内阁文库藏旧写本，第 9 页。
③ 杨应诏《天游山人集》卷十二，收入《北京图书馆古籍珍本丛刊》第 110 册，第 785 页。
④ 杨应诏《天游山人集》卷十二，收入《北京图书馆古籍珍本丛刊》第 110 册，第 787 页。
⑤ 杨应诏《天游山人集》卷十三，收入《北京图书馆古籍珍本丛刊》第 110 册，第 798～799 页。

杂粗恶者为真源,此亦何异于浮屠家所谓认贼为子之喻?"①此语显然是对阳明心学而发,而所谓"认知觉运动为性",也与罗钦顺批判阳明心学的著名论断相吻合。王畿来福建讲学,宣称"学者只要个悟",杨应诏则反驳"不解辩吾道、禅说是非,不算作真悟";王畿又宣称"学者只要个真种子方得",杨应诏则反驳"不能透得声色、货利两关,不算作真种子",相与质难辩议者久之。② 杨应诏对当世的学术风气大为不满,在文集中多次痛斥,谓"今世之学者方于不当摆脱放下者而摆脱放下之,下学功夫一切不事,方自以为顿悟;于所当摆脱放下者不摆脱放下,潜滋暗长于其中,葛藤不断。世染之不去,习气之不除,唱为虚谈,方自以为养静,方自以为握玄牝,方自以为寡嗜虑。讨真心,日堕于习懒养亡焉而不觉",③又谓"今之讲学者无论矣! 其下者诗张口耳、筌蹄私利而已,其高者亦不过以意见为超悟、以易简为顿门,然究竟亦实是以虚名为务",④此等斥责之语亦多为阳明末流所发。但杨应诏并非对阳明心学的所有派系都不满,至少对江右王门一系的欧阳德、邹守益颇为尊敬。欧阳德在南雍时曾与杨应诏论学,而本人性格又谦虚好问、善与人交,即便已高居尚书之位,仍然热衷与各地学者讲论儒学。自南雍一别十年后,欧阳德去信询问隐居山中的杨应诏是否境界更有精进,杨应诏亦剖析心迹、自述所得以请教,并无争辩纠纷。欧阳德虽然是阳明学者,但创新之功少,守成之功多,注重躬行实践,反对佛老空寂,与邹守益都属于阳明心学中的"向下一路",与程朱理学较为接近。正因如此,吕柟才会向杨应诏推荐邹守益,杨应诏也因此归入了后者门下,在来往信函中皆称之为"余师""吾师",言辞间充满尊敬。邹守益指点杨应诏时,并未灌输良知学体系,而是援引二程语录,谈论慎独功夫,故杨应诏亦从中获益匪浅。杨应诏数十年间恪守朱子学,但门户之见太重,性格又稍嫌偏激,视学术创新为违背正学,对学术弊端痛心疾首,故而对阳明末流极为不满。杨应诏与方良永、李叔元不同,他从理学宗旨上批评阳明心学,其本质属于哲学辩论,而非方、李两人的泛泛而谈。但杨应诏对阳明学缺乏认识,甚至缺乏深入了解的兴趣,他批判的出发点只是

① 杨应诏《天游山人集》卷十三,收入《北京图书馆古籍珍本丛刊》第 110 册,第 798 页。
② 杨应诏《天游山人集》卷十三,收入《北京图书馆古籍珍本丛刊》第 110 册,第 799 页。
③ 杨应诏《天游山人集》卷十一,收入《北京图书馆古籍珍本丛刊》第 110 册,第 772 页。
④ 杨应诏《天游山人集》卷十一,收入《北京图书馆古籍珍本丛刊》第 110 册,第 776 页。

因为阳明学的路径与朱子学不合。由于提前默认了程朱理学的正确性，杨应诏在辩论之中常援引二程的言论，借以佐证自己的见解，似乎只要与之相悖即被证伪。正因如此，杨应诏对于阳明学的批评，并不能从良知体系出发指证，而只是不同体系间的排斥。

惠安人张岳（号净峰，谥襄惠）是阳明学批评者之中态度最激烈、行动最坚决的福建学者，不仅批评的时间最早，所产生的影响也最大。如果说杨应诏是依靠阐释程朱理学来抵制阳明心学，张岳则是依靠批评阳明心学来捍卫程朱理学，他不仅亲自造访王守仁论学，也与聂豹、邹守益、欧阳德等阳明门人有所论辩。骆日升《少保张襄惠公祠堂碑》云："当是时，致良知之学满天下，学士、大夫破旧闻而骤见本体，即以为解缚双脱矣，而独襄惠公弗是也。始见文成公，辩论往复，不肯诎。……盖当文成之世，为程朱氏左袒者，惟公与泰和整庵罗公两人而已。"①张岳逢阳明学名满天下之时，犹能坚持朱子学绝不动摇，反而与罗钦顺一起向阳明门派公开挑战，可谓持志之勇猛者。不仅如此，张岳还与陈琛（号紫峰）为同科进士，尽管最初只视陈琛为"今人中之有望者耳"，但随着阅历增长，逐渐意识到陈琛的学术价值，认为其"高识远韵，真所谓翔于千仞之表，回视今人，何啻千万无算也"，②显然是由于共同的学术宗旨而逐渐意识到了后者的价值。张岳《祭学宪陈紫峰文》云："某之交兄，实自丁丑京华雪夜，古寺疏灯，举觞相诲，无扣不鸣。兄惟我师，岂云其友？一别十年，尺书再通。"③正德十二年丁丑（1517）是两人考中进士的年份，盖两人赴京城应试，寓居古寺，因此相识相交。陈琛此时已投入蔡清门下五年之久，张岳钦佩陈琛的学术，至有"兄惟我师"之语，盖从其身上获益良多，也因此归向蔡清一脉。至于张岳造访王守仁的时间，共有三说：

其一，清李光地《榕村语录》云："张净峰极不服姚江，年廿五时，亲至其家与辩论。"④今按，"年廿五时"即正德十一年（1516），张岳尚未考中进士。此年王守仁在任南京鸿胪寺卿，至九月升都察院左佥都御史，巡抚南、赣、汀、漳等处地方，尽管王守仁一度欲辞疾返家，但圣旨严斥

---

① 骆日升《少保张襄惠公祠堂碑》，收入汪森《粤西文载》卷四十，清文渊阁《四库全书》本。
② 张岳《小山类稿选》卷八《与陈紫峰同年》，明万历刊本，第1页。
③ 张岳《小山类稿选》卷十五《祭学宪陈紫峰文》，明万历刊本，第13页。
④ 李光地《榕村语录》卷二十《诸子》，清文渊阁《四库全书》本。

第四章　阳明学的入闽与受挫

221

不得辞避迟误,因而他仅在杭州府暂留,并未返家讲学。张岳既不可能提前预知王守仁的官职变化,更不可能亲至其家与其辩论,故此说当可排除。

其二,明何乔远《名山藏》云:"(张岳)念母老,乞南,升武选员外。转祠祭郎,仍南。俄承重祖母及母忧,居家结草堂于其县之净峰,名山心精舍,益读书其中。此时王守仁新学甚盛,岳持程朱说,渡江与辩,居三日,不合。"①今按,张岳自南京祠祭郎任上返家丁忧,时间在嘉靖六年(1527,丁亥)。古人行事遵循礼法,闻凶讯返家,途中不便绕道耽搁,而服丧期间又需居家守制,不会离家远行。参核王守仁奏疏,他在嘉靖六年(1527)六月接到朝廷任命,总制两广军务,此后戎马倥偬,冒病平叛,并于次年病逝于途中。从时间与地点上推算,张岳不太可能于此期渡江赴绍兴,与王守仁论辩。又据张岳《与郭浅斋宪副》云:"泉中及鄙邑侍教累日,启益良多。……往岁谒阳明先生于绍兴,如知行、博约、精一等语俱蒙开示,反之愚心,尚未释然。"②郭持平(号浅斋)任福建提学副使自嘉靖六年(1527)始,至嘉靖九年(1530)已升任右参政。张岳与郭持平通信,而称"往岁谒阳明先生于绍兴"云云,可佐证谒见之事当发生在此前颇久。因此,《名山藏》之说当可排除。

其三,清李清馥《闽中理学渊源考》云:"行人时,过浙,渡江谒王文成,讲明德、亲民之旨。"③又据旧抄本《(康熙)惠安县志续补》云:"丐南便养,得南武选员外,进祠祭郎中。丁亥,复以艰归。时新建王氏良知学炽,岳向为行人,尝谒王于绍兴,与论精一、博约、知行之旨三日,不合。"④二书皆将谒见之事系于张岳任职行人之时,而《(康熙)惠安县志续补》行文与《名山藏》相类,惟多"岳向为行人"之句,标明下文为追叙之语。今按,嘉靖八年(1529)张岳居丧期间,受惠安知县莫尚简聘请纂修《惠安县志》,至万历三十九年(1611)黄士绅再次续补《惠安县志》。上述所引《(康熙)惠安县志续补》之语,即注明出自"黄士绅《续志》附卷之十二《进士志》"。而《名山藏》初刊于崇祯年间,此前虽有稿本流传,而稿本成书时间也要略晚于"黄士绅《续志》"。据此判断,《名山藏》很

①　何乔远《名山藏》卷七十八《张岳》,明崇祯刻本。
②　张岳《小山类稿选》卷六《与郭浅斋宪副》,明万历刊本,第1～2页。
③　李清馥著,何乃川、李秉乾点校《闽中理学渊源考》,北京:商务印书馆,2018年,第645页。
④　《(康熙)惠安县志续补》不分卷,旧钞本,第76页。

可能取材黄士绅之文,惟删减了"岳向为行人"一语,导致本为追叙之语,而被误系于丁忧之时。又按·张岳中进士之后初授行人,后因上谏明武宗而贬官南京国子监学正,至明世宗登基,又召复行人。张岳曾先后两次担任行人官职,但初授在京城,无须过浙,故"行人时,过浙"当在正德十六年(1521)起复之后。在第二次行人任上,因父亲去世,张岳返家丁父忧,至嘉靖四年(1525)冬服阕赴京,升右司副。今考张岳正德十六年(1521)五月自南京国子监学正起复行人,若过浙则属南辕北辙,兼之王守仁此年八月才疏乞便道归省,此前并不在绍兴,故双方相会的可能性不大。再考虑到奔丧时不便绕道问学,居丧之间又不远行,则张岳"渡江谒王文成",最可能发生在嘉靖四年(1525,乙酉)冬服阕返京之时。据张岳《赠王与乔南归序》云:"嘉靖乙酉冬,余北上京师,仙溪王君与乔将赴选铨曹,实与偕行。余尝入武夷,上幔亭峰,浮江达淮,沂泗汶,历齐鲁旧墟。"[1]按此,张岳是浮江北上,途中颇有余暇,与"过浙,渡江谒王文成"之语吻合。王守仁自正德十六年(1521)八月至嘉靖六年(1527)九月皆在绍兴家中讲学,此期因平定宁王之乱而闻名天下,前来绍兴问学者日众,"每临讲座,前后左右环坐而听者常不下数百人,送往迎来,月无虚日。至有在侍更岁,不能遍记其姓名者"。[2] 然则张岳服阕北上之时,正逢王守仁居家讲学之日,今《王阳明全集》中未载张岳问学之事,或正因人数太多而不及备载之故。

张岳谒见王守仁,其争论的焦点在于知行是否合一。王守仁主张知行合一,并长期以此作为讲学话头,故认为"明明德"与"亲民"本为一事,后人分为二事则失之;张岳反对知行合一,强调概念与次序上的分别,"明明德"只是个体修养,"亲民"则是经世济用。张岳坚持的是传统的经学逻辑,必须先明明德于己身,然后才可以推以亲民;即使已经下了明明德的工夫,也不等于是在亲民。王守仁声称"行之明觉精察处即是知,知之真切笃实处即是行",[3]其实是以本心之天理(良知)贯穿二者,无论明明德还是亲民,都必须赖此而行。知行合一虽然看似融合体用,实际上却是将"明明德"与"亲民"皆视作"用",二者在更本质的"体"

---

① 张岳《小山类稿选》卷十二《赠王与乔南归序》,明万历刊本,第 11 页。

② 吴光、钱明、董平、姚延福编校《王阳明全集(新编本)》,杭州:浙江古籍出版社,2010 年,第 129 页。

③ 吴光、钱明、董平、姚延福编校《王阳明全集(新编本)》,杭州:浙江古籍出版社,2010 年,第 1581 页。

上实现合一。知行合一是一柄双刃剑,因为本心之天理仍然需要依靠"知"去把握体悟,一旦错认则后患无穷,故王守仁又加一"良"字,谓只有心中之良知才符合本心之天理。王守仁批评张岳"只为旧说缠绕耳,非全放下,终难凑泊",①恰中其病,但若真"全放下"旧说,就等于背叛了传统的儒学体系,张岳并无此野心与魄力。站在传统儒学的立场上,张岳也看到了知行合一可能存在的弊端,云:"惟其曰知之真切处即是行,此分明是以知为行,其弊将使人张皇其虚空见解,不复知有践履,凡精神之所运用、机械之所横发,不论是非可否,皆自谓本心天理而居之不疑。其相唱和而为此者,皆气力足以济邪说者也,则亦何所不至哉!此事自关世运,不但讲论之异同而已。"②今按,王守仁并未"以知为行",而只认可"知之真切处"为行。所谓"知之真切处",即符合"本心天理"之知,亦即良知。此句本来无病,惟是否属于"知之真切处"仍需人心之知判断,而难免有私心杂念者认贼作父,将"知之非真切处"视为行。行之对错原有外在标准,若将此标准替换为内心尺度,的确有可能产生张岳所描述之弊端。张岳又云:"今之学者,差处正是认物为理,以人心为道心,以气质为天性,生心发事,纵横作用,而以'良知'二字饰之,此所以人欲横流。其祸不减于洪水猛兽者,此也!"③张岳将"以知为行"的弊端上升到关系世运的程度,已超越了单纯的学术是非,故终其一生,他都在全力地排斥阳明心学。江右原本是阳明心学的根据地之一,但张岳在担任江西提学佥事时,"后生喜新说而忽传注,诸老患之。净峰至,痛革其弊,士习为变,诸老快焉"。④ 所谓"新说"即指阳明心学,《福建通志》称张岳"改提学江西,江西尊王氏学,岳更约诸生薯蔡、程、朱之说",⑤即谓此事而言。

张岳为官清廉,不苟取百姓一物,在军事上又颇多建树,曾总督两广、湖广、贵州、四川等地军务,征讨僮民、苗民叛乱,皆获成功。《罪惟录》卷十九《武略诸臣列传·张岳传》云:"论曰:净峰武功,与王文成埒,

① 张岳《小山类稿选》卷六《与郭浅斋宪副》,明万历刊本,第 3 页。

② 张岳《小山类稿选》卷六《答参赞司马张甫川》,明万历刊本,第 12 页。

③ 张岳《小山类稿选》卷六《答黄泰泉太史》,明万历刊本,第 11 页。

④ 林希元《同安林次崖先生文集》卷八《赠张净峰郡守考绩序》,清乾隆十八年(1753)陈胪声诒燕堂刻本。

⑤ 何乔远《闽书》卷之八十九《英旧》,明崇祯刻本,第 24 页。

皆以讲学得之，似不足低昂其所守。"①张琴《重刊张襄惠公文集序》亦云："明世以儒臣建立功勋者，惟王阳明与公二人。阳明生擒逆濠，公屡平蛮峒，皆文人而知兵者也。"②正因为张岳的私德、武功、官品皆不在王守仁之下，所以他并不像其他缺乏功业的人那样仰望、艳羡后者，而是对其学术、人品都有所指摘。张岳《答廉州朱二守》云："阳明平生好为虚诞，彼盖大言以炫能于其徒尔。"③王守仁建功之后，门人弟子有神化师尊的倾向，其端倪实起于王守仁本身的神奇之语。钱德洪等人撰《阳明先生年谱》，宣称王守仁的修行已达到了未卜先知、神秘莫测的程度，王畿亦称："（阳明）乃始究心于老佛之学……自谓尝于静中，内照形躯如水晶宫，忘己忘物，忘天忘地，与虚空同体，光耀神奇，恍惚变幻，似欲言而忘其所以言，乃真境象也。"④王守仁类似的言语，属于宗教修行的主观体验，但落在张岳等传统儒家学者的耳中，自然会视作"好为虚诞"。邓元锡《皇明书·理学》称张岳"学以宋大儒程、朱为宗，尊信传注，出入以度，见一切谈说性命，皆指为'笼罩侗侗'，排之甚力"，⑤可谓描述得十分准确。相较于阳明心学向内心体认良知，张岳更看重礼法制度的外在约束，不仅自己"出入以度"，而且主张"六经之教，惟礼最切于学者之身"，⑥"故掇取孟子所论存养之功，与夫动作威仪之则，见于《曲礼》《少仪》诸篇，尤近易守者数条，列于草堂北壁，使诸弟子辈朝夕观诵，深体而服行之"。⑦张岳对于儒学理论几无发明，他一心想要恢复传统儒学"居敬穷理""以礼为教"的施教方式，"只就此威仪容貌、心体发用最亲切处，矜持收敛，令其节节入于规矩，则此心自无毫发顷刻得以走作间断，不期存而无不存矣。近时学者动言'本原头脑'，而忘夫检身密切之功，至其所谓头脑者，往往错认别有一物流行活动，可以把持玩弄，为贯通万事之实体。其于'敬'之一字，盖有视若徽纆桎梏，不肯一用功者，不知许多道理皆凝聚于此，舍此而别求本原头脑，其不为

---

① 查继佐《罪惟录》卷十九《张岳传》，《四部丛刊三编》景手稿本。
② 张琴《重刊张襄惠公文集序》，收入张岳著，林海权、徐启庭点校《小山类稿选》，福州：福建人民出版社，2000年，第412页。
③ 张岳《小山类稿选》卷八《与姚明山学士》，明万历刊本，第14页。
④ 王畿撰，吴震编校整理《王畿集》，南京：凤凰出版社，2007年，第33页。
⑤ 邓元锡《皇明书》卷三十七《理学》，明万历刻本。
⑥ 张岳《小山类稿选》卷十七《题薛氏四礼图后》，明万历刊本，第3页。
⑦ 张岳《小山类稿选》卷十八《草堂学则》，明万历刊本，第1页。

精神作用而流入于狂谲也者几希"。① 《草堂学则》的上述言论显然是针对阳明心学而发,盖张岳身上有一种捍卫正学的责任感,故一直视阳明心学为危害社会的邪说,动辄思有以辟之,如《答参赞司马张甬川》所述心迹:"其团合知行,混诚正于修齐治平,而以心字笼罩之,皆谩为大言者也,某之疑此久矣! 朋友间一二有志者皆相率而入于此,无可与开口者,又恐徒为论辩而未必有益,故于门下每倾心焉。"②

张岳不仅尊崇程朱理学以驳斥阳明心学,而且自宋而上溯,直追董仲舒的"天人感应"之说,呈现出明显的复古倾向。张岳《谏南巡疏》云:"臣闻之:天子者,天地之子也。天子弗克肖乎天地,则必出灾异以谴告之,不修德以回其怒,行且亡之矣。今也凶荒相仍,盗贼充斥,地震于下,龙斗于上,其所以儆戒陛下者至矣!"③张岳谏阻明武宗南巡,因此被下狱廷杖,可谓敢触龙鳞者,但其所使用的话语体系则颇为陈旧,几乎与汉代的奏疏如出一辙。类似的情形在明代已不多见,盖程朱理学用"天理"体系替代了"天人感应"体系,譬如程颢称"天人本无二,不必有合","有道有理,天人一也,更不分别",④早已抛弃了天人二元对立的感应模式。但张岳的学术并非得自师承渊源,而更多是自己读书所得,王慎中称其"平生嗜书,自少至老,未尝一日舍书以闲。其在兵间,卷不去手,潜思力索,弥久不倦,与'独观大意'所读之方异矣,故能笃信固守,不为异术小道所乱,而免于不纯之弊也"。⑤ 正是由于这种广泛而略嫌拘泥的阅读,让张岳不仅私淑蔡清一脉的朱子学,还接受了大量传统汉学的成分。换言之,福建朱子学者大多只是阅读朱熹《四书章句》、蔡清《易经蒙引》等有限的几种著作,不仅以此拾取功名,也作为自己学问的根基,但张岳的阅读面显然更广、更杂,这让他不仅局限于程朱理学著作,也同样看重汉儒的注疏。若再做一个对比,面对程朱理学在明代所暴露出的弊端,王守仁是希望用一种更高妙的哲学体系取而代之,故汲取佛老元素再加之个人体悟,最终开创了阳明心学,而张岳则强烈反对王守仁对程朱理学的改造与歪曲,更希望借助早期的、朴素的汉学元素以纠正。张岳固然坚持朱熹依据《大学》所概括出的"三纲

---

① 张岳《小山类稿选》卷十八《草堂学则》,明万历刊本,第12页。

② 张岳《小山类稿选》卷六《答参赞司马张甬川》,明万历刊本,第12页。

③ 张岳《小山类稿选》卷一《谏南巡疏》,明万历刊本,第6页。

④ 程颢、程颐《二程遗书》卷六、卷二上,清文渊阁《四库全书》本。

⑤ 张岳《小山类稿选》卷首《张净峰公文集序》,明万历刊本,第3页。

领八条目",但在每个具体类别的实施上,则更倾向于先秦庠序的人才培养模式。张岳云:"凡自古圣贤教人……初未有简径捷法可以直下顿悟,亦未尝使人安于支离浅陋如俗学之无用也。此学不明,鲜有不坐此二病者。"①所谓"简径捷法"对应阳明心学,所谓"支离浅陋"则对应明代庸俗化的朱子学。王守仁将"支离"视为朱子学自身的弊病,但张岳只承认"俗学"有此弊端,并不承认这是由朱子学所引发,故企图在施教方式上予以改变,《草堂学则》《杂言三十四条》即因此而制。张岳主张回归古之学校的立教之法,反对抛弃传统而另创新说,故《答聂双江巡按》云:"夫岂必于排摈旧说,直任胸臆所裁而谓之自得哉?……详读古人之书,而有得其浅深、详略之所存,意有未安,姑出己见为之说,期于明是理以养心而已矣,不在创意立说以骇人耳目也。有是心,而言又未或当,其自蔽也甚矣!"②张岳与阳明门人聂豹的辩论,说明他从本质上反对大幅创新,而只能接受有限度的再诠释,这也是他无法接受阳明心学的根本症结。

同安人林希元是张岳的好友,也与后者一样喜爱读书,并私淑蔡清之学。林希元自云"平生颇有书癖,不幸生长海滨,少不接中州文献,又遭家多难,年二十一始获就学。乡有先正蔡虚斋,竟不及游其门,终身为恨"。③ 林希元认为蔡清"有大功于朱子之门,以开后之学者","每恨不得与诸贤及先生之门,亲领其教音。盖尝闻风兴起,于先生之书潜心熟读,亦既有年,窃有以得其绪会之一二矣"。④ 由私淑蔡清而上溯朱熹,林希元称"朱子如百炼之金,陆子锻炼之功或未至","是见考亭之学,其得于天者优异诸人,谓非生而知之不可也",⑤可见其对朱子学之笃信服行。林希元所撰《易经存疑》亦固守朱熹《周易本义》,与蔡清的《易经蒙引》、陈琛的《四书浅说》并列,成为福建最流行的三种科举读物。林希元并非认为朱子之语全然正确,但也像张岳一样,只能接受细

---

① 张岳《小山类稿选》卷十八《杂言三十四条》,明万历刊本,第13页。

② 张岳《小山类稿选》卷六《答聂双江巡按》,明万历刊本,第6页。

③ 林希元《同安林次崖先生文集》卷五《与王蘷谷中丞书》,清乾隆十八年(1753)陈胪声诒燕堂刻本。

④ 林希元《同安林次崖先生文集》卷十四《南京国子祭酒虚斋蔡先生行状》,清乾隆十八年(1753)陈胪声诒燕堂刻本。

⑤ 林希元《同安林次崖先生文集》卷一《重刊大同集序》,清乾隆十八年(1753)陈胪声诒燕堂刻本。

微的修正,而强烈反对阳明心学颠覆性的解读。张岳对王守仁合"明明德"与"亲民"为一事大为不满,林希元亦称:"明德、亲民自是两事……阳明说道理乖戾处最多,然未有若此之甚者。……昔年阳明初讲道,一时学士无底蕴者群然趋之。或见招,元不惟不从,且力与之辩,然终不能回,或至平日相知反失和气。"①阳明心学合二为一的创新观点,明显违反了《大学》的本义与程朱的阐释,故张岳与林希元皆认为荒谬太甚。朱子解《大学》"至善"为"事理当然之极",王守仁批判朱子之解释,云:"于事事物物上求至善,却是义外也。至善是心之本体,只是明明德到至精至一处便是。"②林希元《彭城复马宗孔同年书》引王守仁之说而批云:"夫阳明之说蒙昧不通,厚诬圣贤,区区已不取。……阳明以朱子'事理当然之极'之语是认吾心之理为外物,非厚诬乎!今以曾子之释至善言之,曰:'为人君止于仁,为人臣止于敬。'夫君臣、父子之皆物也,释至善而语此。必如阳明之说,则曾子之释非义外乎?似此之类不能尽书,皆可以证阳明之说之谬也。"③林希元对于阳明心学自身的逻辑不感兴趣,他之所以批判"阳明之说之谬",是因为王守仁"厚诬圣贤",其阐释与朱子、曾子不符。王守仁自小立志做圣贤,方欲纠正和超越朱子、曾子等前辈,而张岳、林希元则立志学圣贤,并将朱子、曾子也视为圣贤,反对一切与之违背的言论,故双方凿枘不投。阳明心学大盛于世,林希元乃大为忧愤,意图辟除邪说以捍卫程朱理学。张岳改官江西提学佥事,林希元闻之喜而不寐,寄书云:"阳明之学近来盛行江右,吉安尤甚,此惟督学者能正之。前曾以语思献,竟置空言,今执事想不待予赘也。然今日事势,似非浅浅言语能救得,须大擦刮一番。"④不仅如此,林希元还向张岳推荐罗钦顺所作《困知记》,认为此书"于道理尽有发明处,其攻阳明处尤多,故刻之岭南。欲为作序,未及也,幸取视

① 林希元《同安林次崖先生文集》卷六《与林国博论格物大学问疑书》,清乾隆十八年(1753)陈胪声诒燕堂刻本。

② 吴光、钱明、董平、姚延福编校《王阳明全集(新编本)》,杭州:浙江古籍出版社,2010年,第2页。

③ 林希元《同安林次崖先生文集》卷五《彭城复马宗孔同年书》,清乾隆十八年(1753)陈胪声诒燕堂刻本。

④ 林希元《同安林次崖先生文集》卷五《与张净峰提学书》,清乾隆十八年(1753)陈胪声诒燕堂刻本。

之"。^① 张岳在任时果然大力排斥阳明心学,但不久后离任,林希元又寄信云:"今道术大为天下裂,江西又有一种新学,迷误后生,非有许大识见、力量莫之克。正闻执事做得方有条绪,中道而废,岂不重可恨!"^②需要强调的是,尽管林希元激烈反对阳明心学,但只停留在学术立场之争,而对王守仁本人的品行、才华都颇为钦佩,这点与张岳有明显差别。王守仁去世后,林希元撰《祭王阳明总制文》云:"曰予小子,承事此方,军国民谋,叨从末议。念幽明之永隔,悲再晤之无期。"^③按此可知,林希元因与王守仁共谋政事,双方也建立起了一定程度的友谊。

长乐人郑世威是一位净臣,也是一位宋代理学的信奉者,"其学一以濂洛为宗,取六籍及儒先语日诵绎之,录其精者独证于心,曰:'心严师为师,心直谅为友。展也宋儒,实获我私。'"^④从现存文献资料来看,郑世威本人对于讲学并不热衷,而更倾向于践履体认。在四川参政任上,郑世威"念分宜终螫己,投劾归。归而薪粲不赡,耕锄自力且十年";^⑤在刑部右侍郎任上,郑世威"引疾乞骸骨归,环堵萧然,薪粲不给食指,故少悉屏去,仅留二三苍头习耕者,躬为督作,灌畦种蔬,陶陶如也"。^⑥ 郑世威居官不贪,居贫自若,与空谈理学之辈大不相同。隆庆初,朝廷议王守仁从祀孔庙之事,郑世威明确反对:"王守仁,治世能臣也,谓其绍周程、宗孔孟,则平生庸德有不足矣!且其率天下径趋直行,使圣门讲学明理之功屏不用,将有毫厘差、千里失者。与守仁同时讲学者,泰和罗钦顺、惠安张岳,世称贤大夫,两相指击共谬,守仁辨,不能绌。盖守仁以名胜,钦顺、岳以实胜。实之与名,相去远矣!"^⑦郑世威认可王守仁的才华,但并不认可他开创的阳明心学,认为这只会给儒教带来危害。郑世威赞同罗钦顺、张岳对阳明心学的批评,并认为王守仁无力还击,盖以其学乃空谈取名,而缺乏实践之功。实际上,良知体系

---

① 林希元《同安林次崖先生文集》卷五《与张净峰提学书》,清乾隆十八年(1753)陈胪声诒燕堂刻本。

② 林希元《同安林次崖先生文集》卷五《与张净峰提学书二》,清乾隆十八年(1753)陈胪声诒燕堂刻本。

③ 吴光、钱明、董平、姚延福编校《王阳明全集(新编本)》,杭州:浙江古籍出版社,2010年,第2320页。

④ 何乔远《名山藏》卷八十一《臣林记》"郑世威"条,明崇祯刻本。

⑤ 何乔远《名山藏》卷八十一《臣林记》"郑世威"条,明崇祯刻本。

⑥ 过庭训《本朝分省人物考》卷之七十"郑世威"条,明天启刻本

⑦ 何乔远《名山藏》卷八十一《臣林记》"郑世威"条,明崇祯刻本。

通于内外，并未轻视外在践履，故王守仁云："吾所讲学，正在政务倥偬中，岂必聚徒而后为讲学耶?"①然而过多强调心性体悟，很容易导致王学末流沉空守寂、空谈光景，反不如程朱理学的向外格物更为踏实可持。郑世威不关心哲学体系是否逻辑自洽，也并不在乎体系间的境界高低，他只关心哪种学问便于躬行，对社会更为有益。郑世威反对王守仁入祀孔庙，是担心若阳明心学被确立为正学，后辈皆贪于心学的便捷省力，而不复下讲学明理之实功。

福建是朱子学的起源地与大本营，坚持旧说而反对阳明心学的学者基数庞大，然而受限于学力与官职，能够公开批判阳明心学之失者却并不多见。上文列举的几位著名学者，只是众多福建朱子学者中的代表人物，他们对阳明心学的学术弊端、社会危害等方面的担忧，很不幸最终都变成了现实。明末世风浇薄，士大夫群体寡廉鲜耻，趋炎附势，甚至卖主求荣，皆与社会道德体系的崩塌直接相关，而王学末流错认良知本性，将私心私欲视作天理自然，罪不可逭焉。

---

① 吴光、钱明、董平、姚延福编校《王阳明全集(新编本)》，杭州：浙江古籍出版社，2010 年，第 1310 页。

结语

理学的演变与儒学的归宿

阳明心学对程朱理学颠覆性的修正,是中国理学史中的重大问题,而观察这一事件在朱子学的起源地与大本营——福建的演变过程,对于探讨儒学的融合与嬗变格外重要,也可以为研究未来学术发展的模式提供参考。阳明心学是明代爆发的一次极大的哲学思潮,其产生的动荡与冲击甚至冲出国门,直接影响到日韩等国的政治格局,其余波直至今日仍然未熄。但就中国的学术环境判断,即便是在阳明心学的最巅峰时期,朝廷的儒学正统依旧是程朱理学,而始终没有发生改变。这一模式很类似古印度的佛教崛起,尽管在某一时期光彩夺目,甚至漂洋过海输入其他国家,但无论在之前还是之后,它都没有取代婆罗门教(印度教)的正统地位。究其根本,一种哲学是否成为正统,虽然要靠政治力量的认定和扶持,但能否为学者普遍信受才是基础和前提。否则,一旦背后的政治力量转移扶持的对象抑或政权更迭,原本的正统地位就可能会随之崩塌,再难恢复往日的荣光。程朱理学曾一度被南宋朝廷禁止,但很快就突破"伪学"禁令,随着宋理宗的褒扬而确立起了权威地位。元朝入主中原后,显然不需要顾忌宋朝皇帝的立场,甚至宋理宗本人的坟陵被杨琏真迦盗掘,头骨也被制作成嘎巴拉碗,充为贡品送入元朝皇宫,但元朝仍然选择了程朱理学作为正统,这显然只能通过学术自身的价值来解释,为何如此多的学者选择接受程朱理学而非其他体系。只有明白了这一点,才明白为何阳明心学无法替代程朱理学,二者之间的差距究竟存在于何处。

　　程朱理学的正统性,并不具有任何神圣的意义,而只是社会运转的合理化选择。阳明心学固然是对程朱理学的颠覆,但程朱理学也并非对孔子之道的原样继承,尽管在这两种哲学体系之中,孔子都被视作当然的圣人。考察孔子一生的轨迹,他心心念念的只是从政以实现自己的治国理念——推行仁政,而对纯学理性的哲学论辩不感兴趣,所谓"夫子之言性与天道,不可得而闻也"即谓此而言。孔子编纂六经,只是为弟子提供教学的参考资料,其中很难说存在任何整体性的哲学体系。即使在记叙孔子言行的《论语》中,也仅有一些支离破碎的名言警句,既未论及体认天理,也未牵扯格物工夫。孔子施教无类,品德培养只是其中一环,更重要的目的则在于培养一批精通礼、乐、射、御、书、数的中下层人才,以为政治服务。孔子从不认为自己是完美的,更不曾将自己视作圣人,而只是将自己定义为周公的追随者,甚至自嘲为政治上四处碰壁的"丧家之狗"。时至战国,儒家乃与墨家成为显学,跻身于九流十家之首。《韩非子·显学》云:"世之显学,儒、墨也。儒之所至,孔丘也。墨之所至,墨翟也。"尽管现代学者对于儒、墨为何成为显学有种种烦琐的分析,但笔者认为最直接的原因就是这两派拥有大批的人才,可以直接对政局产生影响。区别在于,儒家的人才是以六经为教材而自行培养,最终进入各国朝廷为其君主服务;墨家的人才则是由志趣相投的人员自愿加入,并成为独立于各诸侯国的第三方势力。秦始皇统一六国之后,墨家失去了存在的土壤,故迅速衰微,至汉景帝大肆诛杀游侠,墨家势力几乎尽绝。与之相对,儒家一部分进入秦朝效力,企图游说秦帝实行本派的治国理念,另一部分则继续在民间教授弟子,培养人才。焚书坑儒之后,秦朝颁行挟书律,诸派皆遭受重大损失,而儒家尤甚,中央的势力几乎被清除,人才皆散落于民间。秦朝奉行"以吏为师"的模式,致使原本中央庠序、地方乡校的教育模式毁坏殆尽,而具备比较成熟的私学模式的儒家则成为民间教育的主体。通过教育弟子以获取"束修"乃至酬金的方式,可以在民间维持儒家师长的生计,令其得以脱离农业生产,继续从事学术传承。

汉承秦制,不仅承袭了秦朝严苛的律令,也沿袭了礼仪、官制、教育等制度。汉高祖刘邦初入关中时,认为秦朝法律暴虐繁苛,一度"约法三章",但在平定天下之后,发现"三章之法不足以御奸,于是相国萧何捃摭秦法,取其宜于时者,作律九章"。[①]汉初的九章律全面因袭了秦律的六章律,又额外增添了户律、兴律和厩律三章,其中挟书、参夷、诽谤妖言、收孥相坐等苛法也一概保留,直到数帝之后才终于废除。汉初帝王、将相普遍文化修养不高,故崇尚道家"无为"思想,重用忠厚守成之人,对于选拔儒生从政不感兴趣。当时惟叔孙通、陆贾两人勉强可算是儒士参政的典型,盖叔孙通定礼仪,"自诸侯王以下莫不振恐肃敬",令汉高祖感慨"吾乃今日知为皇帝之贵也";[②]陆贾撰《新语》,"皆言君

---

① 班固《汉书·刑法志》,北京:中华书局,1962年,第1096页。
② 班固《汉书·叔孙通传》,北京:中华书局,1962年,第2128页。

臣政治得失,言可采行,事美足观",①故亦为汉高祖所深纳。但这种个案并不能代表汉高祖对儒学感兴趣,更不代表西汉初年欲施行仁政。汉初中下层官员以刀笔小吏负责具体事务,"及至孝景,不任儒",②"独任执法之吏治民",③而上层官员譬如曹参、石奋等大多起自军吏,不通文学,且痴迷于老庄的清静无为,④这就导致先秦时期活跃在政坛上的儒士阶层失去了参政的机会,人才也日益凋零。直至汉惠帝四年(前191)三月,"划挟书令,则儒者肆然讲授,经典寖兴",⑤民间的自发教育重新兴旺,新一代的人才开始逐渐长成。这批儒士研习的是先秦时期残留下来的文献,遵循的是尚未尽绝的师徒传承,也习染了先秦时期游走于列国以求仕的风气。汉初诸侯王享有很大的自主权力,既然中央朝廷的仕途几乎不对中下层开放,故游仕于各诸侯国,就成了儒士阶层最自然的选择。不同的诸侯王有不同的气质与喜好,所管辖的地域风土人情不同,所招揽和豢养的人才也各不相同,因而也就形成了一个个相对独立的学术中心。譬如吴王刘濞坐断东南,擅山海之利,又有政治野心,故枚乘、邹阳皆初仕于吴,待觉其有谋反意图而上书谏阻,既不见听则俱去;梁孝王刘武贵盛,喜豪杰谋略之士,故羊胜、公孙诡皆归之,而枚乘、邹阳亦自吴而至;河间献王刘德修学好古,"置客馆二十余区,以待学士",⑥"山东诸儒多从而游",⑦从而收藏并整理了大批的儒家经学文献;淮南王刘安喜好文辞方术,养士数千,苏非、李尚、左吴、陈由等"八公"接踵而至,乃至汇集众门客编著《淮南鸿烈》。换言之,汉初学术的发展模式,是以各个地方诸侯的区域为根据地,相对独立发展,逐渐延伸其影响力,最终影响到中央朝廷以及君主的个人喜好。这种由地方而至中央的路线,包含着不同风格、不同模式、不同意图的合力,也与政坛的角逐密不可分。这些以诸侯王为中心而聚集的儒士群体,主要是以一种谋臣的身份,直接参与日常管理与机密谋略:枚乘《上书谏吴王》是为劝阻吴王谋反而作,内称"忠臣不避重诛以直谏,则事无遗策,

---

① 王充著,陈蒲清点校《论衡》,长沙:岳麓书社,2006 年,第 366 页。
② 司马迁《史记·儒林外传》,北京:中华书局,1959 年,第 3592 页。
③ 班固《汉书·董仲舒传》,北京:中华书局,1962 年,第 2502 页。
④ 《史记·张丞相列传》:"自汉兴至孝文二十余年,会天下初定,将相公卿皆军吏。"
⑤ 欧阳修、宋祁《新唐书》,北京:中华书局.1975 年,第 5707 页。
⑥ 吕壮《西京杂记译注》,上海:上海三联书店,2018 年,第 229 页。
⑦ 班固《汉书·河间献王刘德传》,北京:中华书局,1962 年,第 2410 页。

功流万世。臣乘愿披腹心而效愚忠",①乃以社稷股肱之臣自比。羊胜、公孙诡辅佐梁孝王谋取太子之位,乃至谋划刺杀朝中袁盎等反对的大臣,是游士直接参与国政。淮南王"阴结宾客,拊循百姓,为畔逆事……积金钱赂遗郡国诸侯游士奇材。诸辩士为方略者,妄作妖言,谄谀王",②游士群体无疑充当了谋逆帮凶的角色。山东诸儒协助河间献王整理周代礼乐文献,并将《周官》等书及雅乐献诸朝廷,显然有助化王政之意。诸侯王的野心与滥权很快引发了中央朝廷的警觉,至汉景帝削平吴、楚七国之乱后,各诸侯王开始趋向于谨小慎微,担心自己会成为下一个被清除的对象,故大规模养士已不是最佳的选择。"河间献王经术通明,积德累行,天下雄俊众儒皆归之",③但因向朝廷进献雅乐,结果一样遭到汉武帝猜忌,不得不抑郁而终,当时的政治氛围可见一斑。伴随着意在削藩的"推恩令"的实施,诸侯国的领土日益蹙缩,经济实力与文化凝聚力都在日趋下降,而与此同时,朝廷则更为频繁地采取对策取士的方式,在贤良方正科之外又增加了有道、敦朴、明阴阳灾异、孝廉等科,甚至由天子直接蒲车特征,以吸纳地方人才至中央为官。在这样的历史背景之下,儒士董仲舒因献上"天人三策"而受到汉武帝重用,他所倡导的儒家神秘化体系被确立为正统,孔子的地位也因而水涨船高,最后一步步被捧到了圣人的高度。

董仲舒的"天人感应"体系,是第一次尝试将儒家的思想碎片缝合为一种哲学,其中很可能还借鉴了阴阳家的若干元素。然而这一体系并非董仲舒个人的奇思妙想,而是迎合了整个社会的情感需求。逢灾异而策问吉凶,这是有汉一代最常见的对策动机,譬如汉文帝初次下令举贤良方正能直言极谏者,时间在登基后第二年(前178)的十一月晦日,原因是出现了被古人视为灾异的日食天象;汉文帝十五年(前165)夏再次策问,原因是"有异物之神见于成纪"。④ 在董仲舒献上"天人三策"之前,朝廷上下就已密切关注灾异、祥瑞等神秘化元素,并企图通过选拔相关人才来追问其背后的原理。西汉臣民将灾异视为上天所发出的信息,其心理感受要远比现代人强烈,而即使是面对同一灾异(譬如

---

① 班固《汉书·枚乘传》,北京:中华书局,1962年,第2359页。

② 司马迁《史记》,北京:中华书局,1959年,第3082页。

③ 司马迁撰,裴骃集解,司马贞索隐,张守节正义《史记》,上海:上海古籍出版社,2011年,第1628页。

④ 班固《汉书·郊祀志》,北京:中华书局,1962年,第1213页。

"日食"),不同人的解读与建议也各不相同,故迫切需要一种权威性的解读。董仲舒治《春秋公羊传》,此传中颇多神秘元素,与朝廷的需求恰好相近,因此,利用儒家的学术以搭建起一个宏观的体系,彻底解释清楚天降灵异的机制,就具有了可行性。董仲舒的政治投机大获成功,汉武帝最终改变了西汉初期崇尚无为的方针,"罢黜百家,独尊儒术",由朝廷设立五经博士,"为博士官置弟子五十人,复其身;第其高下,以补郎中、文学、掌故",①也令大批儒生由此获得了入仕的机会,"汉之得人,于兹为盛"。② 儒家一贯主张积极入世,又拥护天子权威,反对诸侯或陪臣执取国命,对于维护朝廷统治、限制藩国坐大方面颇有助益。皮锡瑞《经学历史》云:"武、宣之间,经学大昌,家数未分,纯正不杂,故其学极精而有用。以《禹贡》治河,以《洪范》察变,以《春秋》决狱,以三百五篇当谏书,治一经得一经之益也。"③在学术与政治尚未清晰分界的年代,儒学因此与朝廷的统治紧密结合,实用性与系统性皆凌驾于其他学术流派之上。

后人在阐释汉代经学时,往往将其定义为五经博士所传的注疏之学,清代学者更径称之为"汉学",以与程朱理学为代表的"宋学"并列。虽然注疏之学更利于学者把握六经的本义,但这一模式其实严重背离了孔子的精神原貌。孔子在教授弟子六经时,从来不注重阐释字句本义,而是希望借文献原文诠释背后的施政思想,即使这种自主发挥可能扭曲了本义。《论语·八佾》云:"子夏问曰:'巧笑倩兮,美目盼兮,素以为绚兮。何谓也?'子曰:'绘事后素。'曰:'礼后乎?'子曰:'起予者商也,始可与言诗已矣。'"《论语·学而》篇记叙孔子与子贡的对话,也与此相类,可佐证这是孔子教学的正常模式。孔子判断弟子是否可与讨论六经,其标准是弟子是否已超脱了原文,挖掘出了文句背后的哲理。孔子在讲学的过程中,或许也会解说词义,但绝不以解说词义为教学目的。孔子在判断弟子是否学有所成时,也常以他们可以担任的官职来衡量,可见儒家研读六经的意图只为了培养政治才能。汉代注疏之学以注释、敷陈经义为核心,弟子各守师法而轻易不敢越雷池一步,末流更编造谶纬图书以盲目抬高孔子,完全与先秦的儒学精神背离。反而

---

① 司马光《资治通鉴》,北京:线装书局,2007 年,第 139 页。
② 班固《汉书·兒宽传》,北京:中华书局,1962 年,第 2634 页。
③ 皮锡瑞《皮锡瑞集》,长沙:岳麓书社,2012 年,第 1156 页。

是担任具体官职、需要处理现实事务的某些官员,"以《禹贡》治河,以《洪范》察变,以《春秋》决狱,以三百五篇当谏书"云云,看似牵强附会、故弄玄虚,但却更接近孔子的施政精神,符合先秦儒家的原始教义。在孔子本身的学术逻辑中,只有主张推行仁政的内容,以道德感化为手段,却没有防止和惩治下层官员腐败和怠政的措施,也没有应对具体事务和工程的操作流程,是以在现实中不得不与具体的规章条文相结合。譬如"以《春秋》决狱",只是将《春秋》中处理事件的精神引入现实案例之中,针对具体的法律条文进行一定尺度的灵活性处理,却并非以《春秋》替代律法。"以《禹贡》治河"与此类似,通过《禹贡》了解山川、河流往日的地形和走势,有助于寻找旧河道,为现实中疏导河水提供便利,但《禹贡》本身并没有包含治河的措施。

孔子当年在政治上无法大展拳脚,因而被迫转向人才培育,但他始终希望有朝一日主持一国之政,所以培养的导向主要是政治型人才。推行仁政的人才,需要自身具备比较高的道德修养,以免堕落为有才无德、鱼肉乡民的官僚,是以孔子教育子夏"女为君子儒,无为小人儒"。先秦儒家具有强烈的为现实政治服务的意识,这点与汉代的注疏之学大不相同,也与宋代的程朱理学有本质差异。考察程朱理学一脉的缘起,自周敦颐至二程,经数传之后再至朱熹,其中并没有明显的为当世政治服务的忧患意识,而更倾向于个体的品德修行,以及对宇宙、人生的整体性领悟。换言之,周、程、朱等人所创建的理学体系,不再专为现实政治服务,而以实现个体的最高价值为目的,甚至在一定条件下,它完全可以脱离政治制度而独立存在。这并不等于说,程朱理学放弃了推行仁政的理念,只是由于宋代科举取士之风盛行,儒士获得了大量的入仕机会,不再是政治的旁观者,兼之宋代的法律制度较为完善,可操作性的空间不大,故理学家们更倾向于以"格君心之非"的模式来实现仁政理念。程朱理学受佛教影响颇深,而道安"不依国主,则法事难立"的弘法模式在后世大获成功,这似乎也感染到了理学家们,让他们转而将感化君主、获取信任作为施政的根基。在程朱理学的体系中,君主尽管掌握了最高的权力,但也只是个体之一,同样具有实现自我价值的需求,若能帮他加快这一过程,让他在道德上更加完善,则整个国家的政治将随之受益。胡安国进献《春秋传》,蔡抗进献《书集传》,真德秀进献《大学衍义》,诸如此类,皆因"念将开广于聪明,惟有发挥于经术,使吾君之心炳如白日,于天下之理洞若秋毫……愿益加止善之功,新以又新,更推作新民之化"。① 理学家同样也注释六经,但已抛弃了汉代注疏之法,改为阐发微言大义的章句之学,并希望以经术影响君主的品性。像周敦颐、二程、朱熹这一批学者,他们并不像孔子那样因为求仕不得而只能专心于学术,也不像后世因为应付科举而被迫钻研性理之学,而是主动地、自觉地想要创造一种更完善的理论体系,将侧重实用性的儒学转变为侧重思辨化的哲学。由于儒学的本来面目并非一种哲学,而程朱理学在创建的过程中,又不能脱离开儒家典籍,所以只能从广为民众信受的佛教、道教体系中汲取养分,对旧儒学进行有限度的改造。儒学在宋代早已牢牢占据了官方正统地位,是以新理学必须建立在旧学的基础之上,否则就会失去合法性,而儒家典籍虽然为新理学提供了素材,同样也平添了负累。程朱理学需要一位"立人极焉"的圣人,既证明圣人的真实存在,又以其作为学问最终的归宿,是以孔子本身并非圣人,却被置于圣人的位置,并以他的言论作为判定是非的标准。六经本为古代文献,但既然经"圣人"之手编纂,再通过儒学家的过度阐释,若干句子就可以引申出微言大义,以为新理学张本。尽管如此,六经本身产生的时代不同,内容主旨也不一致,实在不适合充作哲学架构,所以自二程开始,就转而以四书作为新理学的根基。惟《大学》《中庸》《孟子》皆非出自"圣人"之手,未能确保完美无瑕,理学家们只能批判性地使用,而《论语》中孔子对弟子们的日常点评,也因此被理学家视作对他们境界的定性,不仅要比较他们与"圣人"的差距,还要将不同的境界进行高低排序。程朱理学对典籍的这些哲理化解读,显然与朴素的汉代注疏之间存在矛盾,所以在后世演变为宋学与汉学之争,成为儒学的两大路线分歧。

阳明心学相对程朱理学而言,所受到的旧学束缚更小,但同样无法舍弃儒家典籍而全新建造体系。甚至为了与程朱理学对抗,阳明学者有时还需要援引汉代注疏以佐证己说,揭发程朱理学过度阐释之谬误。譬如《大学》"亲民"二字,程颐、朱熹皆改为"新民",朱熹称"今亲民云者,以文义推之则无理;新民云者,以传文考之则有据",②而王守仁刊行《大学古本》则恢复"亲民"二字,声称"《大学》旧本所谓亲民者,即'百

---

① 真德秀《西山先生真文忠公文集》卷第十六《进大学衍义表》,《四部丛刊初编》景明正德刊本。

② 朱熹《四书或问·大学或问》,清文渊阁《四库全书》本。

姓不亲'之'亲',凡亲贤乐利、与民同其好恶而为絜矩之道者是已。此所据以从旧本之意,非创为之说也","新民之意既与亲民不同,则明德之功自与新民为二。若知明明德以亲其民,而亲民以明其明德,而明德与亲民焉可析而为两乎? 先儒之说,是盖不知明德、亲民之本为一事,而认以为两事"。① 看似仅一字之差,但由于双方的哲学路线不同,最后导致的却是"明德"与"亲民"是否为一事的关键性分歧。这也不禁让人生疑,基于同一文本的两种哲学阐释为何差异如此之大,《大学》本文的真正含义后人是否还能准确把握。尽管如此,对儒家典籍的不同诠释,并不是阳明心学与程朱理学的根本差别。在程朱理学的体系中,尽管更强调个人的修养,但仍然为外在的政治服务留存了空间,"明明德"于个体之后,"新民"即是教化外在的百姓,所谓修身、齐家、治国、平天下盖依次而实践之;在阳明心学的体系中,"明明德"与"亲民"为一事,所谓"亲民以明其明德",则是将外在的政治活动(亲贤乐利、与民同其好恶等)也涵盖在内,一切都为了个人修养的完善而服务。阳明心学的"致良知"话头,虽然表面上是《孟子》"良知"与《大学》"致知"二者的融合,但由于实际内涵已彻底改变,更是对先秦儒家与程朱理学的颠覆。阳明心学主张每个人都应遵循先天的良知行动,只要不掺杂私意,一任良知流行,则一切行为都合乎天则。在"致良知"的体系之中,一切典籍注疏、经验知识、律令条文都是没有必要存在的,这些事物都可能掺杂个人私欲或不合理因素,无论在可靠性还是操作性上都远不如良知天则,后者不仅更为简便,而且永远正确。即便阳明学暂时肯定典籍注疏之类存在的合理性,也只是因为这些前人的言语或事迹有助于更快地体悟良知,直到良知能够不间断地唤起,则得鱼忘筌,仍然会全部舍弃,盖"《六经》者,吾心之记籍也,而《六经》之实则具于吾心"。② 阳明心学不以服务于政治为导向,而专意于铸炼心性、体悟良知,甚至不强求有外在之事功,因为学问"到底是空"。只要良知纯净无瑕,即已臻圣人境界,无论是否做出了尧舜之事业。

概括而言,先秦儒学、程朱理学、阳明心学看似同出一脉,本质上却是三种模式的学问:先秦儒学是一种专供君王采用的治国方略,程朱理

---

① 吴光、钱明、董平、姚延福编校《王阳明全集(新编本)》,杭州:浙江古籍出版社,2010年,第1339、1018页。

② 吴光、钱明、董平、姚延福编校《王阳明全集(新编本)》,杭州:浙江古籍出版社,2010年,第271页。

学是知识分子自我约束与价值实现的行动规划,阳明心学则是一种普世信仰的价值观体系。虽然程朱理学与阳明心学的学问宗旨差异很大,要之皆是对先秦儒学的扭曲变异,区别只是程度不同。相较之下,反而是汉代的注疏之学,只专注于释读六经的本义,尽管失之于拘泥不化,却保留下了不少孔门的教学言论。而汉代"以《春秋》决狱"等做法,能够挖掘文句背后的行政精神,尽管颇有牵强附会的嫌疑,却与孔子当年的作风相吻合,也与先秦儒学为政治服务的导向一致。然而一门哲学的价值高低,并不在于是否与创始人的精神一致,而在于能否随着社会制度的变迁相应变化,始终保持其先进性。如果儒家是一门宗教,孔子是神启者或觉悟者,则一切门徒都必须以孔子的言行作为准则,因为孔子背后代表了超乎于凡人的境界,任何试图扭曲孔子思想的举动都与绝对真实相背离。但孔子从未以教主自居,也并不要求弟子对自己绝对信仰,他会坦然承认自己的错误,[①]甚至还有自己所追慕的贤人(文王、周公等),显然他只是一位有血有肉的、以从政为目标的学者。儒家作为一种学术流派而非一门宗教,必然要遵循学术的发展模式,既需要应对其他流派的挑战而不断完善自己,又需要适应社会环境的变化而自我调整。孔子建立儒学时,面临的是周王室衰微、诸侯王争霸的政治局面,同时期诸子百家争鸣,各欲彰显自己的特色以吸引掌权者采纳,故孔子只强调仁政而不涉及法制,还要求儒者保持君子品德,若君主不肯修德则去之,远适他国。孔子担任过鲁国的大司寇,摄相事,显然并非对法令执行一无所知,而儒家一味强调仁政,应该只是为了突出本派的学术特色。宋明理学家面临的社会形势早已大不相同,天下归于一统,儒者除非叛逃外国,否则没有挑选君主的权利,而儒家的正统地位也早已确立,儒者入仕的机会大幅度增加,所面临的只是佛教、道教等宗教思想的冲击。生当此时,儒学已难以固守前代的学术模式,只能求新求变,以适合新型的社会形态。譬如宋代北方边患严重,而胡安国《春秋传》强调华夷之防,即是学术应世之一例。宋代宗教之风仍炽,民众普遍关注生命的最终归宿问题,儒学若想要重新振兴,也必须围绕这一问题而重构学术框架。孟子曾主张"人人皆可为尧舜",但只是鼓励人人向善,皆可有所作为,并未指出成为尧舜的具体方法,甚至孟子自己也没有成为尧舜。而佛教成佛,道教成仙,是故宋代理学相应以

---

① 《论语·述而》:"子曰:丘也幸,苟有过,人必知之。"

"成圣"作为归宿,孔子也因此转变为理学框架下的圣人。程朱理学中的圣人孔子,与汉代谶纬中被神秘化的孔子不同,是学者通过格物等为学手段最终可以比肩的对象,尽管这可能需要经历漫长的努力过程。王守仁幼年即立圣贤之志,也是从奉行程朱理学的格物入手,希望寻找成圣之机,但因为用力甚苦而无所得,才转而创立了阳明心学。阳明心学继承了程朱理学"成圣"的归宿,但却置换了格物的方法,以倡导"致良知"作为话头,只要不为私欲掩覆、良知流行无碍即可成圣。阳明心学既然认为人人先天皆有良知,良知又自然具足,也就等于承认人人皆有成圣之资,此段逻辑盖源自《华严经》"无一众生而不具有如来智慧,但以妄想颠倒执着而不证得,若离妄想,一切智、自然智、无碍智则得现前"之语。① 自凡入圣,私意渐去,良知却并未增减,是以王学左派据此宣称"满街人都是圣人",因为凡人与圣人的良知本质无别。

相较程朱理学而言,阳明心学更为高妙,也更为简捷。所谓"高妙",是指违背了人类日常的认识逻辑,需要耗费更多的时间去理解和体悟,才能把握阳明心学的实质。譬如,按照人类普遍的认知,会下意识将自身与外物相区别,将人类社会与外在宇宙相区别,亦即佛教所谓能知与所知的对立,现代哲学所谓认知主体与客体的对立。而王守仁主张"心外无物、心外无事、心外无理",类似的概念与逻辑都与人类的通常认知不合,在理解与接受上存在预设障碍,需要先破除"旧说缠绕",才能步入阳明心学的体系。程朱理学则主要承沿前代注疏而渐次拓展,所增添的内容以旧学所未论及的"性与天命"为主,故可作为旧说的完美扩充,而并不存在先入为主的障碍。尽管汉学与宋学之间也存在分歧,但其争论只局限在对具体字句、名物制度等项的阐释是否得当,几乎不涉及哲学体系的建构。正因如此,崇尚汉学的清代学者,就算不肯接受程朱理学的章句注疏,也从未试图推翻程朱理学的体系架构。所谓"简捷",是指阳明心学更便于躬行实践,而不需要长期的培育时间。按照程朱理学的格物工夫,需要"今日格一物,明日格一物,积习既多,然后脱然有贯通处",②"一书不读,则阙了一书道理;一事不穷,则阙了一事道理;一物不格,则阙了一物道理。须着逐一件与他理会

---

① 《大方广佛华严经》卷第五十一《如来出现品》,《大正新修大藏经》第 10 册,No. 279。

② 黎靖德《朱子语类》卷第十八《大学五》,明成化九年(1473)陈炜刻本。

过"。① 而所谓"格一物","是格尽此物。如有一物,凡十瓣,已知五瓣,尚有五瓣未知,是为不尽。如一镜焉,一半明,一半暗,是一半不尽。格尽物理,则知尽"。② 若遵循这种格物模式,想要达到"脱然有贯通处",非要循序渐进,穷数十年工夫不可。这种人才培育期太长、太久,恐怕还未脱然贯通,已先溘然长逝。王守仁倡导"致良知","当下便有实地步可用工。故区区专说致良知,随时就事上致其良知,便是格物","一语之下洞见全体,真是痛快,不觉手舞足蹈。学者闻之,亦省却多少寻讨功夫"。③ 阳明心学主张人人生来皆有良知,只要一任良知而行,不以私念掩覆,当下即是格物工夫。一事任良知,即是格得一事;一日任良知,即是格得一日。良知不仅自我具足,也是判断是非的标准,"若是良知发用之思,则所思莫非天理矣。良知发用之思自然明白简易,良知亦自能知得。若是私意安排之思,自是纷纭劳扰,良知亦自会分别得"。④ 只要听从内心良知即可,自俗人至圣贤皆以此为工夫,彻上彻下,一以贯之。即便寻常人动心发念有私欲掺杂,也仍然只需要听从良知,因为"良知自会分别得"。为学工夫被简化至此,而且随学随用,随用随进,真可谓无比简捷,故而流行传播极快。阳明心学的"高妙"与"简捷",虽然相对程朱理学而言具有优势,但一种学术是否可以稳固持久地占据正统,只取决于它可能引发的社会弊端。程朱理学虽然很难臻至"脱然贯通"的境界,但是"今日格一物,明日格一物",治学者的见识势必逐渐增长,总体而言有益无害;阳明心学只钻研心性,任行良知,却不积累外界知识,只会日益与社会脱节,难以应对现实困境。主张"心外无物、心外无事、心外无理",认为心中囊括一切外界知识、道理,实际上只能有限度地适合于社会伦理领域,而对理、工、农、医等领域无能为力。良知可以"见父自然知孝,见兄自然知悌,见孺子入井自然知恻隐",却无法见火炮自然知铸造,见房屋自然知建构,见庄稼自然知种植,见疾病自然知治疗。致良知的格物方式,虽然在社会道德领域如鱼得水,但也将不可避免地导致群体性空疏不学的弊端。若在致良知之

① 丘濬《朱子学的》卷上,明正德刻本。
② 黎靖德《朱子语类》卷第十五《大学二》,明成化九年(1473)陈炜刻本。
③ 吴光、钱明、董平、姚延福编校《王阳明全集(新编本)》,杭州:浙江古籍出版社,2010年,第91、2089页。
④ 吴光、钱明、董平、姚延福编校《王阳明全集(新编本)》,杭州:浙江古籍出版社,2010年,第78页。

外仍需积累各领域的技巧与知识,则不得不重新回归程朱理学"今日格一物,明日格一物"的模式,从而否定了"心外无物、心外无事、心外无理"的基础设定,进而导致阳明心学体系的坍塌。再进一步而言,随着现代社会制度的不断演进,原本被视为良知天则的纲常伦理,譬如"事君以忠"云云,大多已随着帝制时代的结束而遭舍弃,然则良知"发用之思"未必皆是天理,恐怕也要受限于当时社会的价值观。良知既非天则,又不能自我具足,则必然将褪去神圣的光环,回归为一个普通的哲学概念。

概言之,阳明心学也只不过是一门后起的儒家哲学,创新性要超过程朱理学,实用性则逊于程朱理学,双方本无高下之分,也都很难引导学者成为圣人。两门哲学皆极有价值,双方学者的争论也并非徒费口舌,因为不同观点的碰撞最终会促使彼此继续完善。惟人类历史中从来不曾出现过完美无瑕的圣人,尧、舜、禹不是,文、武、周公不是,孔子、孟子也不是。宋明理学中所描绘出的"圣人"孔子,只是一个抽象的符号,与历史中的孔子并非一致。然而儒学经过数千年的发展,孔子一直是最核心的符号,几乎与儒学融为一体,新兴的学说若不以孔子为核心人物,则很难被视为儒学的分支。宋明理学的崛起,也是通过对孔子言论的再诠释而建构起来的,而这种将自己的观点包装成孔子言论的做法,正是中国儒学发展的惯用模式。在帝制独裁时代,由于官方的拥护与科举入仕的激励,儒学无法抛弃孔子而独立,不得不采用这种螺旋前进的方式,导致同一语句产生越来越多的释读,因而引发了大量的学术争论。步入现代社会之后,原本旧时代的束缚已不复存在,儒学完全可以跳出这一怪圈,将孔子还原为历史上的一位重要学者,而剥离其后天被赋予的神圣性,从头开始重建儒学体系。笔者所谓"重建儒学体系",并非指梁漱溟、熊十力、冯友兰、牟宗三、徐复观等人倡导的"新儒学",因为新儒学诸子只是希望汲取佛教、道教、西方哲学中的若干要素,对儒学进行再修正,其实质则是宋明理学的再度复兴。自五四运动之后,中国高喊着"打倒孔家店"的口号引入了西方的科学、民主思想,最终实现了民族的伟大复兴,但保守派的儒家学者不甘心退出历史舞台,企图以儒学思想附会现代思想,乃至继续为旧儒学争夺官方正统的地位。实际上,传统儒学已很难再充当现代科学文明的基石,进而孳乳新技术乃至新科学的产生,但中华文明的延续、民族团结的情感又要求对古代文化不能一刀两断,必须为其建造一个合适的收容所,从而顺利地衔接起古代与现代、经济与社会、科学与人文。尤其在个体的人格修养与德性培育、社会功利主义的引导与消解方面，中国儒学相较西方思辨哲学、科技哲学、宗教神学、逻辑辩证法而言，仍表现出明显的优越性，也很难找到更好的替代品。笔者认同孔子的仁政精神与君子修身的方式仍有可供当今社会挖掘的重要价值，但传统的注疏、章句之学与现代教育、科学技术严重脱节，学者皓首穷经而所得甚少，不需要也不应该再去踵袭古人模式。我们应尽快抛弃让儒学复辟的幻想，不再盲目拔高“通经致用”的国家管理模式，使儒学仅作为现代社会中的一门学问存在，继续发挥它的思想价值，并为国家认同、文化认同、民族认同提供能量。基于这一立场，笔者主张以现代哲学的规范重建儒学，精准定义儒学的核心概念，论证过程完全遵循学术逻辑，抛弃不符合现代价值观的陈旧观点，同时不再以诠释六经的微言大义作为思想载体，改为重新撰写能体现儒学精神的哲学著作。一言以蔽之，我们不需要拘泥于六经，而是需要构建全新的六经。含义分歧的概念(譬如格物、人性等)需要精准统一，晦涩难懂的名词(譬如飞伏、游魂等)需要适当改易，背离文明的观点(譬如“饿死事小，失节事大”之类)需要果断舍弃，新的儒家经典要加强理论主旨与现代价值观之间的关联性，将为贤成圣的修身方式转变为普世的行为准则。唯有如此，儒学才能变成一门真正意义上的、可持续性发展的现代哲学，而非兼有古代伦理学、哲学、文学、教育学、历史文献学特点的大杂烩。改造后的新儒学，不仅可以成为打破东西方文化壁垒的有利媒介，也可以为全人类的大同世界构建提供参考框架。此设想并非只靠一人、一时之力所能实现，而至少需要几代学者的共同努力。笔者不揣梼昧，谨书于此以待来者。

参考文献

一、著作

1. 白化文等修订校注《入唐求法巡礼行记校注》，石家庄：花山文艺出版社，1992 年。

2. 班固《白虎通德论》，《四部丛刊初编》景元大德覆宋监本。

3. 班固《汉书》，北京：中华书局，1962 年。

4. 班固撰，颜师古注《汉书》，清乾隆武英殿刻本。

5. 北京大学哲学系外国哲学史教研室译《哲学史讲演录》，北京：三联书店，1956 年。

6. 蔡清《蔡文庄公集》，清乾隆七年(1742)刻本。

7. 蔡清《四书蒙引》，清文渊阁《四库全书》本。

8. 蔡清《虚斋集》，清文渊阁《四库全书》本。

9. 蔡清《易经蒙引》，清文渊阁《四库全书》本。

10. 蔡沈《书经集传》，清文渊阁《四库全书》本

11. 蔡世远《二希堂文集》，清文渊阁《四库全书》本。

12. 蔡衍锟《操斋集》，清康熙刻本。

13. 曹履泰《靖海纪略》，收入《丛书集成初编》第 3226 册，上海：商务印书馆，1936 年。

14. 晁公武、赵希弁《昭德先生郡斋读书志》，《四部丛刊三编》本。

15. 晁迥《法藏碎金录》，清文渊阁《四库全书》本。

16. 陈淳《北溪大全集》，清文渊阁《四库全书》本。

17. 陈淳《北溪字义》，上海图书馆藏明正德三年(1508)寿藩刻本。

18. 陈道《八闽通志》，明弘治刻本。

19. 陈鼎《东林列传》，清文渊阁《四库全书》本。

20. 陈建《学蔀通辨》，明嘉靖刻本。

21. 陈栎《定宇集》，清文渊阁《四库全书》本。

22. 陈亮《龙川集》，清宗廷辅校刻本。

23. 陈起《江湖小集》，清文渊阁《四库全书》本。

24. 陈荣捷《近思录详注集评》，上海：华东师范大学出版社，2007年。

25. 陈荣捷《朱子门人》，上海：华东师范大学出版社，2007年。

26. 陈荣捷《朱子新探索》，台湾：学生书局，1988年。

27. 陈善《扪虱新话》，民国校刻《儒学警悟》本。

28. 陈寿《三国志》，北京：中华书局，1959年。

29. 陈献章《白沙子》，《四部丛刊三编》景明嘉靖刻本。

30. 陈垣《中国佛教史籍概论》，北京：中华书局，1962年。

31. 程颢、程颐《二程文集》，清文渊阁《四库全书》本。

32. 程颢、程颐《二程遗书》，清文渊阁《四库全书》本。

33. 程颢、程颐撰，潘富恩导读《二程遗书》，上海：上海古籍出版社，2000年。

34. 程颢、程颐《河南程氏外书》，明弘治陈宣刻本。

35. 程钜夫《雪楼集》，清文渊阁《四库全书》本。

36. 程敏政《篁墩集》，明正德二年(1507)刻本。

37. 程敏政《新安文献志》，清文渊阁《四库全书》本。

38. 程水龙《〈近思录〉版本与传播研究》，上海：上海古籍出版社，2008年。

39. 程水龙《〈近思录〉集校集注集评》，上海：上海古籍出版社，2012年。

40. 程曈撰，王国良、张健点校《新安学系录》，合肥：黄山书社，2006年。

41. 邓洪波《中国书院史(增订版)》，武汉：武汉大学出版社，2012年。

42. 邓元锡《皇明书》，明万历刻本。

43. 丁福保辑《历代诗话续编》，北京：中华书局，1983年。

44. 丁元荐《西山日记》，清康熙二十八年(1689)先醒斋刻本。

45. 董仲舒《春秋繁露》，清武英殿聚珍版丛书本。

46. 窦仪《刑统》，民国嘉业堂刻本。

47. 杜海军《吕祖谦年谱》，北京：中华书局，2007年。

48. 杜预注，孔颖达疏《春秋左传正义》，清嘉庆二十年(1815)南昌府学重刊宋本十三经注疏本。

49. 方良永《方简肃文集》，清文渊阁《四库全书》本。

50. 方献夫《西樵遗稿》，清康熙三十五年(1696)方林鹤刻本，中山图书馆藏。

51. 方彦寿《朱熹学派与闽台书院刻书的传承和发展》，福州：福建教育出版社，2015年。

52. 冯友兰《中国哲学史》，上海：华东师范大学出版社，2000年。

53. 伏尔泰《风俗论》，收入"汉译世界学术名著丛书"，北京：商务印书馆，2000年。

54. 伏尔泰《哲学辞典》，收入"汉译世界学术名著丛书"，北京：商务印书馆，1991年。

55. 高令印、陈其芳《福建朱子学》，福州：福建人民出版社，1986年。

56. 顾炎武《日知录》，清乾隆刻本。

57. 过庭训《本朝分省人物考》，明天启刻本。

58. 国家文物局古文献研究室编《马王堆汉墓帛书》，北京：文物出版社，1980年。

59. 韩愈《昌黎先生文集》，宋蜀本。

60. 韩愈撰，文谠注《详注昌黎先生文集》，宋刻本。

61. 郝经《陵川集》，清文渊阁《四库全书》本。

62. 何乔远《闽书》，明崇祯刻本。

63. 何乔远《名山藏》，明崇祯刻本。

64. 何乔远撰，张家壮、陈节点校《镜山全集》，福州：福建人民出版社，2015年。

65. 何休解诂，徐彦疏《春秋公羊传注疏》，清嘉庆二十年(1815)南昌府学重刊宋本十三经注疏本。

66. 何休撰，陆德明音义《春秋公羊经传解诂》，《四部丛刊初编》景宋建安余氏刊本。

67. 胡居仁《居业录》，清文渊阁《四库全书》本。

68. 胡世宁《胡端敏奏议》，清文渊阁《四库全书》本。

69. 胡渭著，邹逸麟整理《禹贡锥指》，上海：上海古籍出版社，2006年。

70. 胡应麟《少室山房笔丛》，明万历刻本。

71. 黄榦《勉斋先生黄文肃公文集》，元刻延祐二年(1315)重修本。

72. 黄光昇《昭代典则》，明万历二十八年(1600)周日校万卷楼刻本。

73. 黄灵庚、吴战垒主编《吕祖谦全集》，杭州：浙江古籍出版社，

2008 年。

74. 黄汝成《日知录集释》，清道光西溪草庐刻本。

75. 黄绾《明道编》，北京：中华书局，1959 年。

76. 黄绾《石龙集》，明嘉靖刻本，台湾"中央图书馆"藏。

77. 黄绾撰，张宏敏编校《黄绾集》，上海：上海古籍出版社，2014 年。

78. 黄文焖《道南一脉》，日本内阁文库藏旧写本。

79. 黄瑜《双槐岁钞》，清《岭南遗书》本。

80. 黄宗義、黄百家撰，全祖望序录《宋元学案》，清道光刻本。

81. 黄宗義《明文海》，文渊阁《四库全书》本。

82. 黄宗義等《宋元学案》，北京：中华书局，1986 年。

83. 黄宗義著，沈芝盈点校《明儒学案》，北京：中华书局，2008 年。

84. 黄宗炎《易学辨惑》，收入沈楸德辑《昭代丛书·癸集》，清道光二十四年(1844)世楷堂藏板。

85. 黄佐《南雍志》，民国二十年(1931)影印明嘉靖二十三年(1544)刻增修本。

86. 惠洪《冷斋夜话》，明万历会稽商氏半埜堂刊《稗海》本。

87. 慧皎《高僧传》，大正新修大藏经第 50 册，No.2059。

88. 纪昀总纂《四库全书总目提要》，石家庄：河北人民出版社，2000 年。

89. 蒋一葵《尧山堂外纪》，明刻本。

90. 蒋垣《八闽理学源流》，清抄本。

91. 焦竑《国朝献征录》，明万历四十四年(1616)徐象枟曼山馆刻本。

92. 老聃撰，王弼注《老子道德经》，《古逸丛书》景唐写本。

93. 黎靖德《朱子语类》，明成化九年(1473)陈炜刻本。

94. 李材《观我堂摘稿》，日本内阁文库藏明万历刊本。

95. 李材《见罗李先生经正录》，明万历间刊本。

96. 李昉《太平御览》，《四部丛刊三编》景宋本。

97. 李昉《文苑英华》，明刻本。

98. 李光地《榕村集》，清文渊阁《四库全书》本。

99. 李光地《榕村语录》，清文渊阁《四库全书》本。

100. 李光缙撰，曾祥波点校《景璧集》，福州：福建人民出版社，2012 年。

101. 李濂《嵩渚文集》，明嘉靖刊本。

102. 李林甫《唐六典》，明刻本。

103. 李清馥著,何乃川、李秉乾点校《闽中理学渊源考》,北京:商务印书馆,2018 年。

104. 李叔元《鸡肋删》,明崇祯刊本。

105. 李焘《续资治通鉴长编》,清文渊阁《四库全书》本。

106. 李调元《南越笔记》,收入《函海》第二十四函。

107. 李心传《道命录》,清《知不足斋丛书》本。

108. 李修生主编《全元文》,南京:江苏古籍出版社,1999 年。

109. 李颙《二曲集》,清康熙三十三年(1694)刻后印本。

110. 李贽《李温陵集》,明刻本。

111. 梁启超《王安石传》,长春:吉林人民出版社,2018 年。

112. 林俊《见素集》,清文渊阁《四库全书》本。

113. 林希元《同安林次崖先生文集》,清乾隆十八年(1753)陈胪声诒燕堂刻本。

114. 刘安撰,许慎注《淮南鸿烈解》,《四部丛刊初编》景钞北宋本。

115. 刘克庄《后村先生大全集》,《四部丛刊初编》景旧钞本。

116. 刘师培《刘师培全集》,北京:中共中央党校出版社,1997 年。

117. 刘熙《释名》,《四部丛刊初编》景明翻宋书棚本。

118. 刘昫等《旧唐书》,北京:中华书局,1975 年。

119. 刘勇《中晚明士人的讲学活动与学派建构》,北京:商务印书馆,2015 年。

120. 楼钥《攻媿集》,清武英殿聚珍版丛书本。

121. 卢一诚《四书讲述》,日本内阁文库藏明万历二十一年(1593)刊本。

122. 陆九渊《象山先生全集》,《四部丛刊初编》景明嘉靖本。

123. 罗钦顺著,阎韬点校《困知记》,北京:中华书局,1990 年。

124. 吕柟《朱子抄释》,清文渊阁《四库全书》本。

125. 吕思勉《理学纲要》,长春:吉林出版社,2017 年。

126. 吕壮《西京杂记译注》,上海:上海三联书店,2018 年。

127. 马端临《文献通考》,清浙江书局本。

128. 毛奇龄《西河合集》,清嘉庆元年(1796)萧山陆凝瑞堂藏板。

129. 门多萨《中华大帝国史》,北京:中华书局,1998 年。

130. 明贤《鹤林寺志》,收入《中国佛寺史志汇刊》第一辑第 43 册,台北:明文书局,1980 年。

131. 倪宗正《倪小野先生集》,清康熙四十九年(1710)倪继宗清晖楼刻本。

132. 聂豹撰,王传龙校点《双江聂先生文集》,收入《儒藏(精华编)》第258 册,北京:北京大学出版社,2017 年。

133. 欧阳修、宋祁《新唐书》,北京:中华书局,1975 年。

134. 欧阳玄《圭斋文集》,《四部丛刊初编》景明成化本。

135. 彭孙贻撰,李延罡补《靖海志》,清钞本。

136. 彭元瑞《天禄琳琅书目后编》,清光绪刊本。

137. 皮锡瑞《经学历史》,北京:朝华出版社,2019 年。

138. 皮锡瑞《皮锡瑞集》,长沙:岳麓书社,2012 年。

139. 钱德洪《阳明先生年谱》,明嘉靖四十三年(1564)毛汝麒刻本。

140. 钱明编校整理《徐爱·钱德洪·董沄集》,南京:凤凰出版社,2007 年。

141. 钱穆《朱子新学案》,成都:巴蜀书社,1986 年。

142. 乔亿《剑溪说诗》,清乾隆刻本。

143. 樵川樵叟《庆元党禁》不分卷,清《知不足斋丛书》本。

144. 丘濬《朱子学的》,明正德刻本。

145. 丘濬《琼台会稿》,清文渊阁《四库全书》本。

146. 丘濬《大学衍义补》,北京:京华出版社,1999 年。

147. 仇兆鳌《杜诗详注》,北京:中华书局,1979 年。

148. 屈大均《翁山文外》,清康熙刻本。

149. 瞿昙悉达《唐开元占经》,清文渊阁《四库全书》本。

150. 全祖望《鲒埼亭集外编》,清嘉庆十六年(1811)刻本。

151. 阮元《诂经精舍文集》,收入《丛书集成初编》第 1837 册,上海:商务印书馆,1936 年。

152. 僧祐《出三藏记集》,《大正新修大藏经》第 55 册,No.2145。

153. 僧祐《弘明集》,《大正新修大藏经》第 52 册,No.2102。

154. 邵雍《皇极经世书》,清文渊阁《四库全书》本。

155. 沈德符《万历野获编》,清道光七年(1827)姚氏刻同治八年(1869)补修本。

156. 沈佳《明儒言行录》,清文渊阁《四库全书》本。

157. 沈善洪主编,吴光执行主编《黄宗羲全集》,杭州:浙江古籍出版社,2005 年。

158. 束景南等《王阳明全集补编》,上海:上海古籍出版社,2016 年。

159. 束景南《王阳明年谱长编》,上海:上海古籍出版社,2017 年。

160. 束景南《朱熹年谱长编》,上海:华东师范大学出版社,2001 年。

161. 束景南《朱子大传》,北京:商务印书馆,2003 年。

162. 司马光《资治通鉴》,北京:线装书局,2007 年。

163. 司马迁《史记》,北京:中华书局,1959 年。

164. 司马迁撰,裴骃集解,司马贞索隐,张守节正义《史记》,上海:上海古籍出版社,2011 年。

165. 宋端仪初稿,薛应旂参修,林润校正《考亭渊源录》,明隆庆三年(1569)刊本。

166. 宋濂《元史》,北京:中华书局,1976 年。

167. 苏轼《苏文忠公全集》,明成化本。

168. 苏轼撰,孔凡礼点校《苏轼文集》,北京:中华书局,1986 年。

169. 苏天爵《元文类》,《四部丛刊初编》景元至正本。

170. 苏天爵《滋溪文稿》,民国"适园丛书"本。

171. 孙光宪《北梦琐言》,明万历会稽商氏半埜堂刊《稗海》本。

172. 孙星衍《续古文苑》,清嘉庆刻本。

173. 孙星衍辑《孔子集语》,清嘉庆刻本。

174. 陶宗仪《南村辍耕录》,《四部丛刊三编》景元本。

175. 脱脱等《宋史》,北京:中华书局,1977 年。

176. 万表《皇明经济文录》,明嘉靖刻本。

177. 汪森《粤西文载》,清文渊阁《四库全书》本。

178. 汪中《述学》,《四部丛刊初编》景无锡孙氏藏本。

179. 王安石《临川先生文集》,《四部丛刊初编》景明嘉靖本。

180. 王鏊《震泽长语》,国家图书馆藏明刊本。

181. 王充《论衡》,《四部丛刊初编》景通津草堂本。

182. 王充著,陈蒲清点校《论衡》,长沙:岳麓书社,2006 年。

183. 王传龙《阳明心学流衍考》,厦门:厦门大学出版社,2015 年。

184. 王传龙、何柳惠编校《莆田马氏三代集》,武汉:武汉大学出版社,2018 年。

185. 王夫之《船山全书》,长沙:岳麓书社,1992 年。

186. 王符《潜夫论》,《四部丛刊初编》景述古堂景宋钞本。

187. 王畿《龙溪王先生全集》,明万历刻本,日本京都大学人文科学研究所藏。

188. 王畿撰,吴震编校整理《王畿集》,南京:凤凰出版社,2007 年。

189. 王世贞《新刻明朝通纪会纂》,清初刻本。

190. 王守仁《阳明先生道学钞》，明万历琥林继锦堂刻本。

191. 王先谦《荀子集解》，清光绪刻本。

192. 王阳明《药王菩萨化珠保命真经序》，载《卍新纂大日本续藏经》第 1 册，No.25。

193. 卫湜《礼记集说》，清通志堂经解本。

194. 魏了翁《鹤山集》，清文渊阁《四库全书》本。

195. 魏时亮《大儒学粹》，《四库全书存目丛书》子部第 11 册。

196. 魏晸《明正德八年癸酉科福建乡试录（一卷）》，明正德刻本。

197. 魏征、令狐德棻《隋书》，北京：中华书局，1973 年。

198. 吴光、钱明、董平、姚延福编校《王阳明全集（新编本）》，杭州：浙江古籍出版社，2010 年。

199. 吴之鲸《武林梵志》，清文渊阁《四库全书》本。

200. 项笃寿《小司马奏草》，明刻本。

201. 徐纮辑《皇明名臣琬琰录》，国家图书馆藏明弘治刻本。

202. 徐乾学《资治通鉴后编》，清文渊阁《四库全书》本。

203. 徐儒宗编校整理《罗洪先集》，南京：凤凰出版社，2007 年。

204. 徐渭《徐渭集》，中华书局，1983 年。

205. 许衡《鲁斋遗书》，清文渊阁《四库全书》本。

206. 薛居正等《旧五代史》，北京：中华书局，1976 年。

207. 薛侃撰，陈椰编校《薛侃集》，上海：上海古籍出版社，2014 年。

208. 颜元著，王星贤、张芥尘、郭征点校《颜元集》，北京：中华书局，1987 年。

209. 扬雄《扬子法言》，宋刘通判宅仰高堂刻本。

210. 扬雄撰，范望注《太玄经》，《四部丛刊初编》景明翻宋本。

211. 扬雄撰，李轨注《扬子法言》，《四部丛刊初编》景宋本。

212. 杨时《二程粹言》，清文渊阁《四库全书》本。

213. 杨应诏《闽南道学源流》，明嘉靖四十三年（1564）建安杨氏华阳书院刊本。

214. 杨应诏《天游山人集》，收入《北京图书馆古籍珍本丛刊》第 110 册。

215. 杨仲良《宋通鉴长编纪事本末》，清嘉庆《宛委别藏》本。

216. 叶德辉《书林清话》，民国《郋园先生全书》本。

217. 叶适《水心先生文集》，《四部丛刊初编》景明刻黑口本。

218. 叶向高《苍霞续草》，明万历刻本。

219. 佚名《宋史全文》，清文渊阁《四库全书》本。

220. 佚名《元典章》，元刻本。

221. 元好问《遗山先生文集》，《四部丛刊初编》景明弘治本。

222. 赞宁《大宋僧史略》，《大正新修大藏经》第 54 册，No.2126。

223. 查继佐《罪惟录》，《四部丛刊三编》景手稿本。

224. 湛若水《湛甘泉先生文集》，清康熙二十年(1681)黄楷刻本。

225. 张葆森纂，李正芳修《邵武县志》，清咸丰五年(1855)刻本。

226. 张伯端原著，薛道光、陆墅、陈致虚注《紫阳真人悟真篇三注》，《正统道藏》本。

227. 张伯行《小学集解》，光绪辛丑(1901)九月广雅书局校刊本。

228. 张伯行《正谊堂文集》，清乾隆刻本。

229. 张宁《方洲集》，清文渊阁《四库全书》本。

230. 张栻《南轩集》，清文渊阁《四库全书》本。

231. 张廷玉等《明史》，北京：中华书局，1974 年。

232. 张元忭《张阳和先生不二斋文选》，明万历三十年(1602)刊本。

233. 张岳《小山类稿选》，明万历刊本。

234. 张岳著，林海权、徐启庭点校《小山类稿》，福州：福建人民出版社，2000 年。

235. 张载《张子语录》，《四部丛刊续编》景宋本。

236. 张之翰《西岩集》，清文渊阁《四库全书》本。

237. 赵偕《赵宝峰先生文集》，收入《续修四库全书》第 1321 册。

238. 赵翼《陔余丛考》，清乾隆五十五年(1790)湛贻堂刻本。

239. 赵翼《瓯北诗话》，清嘉庆湛贻堂刻本。

240. 真德秀《西山先生真文忠公读书记》，宋开庆元年(1259)福州官刻元修本。

241. 郑善夫《少谷集》，清文渊阁《四库全书》本。

242. 郑善夫《郑少谷先生全集》，明崇祯九年(1636)郑奎光刊本。

243. 郑玄注，孔颖达疏《礼记注疏》，清嘉庆二十年(1815)南昌府学重刊宋本十三经注疏本。

244. 郑岳《山斋集》，清文渊阁《四库全书》本。

245. 志磐《佛祖统纪》，《大正新修大藏经》第 49 册，No.2035。

246. 智圆《闲居编》，载《卍新纂大日本续藏经》第 56 册，No.949。

247. 周敦颐著，陈克明点校《周敦颐集》，北京：中华书局，2009 年。

248. 周敦颐撰，朱熹解义《元公周先生濂溪集》，宋刻本。

249. 周广业《意林注·意林附编》,收入刘世珩校刊《聚学轩丛书》第五集。

250. 周建华、刘枫编著《王阳明与福建》,福州:福建人民出版社,2020年。

251. 周天庆《明代闽南四书学研究:以宗朱学派为中心》,北京:东方出版社,2010年。

252. 朱杰人、严佐之、刘永翔主编《朱子全书》,上海:上海古籍出版社,合肥:安徽教育出版社,2002年。

253. 朱维铮《走出中世纪(增订本)》,上海:复旦大学出版社,2007年。

254. 朱熹、吕祖谦撰,严佐之导读《朱子近思录》,上海:上海古籍出版社,2000年。

255. 朱熹《大学章句集注》,宋刻本。

256. 朱熹《晦庵先生朱文公文集》,《四部丛刊初编》景明嘉靖本。

257. 朱熹《孟子章句集注》,宋刻本。

258. 朱熹《四书或问》,清文渊阁《四库全书》本。

259. 朱熹《中庸章句集注》,宋刻本。

260. 祝穆《方舆胜览》,清文渊阁《四库全书》本。

261.《(康熙)漳州府志》,清康熙五十四年(1715)刻本。

262.《(康熙)惠安县志续补》不分卷,旧钞本。

263.《(康熙)漳浦县志》,民国十七年(1928)翻印本。

264.《(乾隆)兴化府莆田县志》,清光绪五年(1879)补刊本民国十五年(1926)重印本。

265.《(雍正)浙江通志》,清文渊阁《四库全书》本。

266.《福宁州志》,明万历四十四年(1616)刻本。

267.《福清县志》,清康熙十一年(1672)刻本。

268.《福州府志》,清乾隆十九年(1754)刊本。

269.《海澄县志》,清乾隆二十七年(1762)刻本。

270.《连城县志》,民国二十七年(1938)石印本。

271.《雩都县志》,清康熙元年(1662)刻本。

272.《漳州府志》,明万历元年(1573)刻本。

273.《漳州府志》,清康熙五十四年(1715)刻本。

274.《大方广佛华严经》,《大正新修大藏经》第10册,No.279。

275.《管子》,《四部丛刊初编》景宋本。

276.《六臣注文选》,《四部丛刊初编》景宋本。

277.《明经世文编》,明崇祯平露堂刻本。

278.《明实录》,上海:上海书店出版社,2018年。

279.《新刊类编历举三场文选诗义》,元刻本。

二、论文

1. 邓广铭《王安石在北宋儒家学派中的地位——附说理学家的开山祖问题》,《北京大学学报(哲学社会科学版)》1991年第2期。

2. 顾音海《朱熹〈论语集注〉残稿的几个问题》,《上海鲁迅研究》2014年第4期。

3. 孙先英《西山真氏门派及其学术特点》,《船山学刊》2009年第4期,第89页。

4. 王传龙《再论近思录的取材成书与价值取向》,《厦门大学学报》2016年第1期。

5. 王传龙《王阳明"到底是空"之说辨析——兼论湛若水、方献夫与王阳明的学术分歧》,《甘肃理论学刊》2019年第4期。

6. 王传龙《再论朱熹〈论语集注〉手稿的涂抹与成书过程》,《厦门大学学报》2017年第5期。

7. 徐德明《〈四书章句集注〉版本考略》,《华东师范大学学报(哲社版)》1998年第4期,第71页。

8. 严佐之《〈近思录〉后续著述及其思想学术史意义》,《文史哲》2014年第1期,第56页。

后　记

　　本书以研究福建阳明学与朱子学的相互关系为题,但笔者的本意并不想局限于福建一域,而是想借此题目,以简明扼要的语言,将儒学自孔孟之道演变至程朱理学、再至阳明心学的脉络叙述清楚。之所以选择福建一省作为考察对象,是因为这里曾经是朱子学的大本营,也是坚守程朱理学最持久、最顽固的地区之一,即使阳明心学在明代遍地开花之时,福建的主流学者也并未加入这场心学思潮,而是表现出了一定程度的旁观与漠视。尽管阳明心学"侵入"福建的过程并不顺利,但仍有相当一部分先行者受其影响,其数量远比《明儒学案》所谓"闽中自子莘以外无著者焉"的论断要多得多。研究这批先行者从朱子学者向阳明学者转变的过程,以及他们与当地主流学者的互动关系,是一桩极有趣味的事。这不单纯是两种群体间的嬗变与交流,也是中国两大理学体系的相互碰撞,其背后学术意义之重大不言而喻。本书不仅对明代福建的朱子学者进行了地域细分,探讨了不同府县的学风变迁,还考证出了福建阳明学者的成员清单,并将其划分为三大类,进行了群体性的考察。遗憾的是,其中大部分成员由于知名度不高,兼之著作散佚严重,故尚未引发学术界的关注,而笔者的一番努力也仅是勾勒出了大致的轮廓,具体的个案研究仍有极大的深化空间。

　　阳明心学在当今学界重新转变为研究热点,甚至已有过热的嫌疑。除了新生代学者的簇拥而入,还有大量的学者离开原本的研究领域而转入其中,抑或是强行将自己的研究领域挂靠阳明心学,至于各种相关著作、论文,更是如过江之鲫,妆点出一片繁荣盛景。而背后的真实情况却是,大量重复性、缺乏新意的研究成果通过各种途径被印刷出版,凝聚古人一生心血的存世古籍也被粗率地校点整理,校点者往往知名度颇高但又缺乏文献学常识,整理本中充斥着大量的标点错误、字句讹误,谬种流传,贻误后学。究其原因,部分学者自视甚高,对古人本心、本义缺乏尊敬,更不屑于"了解之同情",故尤喜扭曲古人文句以佐证己意,擅改古书原字以断定古人是非。既然在研究之前心中先有了结论,剩下的不过就是持扯证据以借题发挥。若站在遵从古籍本文的立场上,当今学界研究的很多问题根本就不是问题,甚至是因为学者的研究才变成了问题。因为对原典缺乏尊重,又欠缺严格的逻辑训练,部分学者产生了一系列的误读,导致某些原本显而易见的结论反而纷争持久,酿成痼疾。

笔者出身于古典文献学专业,只关注于古籍原典,希望以最可靠的证据来阐释古人的真实观点,而对哲理性的引申发挥不感兴趣,对借助西方哲学框架来切段分析中国古代哲学的方式也难以信从。阳明心学本身是一种修证心性的人生哲学,其核心在于"良知"的内涵与功能,其长处本不在于概念思辨。换言之,阳明心学是一门实用性的哲学,与程朱理学有着本质的区别。即便是王守仁本人,他在逻辑辨析、体系建设方面也很难称得上擅长,而为了捍卫自己所开创的修证方式,他对若干儒学概念都进行了再度诠释,其中不乏牵强附会、指鹿为马之处。部分学者对王守仁盲目推崇,再加上恣意发挥的恶习,让他们口中、笔下的阳明心学只是一个好看的外壳,内在盛放着自己的一些概念理解与人生体悟,却与历史真实毫无关系。阳明心学最精华的践履工夫被忽视,既然学者不采用"致良知"的工夫来印证其论述,那就只剩下纸面上的口舌之争,碎片化、烦琐化的程度日益加深,却无助于追寻个体生命的意义。等而下者,又将学术研究视为谋生与扬名的工具,与"致良知"更是背道而驰,以此私心而欲入于良知之门,真可谓缘木求鱼、南辕北辙。

　　阳明心学与佛教的关系,则是认知其哲学本质的一大关键。大部分研究者对于佛教缺乏深入认识,又惑于王守仁本人的一些"辟佛"言论,只肯承认阳明心学的体系受到了佛教影响,但坚决主张其核心源出儒家。尽管良知的特性(天赋性、具足性、判定性)明显不同于孟子"人之所不学而能者,其良能也;所不虑而知者,其良知也"中的"良知",尽管"致良知"的修身方式明显不同于儒家"学而时习之"的传统方式,尽管王守仁明确声称"无善无恶心之体"以及学问的尽头是"空",相当一部分学者仍然对此视而不见,或强作解释,以否认阳明心学的内核源出佛教。若能通读佛经典籍,清晰分辨各宗派的教义,此事本不待辩,而所谓的"辟佛"也只是大乘诋毁小乘的常见立场,更何况王守仁还有大量的佞佛言论。经过本土汉化后的中国大乘佛教,早已与古印度的原始教义不同,而从未遗弃过人伦物理。王守仁本人又执持三教归一的"大儒家"立场,无论是教授门人弟子静坐,还是推荐友人阅读佛经,都显得极为自然。限于明代儒林的社会现实,王守仁不得不用儒家概念来装点阳明心学,但他的意图却在于融合三教,开创出一条成圣之路。这条路应当贯彻上下,具有明确的可操作性,不仅适合儒生,也适合僧人、道士,因为真理只有一途。儒家、佛教自然有分别,但王守仁并没有多余的门户之见,他对于两家的概念、体系都有所涉猎,却都不算深入。尽管王守仁自谓"得其精蕴",实际却不乏过度夸诩,观察他"格竹"的荒唐举动,以及"断灭种性"的转念、"龙场悟道"的所得,皆可明白他对于程朱理学、大乘佛教的理论认识都颇为粗浅。王守仁所关注的一直都是践履工夫,亦即以怎样的方式才能实现个体的终极价值,而儒家四书五经、佛教《金刚经》、道教《悟真篇》之类,都不过是供他拣选的建筑材料。除了半途被证伪后又坚决抛弃的道教养生法门,王守仁曾在儒家与佛教之间徘徊许久,最终还是修证工夫更为完善的佛教胜出,他以此为根基而构建出了阳明心学的修证体系。这种体系的简易直截远越前人,修证的功效又迅速可见，这才是阳明心学真正伟大之处。王守仁并未舍弃世间利益，因而他需要一个核心概念，此概念不同于最终以超脱尘世为目的的"佛"，要能涵盖儒家的人伦物理，要能描述"致良知"的修证工夫，还要能作为"话头"来应对当世腐儒的门户之见。寻觅多年，王守仁最终点出"良知"二字，并为此欢呼雀跃。据王守仁自称："吾'良知'二字，自龙场以后便已不出此意，只是点此二字不出。与学者言，费却多少辞说！今幸见出此意，一语之下洞见全体，真是痛快，不觉手舞足蹈。"若"良知"的概念源于《孟子》这种儒家常见之书，"龙场悟道"之时为何不知，又何至于苦苦寻觅多年？王守仁称"无求其异同于儒、释，求其是者而学焉可矣"，"无求其是非于讲说，求诸心而安焉者是矣"，可见阳明心学并非一种强调思辨逻辑的体系，而是更专注于个体感受。王守仁本质上是一位修证者，"致良知"则是一种修行方式，若一味沉迷于概念辨析，就会失去阳明心学最核心的实用价值。

　　本书的出版，也是笔者对阳明心学认知的一次阶段性总结。书中的结论未必会被学界普遍接受，但这的确是笔者心中所想，并未因为顾忌任何外界因素而含混其词。行文必须心口如一，只有最真实的语言才会有震撼人心的力量，笔者虽力不能及，但心向往之，盖亦效仿"取法乎上"之义。本书获得了"中央高校基本科研业务费专项资金资助"（编号：2072021004），并由厦门大学出版社出版，算得上是一件幸运之事。厦门大学出版社的各位编辑认真负责，尤其是本书的责任编辑章六良女士，为书稿订正了若干讹字及格式错误，帮助提升了本书的质量，免笔者于"鲁鱼亥豕"之讥。书中论述恐别有贻笑大方之处，尚祈各位方家有以教之，勿因笔者朽木之资而闭口摒绝之也，感荷无任！

　　　　壬寅岁霜降前一日，王传龙书于厦门翔安怡然居